“十四五”高等职业教育通识课程系列教材

新时代
大学生劳动教育

盛鸿宇◎主　编
赵　景◎副主编

中国铁道出版社有限公司
CHINA RAILWAY PUBLISHING HOUSE CO., LTD.
2024年·北京

内 容 简 介

本书从高等职业教育“劳动教育”的课程教学出发，根据中共中央、国务院《关于全面加强新时代大中小学劳动教育的意见》，以及教育部《大中小学劳动教育指导纲要（试行）》，对教学内容与教学方法做了全新的设计，包括劳动的再认识、劳动教育的方向、劳动教育的内涵、劳动的文化建设、日常生活劳动、生产劳动、服务性劳动、劳动素养及其养成、劳动者的工匠精神、大国智匠——创新思维、大国智匠——创新技能、大国智匠——创新愿景、劳动者的权益、劳动教育评价，共14个主题。

本书各主题把劳动教育的概念、理论和技术知识融入实践中，帮助读者加深对新时代劳动的认识和理解，内容实操性强，能够切实提高劳动教育课程的教学效果。

本书适合作为高等职业院校开展劳动教育的教材，也可作为中职院校教材，还可供科技工作者和工程技术人员参考或作为继续教育的教材。

图书在版编目（CIP）数据

新时代大学生劳动教育 / 盛鸿宇主编 .—北京：中国铁道出版社有限公司，2024.6（2026.2 重印）
“十四五”高等职业教育通识课程系列教材
ISBN 978-7-113-31007-3

I. ①新… II. ①盛… III. ①大学生 - 劳动教育 - 高等职业教育 - 教材 IV. ① G40-015

中国国家版本馆 CIP 数据核字（2024）第 059155 号

书　　名：**新时代大学生劳动教育**
作　　者：盛鸿宇

策　　划：秦绪好　汪　敏　　　　编辑部电话：（010）51873135
责任编辑：汪　敏　贾淑媛
封面设计：刘　莎
责任校对：苗　丹
责任印制：赵星辰

出版发行：中国铁道出版社有限公司（100054，北京市西城区右安门西街 8 号）
网　　址：https://www.tdpress.com/51eds
印　　刷：天津嘉恒印务有限公司
版　　次：2024 年 6 月第 1 版　2026 年 2 月第 2 次印刷
开　　本：787 mm×1 092 mm　1/16　印张：16.25　字数：311 千
书　　号：ISBN 978-7-113-31007-3
定　　价：59.80 元

前言

马克思认为：“全部人的活动迄今都是劳动。”劳动是马克思思想体系中的核心观念，是马克思主义理论研究的基础。马克思把劳动比喻成整个社会为之旋转的太阳，劳动是人类生存的本质，人类的发展过程就是劳动的发展史。正如马克思所说：“任何一个民族，如果停止劳动，不用说一年，就是几个星期，也要灭亡，这是每一个小孩都知道的。”

恩格斯在《劳动在从猿到人转变过程中的作用》一文中指出：“劳动和自然界在一起才是一切财富的源泉，自然界为劳动提供材料，劳动把材料转变为财富。但是劳动的作用还远不止于此。劳动是整个人类生活的第一个基本条件，而且达到这样的程度，以致我们在某种意义上不得不说：劳动创造了人本身。”

劳动教育是中国特色社会主义教育制度下学生德智体美劳全面发展的重要内容之一，其目的在于培养学生树立正确的劳动观点和劳动态度，热爱劳动和劳动人民，养成良好的劳动习惯。它直接决定着学生的劳动精神面貌、劳动价值取向和劳动技能水平。

本书从职业教育“劳动教育”的课程教学出发，根据中共中央、国务院《关于全面加强新时代大中小学劳动教育的意见》，以及教育部《大中小学劳动教育指导纲要（试行）》，对教学内容与教学方法做了全新的设计，所涉及的知识面广，包括劳动的再认识、劳动教育的方向、劳动教育的内涵、劳动的文化建设、日常生活劳动、生产劳动、服务性劳动、劳动素养及其养成、劳动者的工匠精神、大国智匠——创新思维、大国智匠——创新技能、大国智匠——创新愿景、劳动者的权益、劳动教育评价，共14个主题。

本书由盛鸿宇担任主编，赵景担任副主编。本书适合作为高等职业院校开展劳动教育的教材，也可作为中职学校教材，还可供科技工作者和工程技术人员参考或作为继续教育的教材。本书各主题内容实操性强，把劳动教育的概念、理论和技术知识融入实践中，帮助读者加深对劳动的认识和理解，是大学教育中有关劳动教育的一本理论与实践相结合的教材。

由于编者水平有限，书中不足之处在所难免，敬请读者批评指正。

编　者

2024年2月

课程教学进度表

课程名称：劳动教育　　学分：2　　周学时：2

理论学时：28　　课外实践学时：28　　主讲教师：________

序号	校历周次	主题（或实训、习题课等）名称	学时	教学方法	课后作业布置
1	1	主题一　劳动的再认识	2	课堂教学	作业与实践
2	2	主题二　劳动教育的方向	2	课堂教学	作业与实践
3	3	主题三　劳动教育的内涵	2	社会实践	作业与实践
4	4	主题四　劳动的文化建设	2	课堂教学	作业与实践
5	5	主题五　日常生活劳动	2	课堂教学	劳动实践
6	6	主题六　生产劳动	2	课堂教学	劳动实践
7	7	主题七　服务性劳动	2	课堂教学	劳动实践
8	8	主题八　劳动素养及其养成	2	课堂教学	作业与实践
9	9	主题九　劳动者的工匠精神	2	课堂教学	作业与实践
10	10	主题十　大国智匠——创新思维	2	课堂教学	作业与实践
11	11	主题十一　大国智匠——创新技能	2	课堂教学	作业与实践
12	12	主题十二　大国智匠——创新愿景	2	课堂教学	作业与实践
13	13	主题十三　劳动者的权益	2	课堂教学	作业与实践
14	14	主题十四　劳动教育评价	2	课堂教学	作业与实践

目录

主题一　劳动的再认识

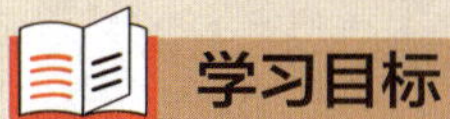

学习目标

知识目标

（1）再认识劳动的概念，熟悉劳动形式，了解劳动起源。

（2）熟悉劳动形态，掌握劳动形态的内涵，掌握劳动三形态知识。

能力目标

准确把握劳动概念，积极收集和学习新时代的劳动理论知识。

素质目标

（1）审视自身对劳动的认识、情感、态度和劳动价值观，塑造良好的劳动品德。

（2）反思劳动习惯的不足，培养积极进取的劳动品德。

学习难点

（1）马克思主义劳动理论的提出和发展。

（2）马克思的劳动三形态论述。

项目一　什么是劳动

恩格斯在《劳动在从猿到人转变过程中的作用》一文中指出："劳动和自然界在一起才是一切财富的源泉，自然界为劳动提供材料，劳动把材料转变为财富。但是劳动的作用还远不止于此。劳动是整个人类生活的第一个基本条件，而且达到这样的程度，以致我们在某种意义上不得不说：劳动创造了人本身。"人类的祖先猿，是经过长期劳动才变成为能制造工具的人（见图1–1）。劳动在不同社会制度下，具有不同的地位与作用。所谓劳动，是指人们运用一定的生产工具，作用于劳动对象，创造物质财富和精神财富的有目的的活动。劳动是人类社会存在和发展的最基本条件，劳动在人类形成过程中起到了决定性的作用。

图 1–1　劳动创造了人

任务一　认识劳动

劳动是发生在人与自然界之间的活动。其实质是通过人的有意识的、有一定目的的自身活动来调整和控制自然界，使之发生物质变换，即改变自然物的形态或性质，为人类的生活和自己的需要服务。劳动的内涵是指人类创造物质或精神财富的活动，从外延上看，一切创造物质或精神财富的人类活动都属于劳动。

马克思在《1844年经济学哲学手稿》中指出："私有财产的主体本质，作为自为的存在着的活动，作为主体，作为个人的私有财产，就是劳动。"所谓自为，意思与"自助"相近，表示行为主体通过自身的行为和动作实现目标和发展。马克思的这一论述揭示了劳动是人的一种实践活动的本质，它是人自为的特有的活动，并能创造满足人需要的个人财富。

劳动是人类社会存在和发展的基本方式，是人类的本质特征。马克思分别从三个维度对劳动的价值进行全面阐释：从历史唯物主义角度出发，阐明劳动创造了世界，劳动创造了历史，劳动创造了人类；从政治经济学角度出发，揭示劳动是创造价值的唯一源泉；从教育学角度出发，强调劳动是实现人的全面发展的重要途径。

正如习近平总书记所指出："人世间的美好梦想，只有通过诚实劳动才能实现；发展中的各种难题，只有通过诚实劳动才能破解；生命里的一切辉煌，只有通过诚实劳动才能铸就。"

任务二　了解劳动的形式

劳动的基本形式大体可分为两类：一种是体力劳动；一种是脑力劳动。但是任何一种劳动都是脑力劳动和体力劳动的结合，它们共同创造物质财富和精神财富。恩格斯在《自然辩证法》中指出"劳动创造人本身"，其大体经历了三个阶段：自然界在变化发展中孕育着人类；人类在制造石器中诞生；人类在学会使用火的过程中脱离了动物界。所以说，劳动是自然界与人类社会范畴的中介环节。

任务三　探究劳动起源论

劳动起源论也称为社会起源说，是教育起源的三大主要观点之一，代表人物是苏联教育家米丁斯基和凯洛夫，另外两个观点涉及生物起源说和心理起源说。

劳动起源说是在批判生物起源说和心理起源说的基础上，在马克思主义的历史唯物主义的理论指导下形成的。苏联及我国的教育史学家、教育学家大都认可这一观点。劳动起源说的直接理论依据和方法论基础就是恩格斯的著作《劳动在从猿到人的转变过程中的作用》。

劳动起源说是指劳动创造了人类和社会，劳动过程的复杂性要求通过教育把人类积累的经验传授给下一代。考古学和人类学研究证明：人类原始时代教育活动就已经存在了，教育是一种永恒的社会现象。劳动是人类社会形成的基础，也是人类最原始的现象，其主要观点包括：

（1）人类教育起源于劳动和劳动过程中产生的需要。

（2）教育是人类社会特有的一种社会活动。

（3）教育以人类语言和意识的发展为条件。

（4）教育从产生之日起，其职能就是传递劳动过程中形成的生产和生活经验。

（5）教育范畴是历史性与阶段性的统一。

劳动起源说认识到劳动是推动人类教育起源的直接动力，它克服了生物起源说和心理起源说在教育社会属性上的缺陷，看到社会性是教育起源的关键问题，符合马克思主义的历史唯物论和辩证法，从而为科学、合理地揭示教育起源的问题奠定了基础。

项目二　劳动形态演变与内涵

劳动形态指人类作用于自然界，在人类生产活动中所采取的表现形式。潜在的劳动形态，指未实际发挥作用的、存在于劳动者体内和脑力的总和，即劳动能力。流动的劳动形态，又称活劳动，指在实际的劳动过程中正在发挥的体力和脑力。物化的劳动形态，又称死劳动，指凝结在产品中的劳动。

任务一　理解劳动形态的演变

劳动形态不是一成不变的，要正确认识劳动形态及其发生的变化，以适应时代需要与劳动的新发展，做出劳动政策上的调整，使其更加适合社会主义市场经济和全面建设社会主义现代化的需要。

新时代，人类劳动的形态已经发生了巨大的变化。比如：脑力劳动的比重空前增加，服务性劳动在GDP中的占比已经远远高于第一、第二产业，创造性劳动的重要性无与伦比，复合型劳动成为日常的劳动形态……因此，站在新时代历史坐标上深刻理解劳动形态的演变就显得十分重要。一方面，我们不能简单重复20世纪温饱问题尚未完全解决时期对于劳动及劳动教育概念的理解，将劳动教育等同于“学工学农”，而对脑力劳动、消费性劳动、创造性劳动等的重要性熟视无睹；另一方面，我们又不能简单否定体力劳动、体力劳动者的重要性，强调“以体力劳动为主，注意手脑并用、安全适度，强化实践体验，让学生亲历劳动过程，提升育人实效性”，在这个意义上具有教育实践的针对性。

此外，在新时代历史坐标上深刻理解劳动形态的演变，一定要与劳动精神的坚守相统一。人类历史川流不息，劳动形态会一直演变下去。但是无论形态如何改变，劳动创造历史、劳动创造美好生活的真理从未改变。新时代的劳动教育一定要准确把握这一变与不变的辩证关系，把准劳动教育价值取向，引导学生树立正确的劳动观，崇尚劳动、尊重劳动，增强对劳动人民的感情，报效国家，奉献社会。

任务二　探究劳动形态的内涵

科技劳动成为第一生产劳动。科技劳动在生产中不仅作为生产劳动参与价值与财富的创造，而且，科技工作是复杂劳动，能比简单劳动创造更多的劳动价值。科学技术在创造社会财富中的巨大作用使科技劳动成为第一生产劳动。具体表现为：

（1）科技对经济发展起第一位的变革作用。现代科学技术已经渗透到经济活动中，渗透到社会生产的各个环节，成为推动经济发展的决定性因素。20世纪初，社会生产力发展只有5%依靠科技进步，而现在发达国家的这一比例已达到70%～80%。科技不只是使经济在量上（即规模和速度上）迅速增长，也使经济发生质的飞跃，在经济结构、经营方式等方面发生深刻变革。科学技术已成为经济发展的重要的变革力量。

（2）科技在生产力诸要素中成为主要推动力量。科学技术自身不但直接体现为生产力，而且它作用于其他要素，从而成为推动社会生产力的重要力量。

（3）科技使管理日趋现代化、科学化、高效化。

总之，作为第一生产劳动，科技劳动已成为一种非常重要的劳动分工方式。它不仅使劳动的创造性和智能性大大加强，也推动了劳动由以体力劳动为主向以脑力劳动为主的转变，脑力劳动的主导作用日益凸显。

经营管理成为重要的劳动形态。科学技术的迅猛发展，生产社会化程度大大提高，分工越来越细，越来越专业化，其结果是使劳动过程的环节增多，链条拉长，生产商品的劳动很难在同一个独立的时间和空间完成；劳动过程成为越来越复杂的系统工程，各种相对独立的劳动职能以直接或间接的方式参与同一个商品的生产过程，从而使劳动的综合性和整体性大大加强。一个企业要想在激烈的竞争中取得优势，必须要在经营管理方面下苦功夫才行。否则，再丰富的资源也不会得到最佳配置，再广阔的市场也不会得到满意的份额。因此，必须提高对经营管理工作重要性的认识，大力培养高素质的管理人才。

精神生产和服务业的劳动日益重要。科学技术的发展，导致产业结构发生了重大变化，劳动向其他领域延伸。表现为第一产业、第二产业在国民经济中所占的比例呈下降趋势，第三产业呈上升趋势，在现代经济中占有越来越重要的地位，具有越来越重要的作用。产业结构的巨大变化，导致劳动已不仅仅局限于物质生产领域，而且延伸到了社会服务领域和精神文化领域。

项目三　了解马克思的劳动论述

马克思认为：“全部人的活动迄今都是劳动。”劳动是马克思思想体系中的核心观念，是马克思主义理论研究的基础。马克思把劳动比喻为整个社会为之旋转的太阳，劳动是人类生存的本质，人类的发展过程就是劳动的发展史。正如马克思所说的："任何一个民族，如果停止劳动，不用说一年，就是几个星期，也要灭亡，这是每一个小孩都知道的。"

一、劳动本质论

"人的本质是什么"一直是困扰学术界的重要难题。马克思主义认为劳动是人的本质，人的本质是一切社会关系的总和。

第一，劳动创造了人本身。恩格斯在《劳动在从猿到人转变过程中的作用》一文中，详细描述了劳动在人类从猿进化为人的过程中所起的作用，以会使用和创造劳动工具把人类社会与猿群世界区分开来。劳动使人学会直立行走，并且还创造了语言。

第二，劳动创造了人类生活。马克思、恩格斯指出："全部人类历史的第一个前提无疑是有生命的个人的存在。"而这"有生命的个人"之所以能够存在，最主要是因为他们能通过自己的劳动来创造和生产物质生活资料。因此，"第一个需要确认的事实就是这些个人的肉体组织以及由此产生的个人对其他自然的关系"。劳动的过程就是人通过自身的劳动作用于自然的过程，是人的本质力量与自然之间的一种物质交换过程，正是"通过实践创造对象世界，改造无机界，人证明自己是有意识的存在物，就是说是这样一种存在物，它把类看作自己的本质，或者说把自身看作类存在物"。

第三，劳动是一切价值的创造者。马克思认为："劳动是一切价值的创造者。只有劳动才赋予已发现的自然产物以一种经济学意义上的价值。"

第四，劳动创造了社会关系。劳动不仅创造了人与自然的关系，还形成了人与人之间（即"劳动资料占有和使用关系，劳动的分工和协作关系，劳动产品的交换、分配和消费关系等"）以及人与主观意识之间的关系，而这些关系成为人类社会的基本关系。社会是人类劳动的产物，是劳动活动的展开形式，也必将随着劳动的发展而发展。

二、劳动价值论

劳动创造了人类生存所必需的全部物质条件和精神条件，是促使社会历史发展的根本推动力量。社会发展的最终决定力量不是精神、意志、神灵，而是人的劳动实践。

劳动决定价值这一思想最初由英国经济学家配第提出。亚当·斯密和大卫·李嘉图也对劳动价值论做出了贡献。马克思主义的劳动价值论是马克思创立并完成的，包括以下内容：商品具有二重性，即价值和使用价值，使用价值是商品的自然属性，具有不可比较性，价值是一般人类劳动的凝结，是商品的社会属性，它构成商品交换的基础。商品的使用价值和价值等范畴，是马克思用来说明商品的自然属性和社会属性的概念，深刻地揭示了商品的本质。

马克思把价值定义为：价值是凝结在商品中的无差别的人类劳动，即由抽象性的劳动所凝结。劳动价值论把价值定义为一种人类劳动，因此，在劳动价值论的价值定义范围内"不能说劳动能创造价值"，《资本论》也没有"劳动创造价值"的语句，只提到具体的人或者劳动者能创造价值。商品交换中的交换是一种劳动（价值），而不是交换的不可度量的效用，这一思想最初由配第提出，他认为，物的有用性使物成为使用价值，使用价值总是构成财富的物质内容，同时又是交换价值的物质承担者。劳动是价值的唯一源泉，同时也是财富的源泉，劳动是财富之父，土地是财富之母。

三、劳动解放论

在《1844年经济学哲学手稿》中，马克思批判了黑格尔只承认"精神劳动"的价值，只知道劳动的积极方面，而忽略了其消极方面。他进一步指出："劳动这种生命活动、这种生产生活本身对人来说不过是满足他的需要，即维持肉体生存需要的手段……一个种的全部特性、种的类特性就在于生命活动的性质，而人的类特性恰恰就是自由的自觉的活动。"人正是通过"现实的劳动"来"使自己的生命活动本身变成自己意志的和自己意识的对象"，从而实现其真正的自由与解放。

但是，在资本主义时代大机器生产方式下，人的劳动被异化。异化不仅导致了劳动者与生产资料以及劳动成果的分离，还导致了人与人之间关系的异化以及社会的异化。"劳动异化"导致了人的类本质的异化。

异化状态是人类解放和自由的障碍。而要改变这个状态，就必须通过革命消灭资本主义赖以生存的经济基础——私有制。只有这样，人类才能获得真正的劳动快乐和自由，才能获得根本的解放。那将是一个美好的理想世界："代替那存在着阶级和阶级对立的资产阶级旧社会的将是这样一个联合体，在那里，每个人的自由发展是一切人自由发展的条件。"只有建立在"人的现实的劳动"基础之上的人的解放和社会解放的统一，才是真正的人类解放。

马克思对于人的解放的思考并没有停留在对于资本主义“劳动异化”的批判，他还进一步提出了“劳动复归”理论。只有彻底消除私有制，社会生产得到极大的发展，人类才能从劳动的束缚和奴役状态中解放出来，真正享受劳动所带来的快乐，自由地分配自己的时间，拥有自己的劳动成果，从而实现劳动的解放和人类的解放。

劳动是人类生存与发展的前提，是推动历史发展的主体与动力，人人参与劳动，劳动创造社会共同财富。

项目四　马克思劳动三形态

马克思把劳动分为三种形态，即劳动的潜在形态、劳动的流动形态和劳动的凝结形态。

任务一　了解潜在形态劳动

潜在形态劳动是劳动者的生产技术和劳动技能，它虽然潜在于劳动者身上，并非现实劳动，但它却是流动形态劳动和凝结形态劳动的前提和条件，是劳动者能干什么的标志。一般来说，劳动者的生产技术、生产技能越高，能向社会提供的劳动就越多。因此，用潜在形态的劳动来衡量劳动者向社会提供的劳动有三个好处：

（1）能比较正确地估计出劳动者向社会可能提供的劳动。

（2）潜在形态的劳动相对稳定性大，便于考察。

（3）有利于劳动者的技术进步，以技术进步来改变自己潜在的劳动形态。

上述三个好处在从事复杂劳动的脑力劳动者身上表现得非常明显，脑力劳动者的潜在形态劳动以学历等为标志。

任务二　探究流动形态劳动

流动形态劳动，也就是劳动者正在进行的生产活动本身。流动形态的劳动表明的是劳动者正在干什么，是劳动的显式形态。流动形态劳动能比较准确地反映出劳动者的实际支出。在一个企业内部，劳动者的劳动性质、强度和难易程度、劳动时间以及所担负的职责都不尽相同，也不可能每一个劳动者都能生产出凝结形态的劳动产品。社会化生产要求企业主要以流动形态劳动来衡量企业内部每个劳动者根据企业利益所实际付出的劳动，这样有利于健全企业内部的经济责任制，激励劳动者各尽所能，把潜在形态劳动最大限度地转变为现实形态劳动，打破企业给劳动者个人的“大锅饭”。

任务三　探究凝固形态劳动

凝固形态劳动是劳动者已经物化在产品中的活劳动。它表明的是劳动者已经干出了什么。由于凝结形态劳动具体体现于已经生产出来的产品之中，而在商品经济的条件下，产品只有得到社会承认，企业才能获得相应的经济利益。因此，以凝固形态的劳动来衡量企业劳动者集体为社会提供的劳动，既能借助货币比较准确、简便地衡量出企业劳动者集体劳动的数量、质量以及有效性，又能促进企业改进生产技术，改进经营管理，提高经济效益，使企业真正成为相对独立的经济实体。然而，在社会化大生产的条件下，凝固形态劳动只能用来衡量企业集体向社会提供的劳动的数量、质量与有效性，很难用来衡量企业内部所有劳动者在实际生产过程中提供的劳动量，这一点，特别表现在那些生产自动化程度高，又不易检验生产，以及生产任务经常变动的企业和工种。

实践与思考　建立劳动实践小组

组织劳动实践小组。在本课程中，通过劳动实践小组这样的集体形式来开展课程的实践与思考环节。为此，请你邀请或接受邀请，组成劳动实践小组。小组成员以3～7人为宜。

你们的小组成员是：

召集人：________________（专业、班级：________________）

组员：________________（专业、班级：________________）

________________（专业、班级：________________）

________________（专业、班级：________________）

________________（专业、班级：________________）

________________（专业、班级：________________）

________________（专业、班级：________________）

请记录，你们为自己的劳动实践小组起的名字是：

____

你们为自己的劳动实践小组确定的共同努力的口号是：

____

小组活动：请以“头脑风暴”形式讨论，在本学期的“劳动教育”学习中，小组成员共同希望达成的学习目标是什么？请简单记录。

____

____

____

____

实训评价（教师）：______________________________

____

____

主题二　劳动教育的方向

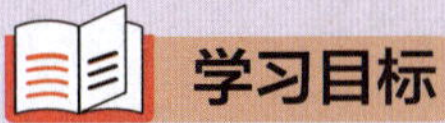

学习目标

知识目标

（1）理解中共中央、国务院《关于全面加强新时代大中小学劳动教育的意见》。

（2）理解教育部《大中小学劳动教育指导纲要（试行）》。

（3）理解新时代劳动教育的含义，领会“劳动是一切幸福的源泉”。

能力目标

具备学习、理解重要文件的能力，从中体会国家层面的政策和措施，获得事业发展方向。

素质目标

（1）审视自身的社会敏感性，培养关心政治、学习党和国家重要文件的积极态度。

（2）重视自身劳动态度的培养，积极进取，重视劳动教育课程。

学习难点

理解和体会“劳动是一切幸福的源泉”。

项目一 学习《关于全面加强新时代大中小学劳动教育的意见》

党的十八大以来，以习近平同志为核心的党中央领导全党全国各族人民推动中国特色社会主义进入新时代。党的二十大报告指出："坚持党管人才原则，坚持尊重劳动、尊重知识、尊重人才、尊重创造，实施更加积极、更加开放、更加有效的人才政策，引导广大人才爱党报国、敬业奉献、服务人民。"

2020年3月20日，中共中央、国务院发布《关于全面加强新时代大中小学劳动教育的意见》(以下简称《意见》)，就加强劳动教育做出了总体规划和具体指导。文件明确规定："职业院校以实习实训课为主要载体开展劳动教育，其中劳动精神、劳模精神、工匠精神专题教育不少于16学时。普通高等学校要明确劳动教育主要依托课程，其中本科阶段不少于32学时。除劳动教育必修课程外，其他课程结合学科、专业特点，有机融入劳动教育内容。大中小学每学年设立劳动周，可在学年内或寒暑假自主安排，以集体劳动为主。高等学校也可安排劳动月，集中落实各学年劳动周要求。"

任务一 充分认识新时代对加强劳动教育新要求

劳动教育是中国特色社会主义教育制度的重要内容，直接决定社会主义建设者和接班人的劳动精神面貌、劳动价值取向和劳动技能水平。

以习近平新时代中国特色社会主义思想为指导，全面贯彻党的教育方针，落实全国教育大会精神，坚持立德树人，坚持培育和践行社会主义核心价值观，把劳动教育纳入人才培养全过程，贯通学校各学段，贯穿家庭、学校、社会各方面，与德育、智育、体育、美育相融合，紧密结合经济社会发展变化和学生生活实际，积极探索具有中国特色的劳动教育模式，创新体制机制，注重教育实效，实现知行合一，促进学生形成正确的世界观、人生观、价值观。

任务二 全面构建体现时代特征的劳动教育体系

劳动教育是国民教育体系的重要内容，是学生成长的必要途径，具有树德、增智、强体、育美的综合育人价值。实施劳动教育，重点是在系统的文化知识学习之外，有目的、有计划地组织学生参加日常生活劳动、生产劳动和服务性劳动，让学生动手实践、出力流汗，接受锻炼、磨炼意志，培养学生正确劳动价值观和良好的劳动品质。

明确劳动教育总体目标。通过劳动教育，使学生能够理解和形成马克思主义劳动观，牢固树立劳动最光荣、劳动最崇高、劳动最伟大、劳动最美丽的观念；体会劳动创造美好生活，认识劳动不分贵贱，热爱劳动，尊重普通劳动者，培养勤俭、奋斗、创新、奉献的劳动精神；具备满足生存发展需要的基本劳动能力，形成良好的劳动习惯。

设置劳动教育课程。整体优化学校课程设置，将劳动教育纳入职业院校人才培养方案，形成具有综合性、实践性、开放性、针对性的劳动教育课程体系。根据需要编写劳动实践指导手册，明确教学目标、活动设计、工具使用、考核评价、安全保护等劳动教育要求。

确定劳动教育内容。根据教育目标，针对不同学段、类型学生的特点，以日常生活劳动、生产劳动和服务性劳动为主要内容开展劳动教育。结合产业新业态、劳动新形态，注重选择新型服务性劳动的内容。

职业院校重点是在培养专业人才的过程中，增强学生职业荣誉感，培育学生精益求精的工匠精神和爱岗敬业的劳动态度。学校要注重围绕创新创业，结合学科和专业积极开展实习实训、专业服务、社会实践、勤工助学等，重视新知识、新技术、新工艺、新方法的应用，创造性地解决实际问题，使学生增强诚实劳动意识，积累职业经验，提升就业创业能力，树立正确择业观，具有到艰苦地区和行业工作的奋斗精神，懂得空谈误国、实干兴邦的深刻道理；注重培育公共服务意识，使学生具有面对重大灾害等危机主动作为的奉献精神。

健全劳动素养评价制度。将劳动素养纳入学生综合素质评价体系，制订评价标准，建立激励机制，组织开展劳动技能和劳动成果展示、劳动竞赛等活动，全面客观记录课内外劳动过程和结果，加强实际劳动技能和价值认知情况的考核。建立公示、审核制度，确保记录真实可靠。把劳动素养评价结果作为衡量学生全面发展情况的重要内容，作为评优评先的重要参考和毕业依据，作为高一级学校录取的重要参考或依据。

任务三　广泛开展劳动教育实践活动

学校要切实承担劳动教育主体责任，明确实施机构和人员，开设劳动教育课程，明确劳动教育要求，着重引导学生形成马克思主义劳动观，系统掌握必要的劳动技能。科学设计课内外劳动项目，采取灵活多样的形式，激发学生劳动的内在需求和动力。统筹安排课内外时间，可采用集中与分散相结合的方式。学校要组织学生走向社会，参与校外劳动锻炼。

社会要发挥在劳动教育中的支持作用。充分利用社会各方面资源，为劳动教育提供必要保障。企业公司、工厂农场等组织要履行社会责任，开放实践场所，支持学校组织学生参加力所能及的生产劳动、参与新型服务性劳动，使学生与普通劳动者一起经历劳动过程。鼓励高新企业为学生体验现代科技条件下劳动实践新形态、新方式提供支持。

任务四　着力提升劳动教育支撑保障能力

多渠道拓展实践场所。大力拓展实践场所，满足院校多样化劳动实践需求。充分利用现有综合实践基地、职业院校劳动实践场所，建立健全开放共享机制。进一步完善学校建设标准，学校逐步建好、配齐劳动实践教室和实训基地。学校要充分发挥自身专业优势和服务社会功能，建立相对稳定的实习和劳动实践基地。

多举措加强人才队伍建设。采取多种措施，建立专兼职相结合的劳动教育师资队伍。根据学校劳动教育需要，为学校配备必要的专任教师。学校要设立劳模工作室、技能大师工作室、荣誉教师岗位等，聘请相关行业专业人士担任劳动实践指导教师。把劳动教育纳入教师培训内容，开展全员培训，强化每位教师的劳动意识、劳动观念，提升实施劳动教育的自觉性，对承担劳动教育课程的教师进行专项培训，提高劳动教育专业化水平。建立健全劳动教育教师工作考核体系，分类完善评价标准。

要多种形式筹措资金，加快建设校内劳动教育场所和校外劳动教育实践基地，加强学校劳动教育设施标准化建设，建立学校劳动教育器材、耗材补充机制。学校可按照规定统筹安排公用经费等资金开展劳动教育。可采取政府购买服务方式，吸引社会力量提供劳动教育服务。

多方面强化安全保障。各地区要建立政府负责、社会协同、有关部门共同参与的安全管控机制。建立政府、学校、家庭、社会共同参与的劳动教育风险分散机制，鼓励购买劳动教育相关保险，保障劳动教育正常开展。各学校要加强对师生的劳动安全教育，强化劳动风险意识，建立健全安全教育与管理并重的劳动安全保障体系。科学评估劳动实践活动的安全风险，认真排查、清除学生劳动实践中的各种隐患，特别是辐射、疾病传染等，在场所设施选择、材料选用、工具设备和防护用品使用、活动流程等方面制订安全、科学的操作规范，强化对劳动过程每个岗位的管理，明确各方责任，防患于未然。制订劳动实践活动风险防控预案，完善应急与事故处理机制。

项目二　学习教育部《大中小学劳动教育指导纲要（试行）》

为深入贯彻习近平总书记关于教育的重要论述，全面贯彻党的教育方针，落实中共中央、国务院《关于全面加强新时代大中小学劳动教育的意见》，加快构建德智体美劳全面培养的教育体系，2020年7月15日，教育部印发《大中小学劳动教育指导纲要（试行）》（以下简称《指导纲要》），主要面向学校，重点针对劳动教育是什么、教什么、怎么教等问题，细化有关要求，加强专业指导。

《指导纲要》明确指出：劳动教育是发挥劳动的育人功能，对学生进行热爱劳动、热爱劳动人民的教育活动，要强化学生劳动观念，弘扬勤俭、奋斗、创新、奉献的劳动精神；强调全身心参与，手脑并用，亲历实际的劳动过程；要在充分发挥传统劳动工艺项目育人功能的同时，紧跟科技发展和产业变革，体现时代要求；还要充分发挥学生的主动性、积极性，鼓励创新创造。

《指导纲要》规定，劳动教育的内容主要包括日常生活劳动、生产劳动和服务性劳动三个方面的教育。其中：日常生活劳动教育要让学生立足个人生活事务处理，培养良好的生活习惯和卫生习惯，强化自立自强意识；生产劳动教育要让学生体验工农业生产创造物质财富的过程，增强产品质量意识，体会平凡劳动中的伟大；服务性劳动教育要注重让学生利用所学知识技能服务他人和社会，强化社会责任感。

《指导纲要》强调劳动教育途径要注重课内外结合，在开设劳动教育必修课的同时，还要在课外校外活动中安排劳动实践。职业院校和普通高等学校要明确生活中的劳动事项和时间，并纳入学生日常管理。

《指导纲要》要求学校和教师要抓住关键环节，灵活运用讲解说明、淬炼操作、项目实践、反思交流、榜样激励等多种方式方法，增强劳动教育效果；开展平时表现评价、学段综合评价和学生劳动素养监测，发挥评价的育人导向和反馈改进功能。要求各地和学校加强劳动教育的组织管理，对劳动教育所需要的师资、场地设施、经费投入等进行合理规划和统筹安排，为劳动教育的实施创造必要条件；加强研究和指导，为提高劳动教育质量提供必要支撑。

项目三　体悟劳动是一切幸福的源泉

大力开展劳动教育，一方面要教育引导学生崇尚劳动、尊重劳动，懂得劳动最光荣、劳动最崇高、劳动最伟大、劳动最美丽的道理，增强对劳动创造幸福的理性认知和实践自觉；另一方面，要创造机会和条件、创新内容和形式，通过丰富多样的劳动实践，教育引导广大青少年牢固树立以辛勤劳动为荣、以好逸恶劳为耻的劳动观，大力弘扬崇尚劳动、热爱劳动、辛勤劳动、诚实劳动的劳动精神。

任务一　树立正确的劳动价值观

历史唯物主义认为，劳动是区分人与动物的关键。马克思深刻指出，劳动不仅创造了人类的物质世界和社会历史，同时也创造了人类自己。

辛勤劳动是劳动者的基本态度。党的十八大以来，习近平总书记多次阐释劳动的时代意义，倡导人民以辛勤劳动托举中国梦。中国特色社会主义迈进新时代，社会的主要矛盾已经由“人民日益增长的物质文化需要同落后的社会生产之间的矛盾”转变为“人民日益增长的美好生活需要和不平衡不充分的发展之间的矛盾”。无论是“物质文化需要”还是“美好生活需要”，都需要每一个劳动者以“辛勤劳动”来获取。正所谓，“民生在勤，勤则不匮”。

随着社会的发展、科技的进步以及生活水平的提高，资本、知识、技术、信息在生产生活中的力量不断凸显，人们的劳动观念发生了很大变化。为此，劳动教育应着重引导个体树立正确的劳动价值观。一方面，基于马克思的劳动价值理论，帮助青年理解劳动是财富的源泉，认可“按劳分配”原则，摒弃好逸恶劳、不劳而获的不良思想；另一方面，站在人类社会历史发展的宏观高度以及个体成长成才的微观视角，帮助青年理解劳动在推动历史发展和帮助个体圆梦上所发挥的重要作用，从而尊重劳动、辛勤劳动。

党的十八大报告将尊重劳动作为四个尊重（尊重劳动、尊重知识、尊重人才、尊重创造）之首。2015年“五一”劳动节前夕，习近平总书记指出：“让劳动光荣、创造伟大成为铿锵的时代强音，让劳动最光荣、劳动最崇高、劳动最伟大、劳动最美丽蔚然成风。要教育孩子们从小热爱劳动、热爱创造，通过劳动和创造播种希望、收获果实，也通过劳动和创造磨炼意志、提高自己。”党的十九大报告提出“建设知识型、技能型、创新型劳动者大军，弘扬劳模精神和工匠精神，营造劳动光荣的社会风尚和精益求精的敬业风气”。

“劳动创造幸福，实干成就伟业”，党的二十大报告进一步强调：“统筹推动文明培育、文明实践、文明创建，推进城乡精神文明建设融合发展，在全社会弘扬劳动精神、奋斗精神、奉献精神、创造精神、勤俭节约精神，培育时代新风新貌。”

任务二　塑造诚实劳动的社会风气

诚实劳动是劳动者的内在道德要求。在中国传统文化中，“君子爱财，取之有道”，强调以“道”获“利”。步入新时代，在信息化、网络化的市场经济环境中，在物质主义与利己主义时有抬头的社会背景下，以“道”获“利”的伦理规范正在接受时代的拷问。在这个背景下，诚实劳动的理念和规范是新时代所必须倡导和落实的。

什么是新时代的诚实劳动？在本质上，诚实劳动强调的是劳动者积极实干，而不是投机取巧；在社会关系上，即要求坚守公平正义，反对损公肥私、损人利己；在经济形态上，诚实劳动反对资本欺诈，反对违法乱纪，特别是在虚拟经济时代，反对网络诈骗；在人与自然的关系上，诚实劳动要求绿色发展，不以牺牲生态为代价换取经济发展；在社会文化培育上，诚实劳动意在实现“人人为我，我为人人”的文化形态，使每一个劳动者都具备劳动自觉和劳动获得感。

在新的时代背景下，劳动教育的定位和内涵都呈现出许多新特点。但是无论如何变化，作为劳动的内在道德要求，诚实劳动是任何经济形态下经济发展的核心要求。因此，塑造诚实劳动的社会风气，是时代赋予劳动教育的重任。具体而言，在劳动教育理念上，应帮助个体理解诚实劳动的重要性，引导其树立诚实劳动的道德理念；在劳动教育内容上，应着重深化个体对“劳动与资本”“劳动者的权益”“劳动法”等内容的认识；在劳动教育方式上，重在创设劳动市场环境，使个体在实际参与中将劳动认知转化为具体的劳动行为体验。

任务三　遵循教育规律，纳入培养全过程

从教育方面来说，劳动形成人的本质，劳动是实现人的全面发展的重要途径。劳动教育一直是我国国民教育的重要内容，是一以贯之的教育方针。

劳动习惯的养成、劳动技能的培养，是一个持续积累的过程。在青少年不同年龄阶段，劳动教育的内容、任务各有侧重。要坚持德智体美劳五育并举，紧紧围绕培养什么人、怎样培养人、为谁培养人这一根本问题，深刻把握劳动教育与德育、

智育、体育、美育的内在关系和互动规律，全面彰显劳动教育的基础性作用，切实做到以劳树德、以劳增智、以劳强体、以劳育美。坚持改革创新，将劳动教育融入学校教育教学和人才培养之中，贯穿教学设计、教材建设和教法改革之中，以更加切实的举措全面提升劳动教育的地位。特别是要根据不同学段、不同类型学生特点，有针对性地加强劳动教育。具体来说：小学阶段注重启蒙学生劳动意识，培养学生劳动习惯；初中阶段注重劳动知识传输、劳动技能训练和劳动品质塑造；高中阶段注重丰富学生对多种职业的劳动体验，使其树立劳动自立意识和服务他人、服务社会的情怀；大学阶段则注重培养学生的创新意识、创造能力和创业素养，引导学生运用新知识、新技术、新工艺、新方法创造性地解决实际问题，为未来职业发展积累经验、储备能力。

任务四　加强劳动教育，锻造时代新人

创造性劳动是发展社会主义生产力的更高劳动形态。创造性劳动是解放生产力、发展生产力的必然要求，在人类社会历史的发展中占据重要地位。在宏观层面上，创造性劳动是人类解放的关键一步。因为创造性劳动使人类不断超越奴役劳动和谋生劳动，走向体面劳动和自由劳动。在微观层面上，创造性劳动是现代经济演变的主要动力。根据马克思主义经济学理论，通过技术进步来缩短必要劳动时间，是经济增长的重要途径。当前，我国正在进行社会主义市场经济改革。为了克服劳动力优势下降的问题，实现经济的高质量发展，我国必须加快建设创新型国家。这需要大力发展创新性劳动，提高社会生产力。

以人工智能、大数据、量子信息、生物技术为代表的新一轮科技革命和产业变革，正在深刻改变劳动的组织方式和实践形态，使创新成为经济社会发展的主要驱动力，使知识和信息成为重要的生产要素。在这样的背景下，劳动教育必须着眼经济社会发展的现实需要，紧密结合新产业、新业态、新工艺、新技术，不断更新和丰富教育内容和形式。要提高劳动教育针对性，合理配置生活劳动、生产劳动和服务性劳动三类教育内容，让学生充分利用新知识、技能、工具、设备等为他人和社会提供服务，特别是在公益劳动、志愿服务中强化社会责任，培养良好的社会公德。探索构建更具开放性的劳动教育实践体系，引导学生积极参与智能化背景下的劳动实践，有效掌握最新劳动科技成果，增强独立生活、智慧生活的能力。

在社会的劳动时间、劳动工具、劳动形式等都发生了革命性变化的背景下，利用时代机遇锻炼青年一代的创新能力，是劳动教育的重要使命。一方面，要立足于

数字革命时代对劳动者提出的新要求，构建青年一代的核心劳动素养，涉及劳动精神、劳动技能、劳动习惯、劳动思维等内容；另一方面，要以实现社会和经济的可持续发展为价值目标，整合多领域知识与技能，将人工智能、数字技术、劳动规范、职业实践、经济发展规律等相关内容纳入劳动课程，引导青年实现知识的融会贯通，为实践创造性劳动做好充分准备。

当代劳动教育担负着培育时代新人的历史使命，为此，学校要以新时代“劳动观”为指导，引导学生树立辛勤劳动、诚实劳动、创造性劳动的理念，让劳动最光荣、劳动最崇高、劳动最伟大、劳动最美丽、奋斗最幸福的观念蔚然成风。

习近平总书记曾经在“五一”国际劳动节来临之际给郑州圆方集团全体职工回信，向他们和全国各族劳动群众致以节日的问候。“伟大出自平凡，英雄来自人民。”习近平总书记在回信中寄语，希望大家弘扬劳动精神，克服艰难险阻，在平凡岗位上续写不平凡的故事，用自己的辛勤劳动为经济社会发展贡献更多力量。

习近平总书记对劳动的尊重、对劳动者的关心，必将激励广大劳动群众争作新时代的奋斗者，同时，对广大青少年树立劳动意识、增强劳动观念、养成劳动习惯产生深远影响。

实践与思考 人人谈：“劳动是一切幸福的源泉”

小组活动：请劳动实践小组成员在认真学习本主题内容的基础上，开展头脑风暴活动，畅谈“劳动是一切幸福的源泉”，活跃思维，明晰事理，准确把握劳动教育的方向。

请在小组活动的基础上，个人撰写一份一页A4纸的小论文来讨论本次活动的主题——“劳动是一切幸福的源泉”，谈谈你的看法，并报告小组的讨论成果。

-------------------- 请将你的一页A4纸小论文粘贴于此 --------------------

实训评价（教师）：____

____

____

主题三　劳动教育的内涵

学习目标

知识目标

（1）理解现代劳动教育，弘扬劳动价值，主张诚实劳动，强调创造性劳动，吸收借鉴劳动创造的思想精华和传统智慧。

（2）掌握劳动教育的内涵与原则，主动学习劳动知识。

（3）熟悉劳动教育基本特征，明晰劳动教育的时代特征和社会属性。

（4）准确把握新时代劳动教育育人导向，自觉投身劳动实践。

能力目标

（1）吸收借鉴劳动教育思想精华，在劳动学习中把握个人成长方向。

（2）投身日常生活劳动，参加生产劳动，加入服务性劳动活动。

素质目标

（1）审视自身劳动情感、态度和劳动价值观，弘扬民族的劳动传统。

（2）不断提升自己的职业素养，坚持辛勤劳动、诚实劳动。

学习难点

（1）劳动教育传导的传统劳动智慧与思想精华。

（2）劳动教学的基本特征与社会属性，准确把握新时代劳动教育的育人方向。

项目一 认识劳动教育的传统智慧

劳动作为人类特有的活动，是人类赖以存在和发展的基础，它表现为人们通过发挥体力和脑力作用，运用劳动资料改造外部世界的过程。人们要获取生活资料，就必须劳动。

习近平总书记在阐述党的十八大以来教育改革发展一系列新理念、新思想、新观点时，指出要“坚持扎根中国大地办教育”。这具体到劳动教育来说，不仅要立足新时代社会发展的具体实际，还要扎根于中国优秀文化传统。在中华文化的思想宝库中有重视劳动的思想传统。整理发掘这部分思想成果，有助于开展新时代的劳动教育。

任务一 弘扬劳动价值

习近平总书记指出，要在学生中弘扬劳动精神，教育引导学生崇尚劳动、尊重劳动，懂得劳动最光荣、劳动最崇高、劳动最伟大、劳动最美丽的道理，长大后能够辛勤劳动、诚实劳动、创造性劳动。这一精辟论断阐明了劳动教育的宗旨、方法、目标，为开展新时代劳动教育提供了根本遵循。

弘扬劳动精神，旨在培养学生尊重劳动、崇尚劳动的态度，懂得劳动的崇高和伟大价值。中国古代思想家对劳动意义有丰富的论述。

其一，劳动是生存之本。古代哲学家、教育家、科学家墨子教育弟子说，“故圣人作诲，男耕稼树艺，以为民食”“食者国之宝也”“民无食则不可事，故食不可不务也”。在墨子看来，民不可无食，食必须通过劳动获得。明代学者吕坤说：“一年不务农桑，一年忍饥受冻。”不勤劳务农，就缺衣少食。明末清初学者张履祥提出：“治生以稼穑为先，舍稼穑无可为治生者。”这些观点都指出了农业劳动的基本价值。

清代曾国藩将这种劳动谋生观点加以发展，提出：“卫身莫大于谋食。农工商劳力以求食者也；士劳心以求食者也。”随着社会分工的发展，劳动已不限于农业，但是人人必须劳动才能生活。

其二，劳动促进个人发展。劳动可以培养人优良的品德和健康的身体素质。春秋时期的敬姜在教育儿子时说：“夫民劳则思，思则善心生；逸则淫，淫则忘善，忘善则恶心生。”指出了劳可培善和逸则生恶两种不同的品德培养功能。明末清初的学者颜元认为："养身莫善于习动，夙兴夜寐，振起精神，寻事去作，行之有常，并不困疲，日益精壮。"意思是劳作使人强健。清代学者汪辉祖在批判"幼小不宜劳力"观点时指出："欲望子弟大成，当先令其习劳。"他认为，古来成功的将相，没有一个是软弱不耐劳苦的。

其三，劳动是理想生活方式。曾国藩在给儿子曾纪鸿的信中说："勤俭自持，习劳习苦，可以处乐，可以处约，此君子也。"他教育儿子把劳动作为生活的一部分，在劳动中得到人生快乐，成就君子人格。

任务二　倡导辛勤劳动

传统文化不仅包含对劳动价值的充分肯定，也有对辛勤劳动的积极倡导。对于劳动要耐得住艰辛、要坚持不懈的道理，中国古代多有论述。其中，曾国藩对辛勤劳动的论述对现代人影响较大。他这方面的主要观点如下：

其一是"勤"。曾国藩在家书中反复阐释对勤的道理，勉励长子纪泽说："家之兴衰，人之穷通，皆于勤惰卜之。泽儿习勤有恒，则诸弟七八人皆学样矣。"他认为，勤则家"兴"人"通"，惰则家"衰"人"穷"。要做到勤，需持之以恒。

其二是"早"。这个概念是曾国藩在总结祖父星冈公家训思想时凝练出的，意思是"早起"。这是曾国藩关于"勤"思想的重要维度之一。他还对此概念加以发挥，"治家以不晏起为本""家中大小，总以起早为第一义"。在曾国藩看来，"少睡多做"，体现"一人之生气"。因此，他把早起作为耐劳苦教育的主要手段。曾国藩的这一观点，在之前的教育学著作中较为多见。南宋文学家叶梦得说："每日起早，凡生理所当为者，须及时为之。"朱柏庐治家格言的第一句话就是："黎明即起，洒扫庭除。"

任务三　主张诚实劳动

新时代劳动教育要求学生在长大后"诚实劳动"。所谓诚实劳动，就是要实实在在地劳动，运用脑力或体力有效地改造世界，不弄虚作假，不投机取巧，不搞形式、走过场、摆样子。

其一，诚实劳动重在做实事。孟子讲的"揠苗助长"寓言（图3-1），就生动讽刺了那些不诚实劳动却想取得成功的行为。要让禾苗长得好，就得踏踏实实浇水施肥，而不是一根根地往上拔。揠苗助长者虽然付出了体力，看到苗长高了一大截，但是苗最终全死了。这个故事可以说是对不诚实劳动现象的深刻批评，也从另一方面表达了孟子提倡诚实劳动的思想。

图 3-1　揠苗助长

主张劳动思想的汪辉祖指出："士不好学，农不力田，便不成为士、农。欲尽人之本分，全在各人做法……故'人'是虚名，求践其名，非实做不可。"他提出各行业的人要"实做"，即脚踏实地地工作，这是他倡导诚实劳动的体现。

其二，诚实劳动尚力行、忌空谈。重视习行、关心实务，是中国古代思想的主流。然而，在历史上也不乏懒于劳动、脱离实际的空谈作风。比如六朝时期的名士，虽然在品藻古今方面颇多才华，一旦任用他们处理实务，却"多无所堪"。这些人惯于高谈虚论，迂诞浮华，不涉世务，不知有丧乱之祸，不知有耕稼之苦，不知有劳勤之役，因此难以"应世经务"。颜之推概括说："治官则不了，营家则不办，皆优闲之过也。"这是对那些不劳而获、没有真才实学的南朝名士的有力批判。

任务四　强调创造性劳动

创造性劳动与重复性劳动不同，特别强调劳动过程中的变革性和创新性，体现为发明创造。一方面，将科学原理和技术运用到具体劳动中，改变了劳动方式；另一方面，在劳动过程中有所发现，并创造性地解决问题。中国古代劳动思想中就有这方面的范例。

其一，劳动中把握事物原理并作创造性运用。墨子作为中国古代伟大的科学家，不仅重视生产劳动，而且善于在生产劳动中发现科学原理，并据此进行大量创造发明，还教育学生将其运用于生产实践。他说："负而不挠，说在胜。"这里的"负"就是"担"或者说"衡木"的意思。"挠"这里引申为"物体倾斜"的意思。"胜"有"胜任""承受"等意思。整句话是说，用衡木担物，支点在中间，衡木就不会发生倾斜。这是因为两端物量相等、彼此平衡的缘故。这句话包含着杠杆平衡原理，墨子运用此原理发明了提水工具——桔槔（图3-2），大大节省了劳动力。

其二，劳动中进行创造性探索。清代耕织图（图3-3）反映了古代农业劳动者耕织的场景和详细的生产过程，具有普及农业生产知识、推广耕作技术的作用，有效地促进了生产力的发展。这些图谱不仅记录了耕作与蚕织的系列图谱，还反映了古代农业劳动者的辛勤劳动和详细的生产过程，成为古代农耕文明的重要组成部分。

图 3-2　桔槔

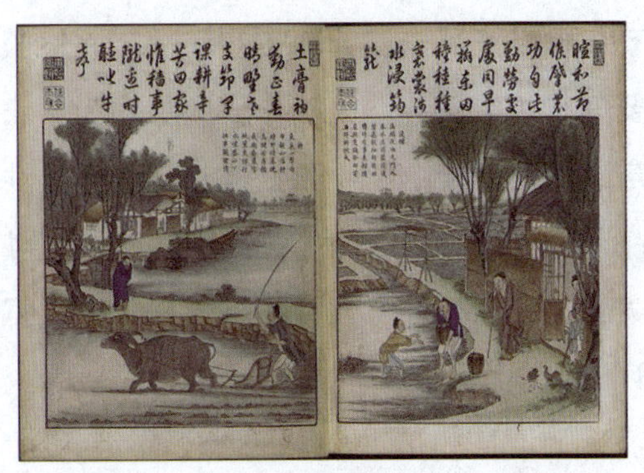

图 3-3　耕织图

从事创造性劳动，需要学习创新思维，掌握创新方法，掌握发明创新的技术与技巧，不断提高创造性劳动的效率。另一方面，更进一步，创造性劳动又不同于创新劳动，那是指通过人的脑力劳动萌发出技术、知识、思维的革新，从而提升劳动效率、产生出超值社会财富或成果的劳动。

任务五　吸收借鉴思想精华

中华民族素以吃苦耐劳著称于世。五千年辉煌灿烂的文明是中国先人热爱劳动的有力见证。传统劳动思想就是中华民族重视劳动的集中体现。不忘本才能开辟未来，善于继承才能更好地创新。

开展新时代劳动教育，需要吸收借鉴传统劳动思想的精华。但是，传统劳动思想是与中国古代社会实践相适应的，因此在今天的劳动教育中不能完全照搬。我们必须立足新时代劳动教育的具体实践，以马克思主义劳动观为指导，本着古为今用的态度，对传统劳动思想去粗取精、去伪存真，进行科学扬弃，并在此基础上实现创造性转化和创新性发展。

项目二　感悟劳动教育的内涵与原则

在2019年6月23日中共中央和国务院发布的《关于深化教育教学改革，全面提高义务教育质量的意见》（以下简称《意见》）中指出："加强劳动教育。充分发挥劳动综合育人功能，制定劳动教育指导纲要，加强学生生活实践、劳动技术和职业体验教育。优化综合实践活动课程结构，确保劳动教育课时不少于一半。家长要给孩子安排力所能及的家务劳动，学校要坚持学生值日制度，组织学生参加校园劳动，积极开展校外劳动实践和社区志愿服务。创建一批劳动教育实验区，农村地区要安排相应田地、山林、草场等作为学农实践基地，城镇地区要为学生参加农业生产、工业体验、商业和服务业实践等提供保障。""学生发展质量评价突出考查学生品德发展、学业发展、身心健康、兴趣特长和劳动实践等。"德育、智育、体育、美育、劳动教育"五育并举"是此次《意见》中对于素质教育的创新定义，劳动教育成为必修课。

任务一　认识劳动教育的基本内涵

劳动教育是一个动态、发展的概念，其内涵随着时代的变化而不断丰富、发展和完善。至今社会各界对劳动教育的内涵在一定程度上仍存在着误解。在学校和家庭教育中，劳动常常被窄化为参与简单的体力劳动，致使劳动教育成为与脑力劳动、日常学习无关的活动，被认为是学生的额外负担，劳动教育的价值没有得到彰显。劳动教育有时还被等同于技艺学习、娱乐活动、惩罚手段。这些现实中的畸变都与对劳动教育的内涵缺乏深度解读相关。要全面构建体现时代特征的劳动教育体系，首先要深刻理解劳动教育的基本内涵。

《教育大辞典》从劳动教育的内容和劳动素养出发，将劳动教育定义为"劳动、生产、技术和劳动素养方面的教育，旨在培养学生正确的劳动观点、劳动态度、劳动习惯，使学生获得工农业生产基本知识和技能"。在养成良好劳动素养方面，劳动教育特别强调：其一，促进学生具备一定劳动知识与技能，成为全面发展的人；其二，发展学习者创造性劳动的潜质，成为新时代所需要的创造性劳动者；其三，形成良好的劳动习惯，成为"流自己的汗、吃自己的饭"的有尊严、有教养的现代公民。

新时代劳动教育立足于人的整体性，融合多学科知识，对人、社会和自然进行整合，将理论知识有机融入现实社会，对学生健全人格发展起着重要作用，具有树德、增智、强体、育美的综合育人价值，坚持立德树人，把劳动教育贯穿于人才培养的全过程。

实施劳动教育重点是在系统的文化知识学习之外，有目的、有计划地组织劳动教育，这是中国特色社会主义教育制度的重要内容，直接决定社会主义建设者和接班人的劳动精神面貌、劳动价值取向和劳动技能水平。

“劳动教育”是以促进学生形成劳动价值观（即确立正确的劳动观点、积极的劳动态度、热爱劳动和劳动人民等）和养成劳动素养（有一定劳动知识与技能、形成良好的劳动习惯等）为目的的教育活动，“劳动价值观”是劳动素养的核心内涵。劳动还与“劳动技术教育”“通用技术教育”等概念相关。不过“劳动技术教育”较强调技术的学习，与职业定向存在更密切的关联；“通用技术教育”则是开展基础技术教育的课程形式，“通用技术”是其教育重点，“劳动”已不是其核心意涵。换言之，劳动教育是面向所有教育对象的普通教育，而“劳动技术教育”“通用技术教育”两个概念中虽也有“劳动”的要素，但较多指向具体技术或者通用技术的学习等，强调重点有显著差异。

在劳动价值观方面，劳动教育要努力帮助学生确立正确的劳动观点、积极的劳动态度（即具有“劳动精神”），拒绝“好逸恶劳”“不劳而获”等错误的价值观；要教育学生形成尊重和热爱劳动过程、劳动成果和劳动主体（即劳动人民）的价值观。

职业教育培养的是适应生产、建设、管理、服务等各行业需要的高素质人才，尤其需要吃苦耐劳、艰苦奋斗精神。在社会价值观多元化的背景下，一些大学生好逸恶劳、拈轻怕重，毕业后频繁跳槽，其劳动意识、劳动态度以及劳动精神等方面都出现了一定的问题，急需补上劳动教育这块短板。劳动教育是培养和提高学生劳动素质和职业能力的重要途径，有助于培养正确的劳动观、价值观、成才观，对职业院校的育人工作有着重要意义。在职业院校重视劳动教育，重构“德智体美劳”的教育体系，既是落实教育为人民服务、培养社会主义劳动者的社会需要，又是培养大国工匠、助推产业结构转型升级的经济需要，更是调整教育结构和提高教育质量的教育需要。

任务二 理解劳动教育遵循的原则

劳动教育应该遵循的原则包括：

（1）把握育人导向。坚持党的领导，培养担当民族复兴大任的时代新人，着力提升学生综合素质，促进学生全面发展、健康成长。把准劳动教育价值取向，引导学生树立正确的劳动观，崇尚劳动、尊重劳动，增强对劳动人民的感情，报效国家，奉献社会。

（2）遵循教育规律。符合学生年龄特点，以体力劳动为主，注意手脑并用、安全适度，强化实践体验，让学生亲历劳动过程，提升育人实效性。

（3）体现时代特征。适应科技发展和产业变革，针对劳动新形态，注重新兴技术支撑和社会服务新变化。深化产教融合，改进劳动教育方式。强化诚实合法劳动意识，培养科学精神，提高创造性劳动能力。

（4）强化综合实施。加强政府统筹，拓宽劳动教育途径，整合家庭、学校、社会各方面力量。家庭劳动教育要日常化，学校劳动教育要规范化，社会劳动教育要多样化，形成协同育人格局。

（5）坚持因地制宜。根据各地区和学校实际，结合当地在自然、经济、文化等方面条件，充分挖掘行业企业、职业院校等可利用资源，宜工则工、宜农则农，采取多种方式开展劳动教育，避免“一刀切”。

项目三 思考劳动教育的基本特征

劳动教育是马克思主义劳动观的重要内容。

马克思主义认为，生产劳动是人区别于动物的根本特征，“一旦人开始生产自己的生活资料，即迈出由他们的肉体组织所决定的这一步的时候，人本身就开始把自己和动物区分开来。”劳动不仅发展着世界，还创造了人类，促进人的自由解放和全面发展。恩格斯认为“劳动创造了人本身”，“生产劳动给每一个人提供全面发展和表现自己全部的即体力和脑力的能力的机会，这样，生产劳动就不再是奴役人的手段，而成了解放人的手段”。

马克思主义认为，劳动是创造价值的唯一源泉，人民群众是物质财富和精神财富的创造者，教育要与生产劳动紧密结合。马克思指出：“未来教育对所有已满一定年龄的儿童来说，就是生产劳动同智育和体育的结合，它不仅是提高社会生产的一种方法，而且是造就全面发展的人的唯一方法。”由此可知，劳动教育是马克思主义劳动观和教育观的重要内容。

任务一 劳动教育具有普通教育的特征

劳动不仅创造了历史，还成就了教育。教育与劳动相结合是马克思主义教育的基本思想，也是《中华人民共和国教育法》中的明确要求。苏联教育家苏霍姆林斯基认为，“离开劳动，不可能有真正的教育”。无论时空如何变化，时代如何发展，劳动促进人全面发展的作用都不会发生改变。

劳动教育旨在落实全面发展的教育方针，具有普通教育的属性。“教育与生产劳动相结合”等劳动教育命题的着眼点就在于培育在体力、脑力上均获得全面发展的人。劳动教育具有立德、益智、健体、育美等较为全面的教育功能。因此，虽然职业教育往往包含较多的劳动教育成分，但是劳动教育却是覆盖不同教育类型的教育形态，职业教育、普通教育，以及不同学段的教育，都要开展劳动教育，而由于这一普通教育的属性，劳动教育在基础教育阶段具有更为重要的意义。

随着时代的发展，劳动的构成更加复杂多元，现代化、信息化、智能化的劳动内容不断增加。职业院校实施劳动教育应针对职业院校学生的特点，根据人才培养目标，重点在系统的文化知识学习之外，有目的、有计划地组织学生参加日常生活劳动、生产劳动和服务性劳动，让学生动手实践、出力流汗，接受锻炼、磨炼意志，培养学生正确的劳动价值观和良好的劳动品质，实现知行合一，获得身心全面发展。这实际上确立了劳动教育的独立学科地位，将劳动教育与智育区别开，强调劳动教育不同于系统的文化知识学习，或者说不能用系统的文化知识学习代替劳动教育。因此，可以说劳动教育具有自己独立的教育体系。

任务二 劳动教育具有价值教育的属性

劳动教育所要培育的劳动素养，当然包括形成劳动习惯、有一定劳动知识与技能、有能力开展创造性劳动等，但劳动价值观才是劳动素养的核心。虽然劳动教育的开展离不开具体的劳动形式以及专门劳动技术的学习，但真正健康的劳动教育则应当特别注重核心目标的达成，即努力帮助学生确立正确的劳动观点、积极的劳动态度，努力帮助他们形成尊重和热爱劳动过程、劳动成果和劳动主体（即劳动人民）的价值观。

任务三 劳动教育具有时代特征与社会属性

人类劳动的形态处在不断演进的过程之中，具体表现为脑力劳动的比重不断增加、新形态的劳动不断形成。所以劳动教育包括参加体力劳动，但又不能狭隘理解为简单的体力劳动锻炼。劳动教育应依据劳动形态的演进而与时俱进。创造条件让学生参加服务形态的劳动、创造性劳动等，形成当代劳动教育的新方向。此外，劳动价值观形成的基础是社会大众对劳动价值的真实确认，若社会没有尊重劳动的分配机制与舆论氛围，学校的劳动教育必然孤掌难鸣，难有实质成效。因此，学校必须与社会携手合作，以取得劳动教育的实效。

可见，对于劳动教育相关概念以及劳动教育本身的分析，对劳动教育的开展有几点方向性的启示：一是劳动教育不等于一般性的活动、实践等，劳动教育的要义在于通过劳动培育受教育者全面发展的人格；二是劳动教育不等于具体劳动技术的学习，劳动教育当然包括劳动技术的学习，但劳动教育的核心目标应当是劳动价值观的培育；三是劳动教育包括但不等于体力劳动锻炼。在当前形势下，劳动教育应当大力倡导，但劳动教育要落到实处，其观念与实践无疑都应当与时俱进。

项目四　认识劳动教育的育人导向

中共中央、国务院《关于全面加强新时代大中小学劳动教育的意见》（以下简称《意见》）把育人导向作为劳动教育的首要原则，对新时代劳动教育做了顶层设计和全面部署，意义重大，影响深远，指明了劳动教育育人的战略导向、认知导向、情感导向和实践导向。准确把握育人导向，对坚持党的教育方针、切实开展好劳动教育具有重要意义。

（1）培养担当民族复兴大任的时代新人的战略导向。这是人才培养的根本，也是劳动教育的出发点。劳动教育是中国特色社会主义教育制度的重要内容，直接决定着社会主义建设者和接班人的劳动精神面貌、劳动价值取向和劳动技能水平。“坚持党的领导，围绕培养担当民族复兴大任的时代新人，着力提升学生综合素质，促进学生全面发展、健康成长”，凸显了基于国家前途和民族未来育人的战略意义。当前劳动教育尚存在被淡化、弱化和软化的倾向，还存在着一些青少年不珍惜劳动成果、不想劳动、不会劳动的现象，这与“时代新人”的培养目标有较大差距。为此，新时代劳动教育必须坚持以新时代中国特色社会主义思想为指导，把劳动教育纳入人才培养全过程，贯通各学段，贯穿家庭、学校、社会各方面，创新体制机制，注重教育实效，实现知行合一，达到立德树人的根本目标。

（2）坚持马克思主义劳动观的认知导向。这是人类认识世界的总方向，也是劳动教育的理论依据。劳动是人类生存的基础，也是社会关系形成与发展的前提，更是人自身发展的决定性要素。劳动是财富的源泉，也是幸福的源泉，这是马克思主义劳动观的基本原理。尽管新时代人类劳动形态发生了较大变化，但马克思主义劳动观的基本原理并没有变。在劳动教育中要始终坚持马克思主义劳动观的引领作用，强化劳动价值认同，让广大青少年懂得“劳动最光荣、劳动最崇高、劳动最伟大、劳动最美丽”的真谛，旗帜鲜明地反对一切不劳而获、贪图享乐、崇尚暴富的错误思想，让中华民族勤俭、奋斗、创造、奉献的劳动精神不断发扬光大，让劳动光荣、创造伟大成为铿锵的时代强音。

（3）培育崇尚劳动和尊重劳动的情感导向。这属于人类自我意识与对象意识的范畴，也是劳动教育的重要内容。崇尚劳动和尊重劳动是相辅相成的。一个崇尚劳动的人，往往会珍惜劳动果实，尊重劳动人民；一个心中有劳动人民的人也会崇尚劳动、热爱劳动。新时代劳动教育要提供学生更多参与劳动过程和收获劳动成果的机会，使其体会劳动创造美好生活；要加强劳模精神教育，让“爱岗敬业、争创一流，艰苦奋斗、勇于创新，淡泊名利、甘于奉献”的劳模精神激励和引导广大青少年，使其体会劳动不分贵贱，牢固树立崇尚劳动、热爱劳动的思想，养成热爱劳动的习惯，增进对劳动人民的感情。

（4）强化报效国家和奉献社会的实践导向。这是人类把握外部世界的总线索，也是劳动教育的基本逻辑和归宿。要引导广大青少年辛勤劳动、诚实劳动和创造性劳动，增强报效国家和奉献社会的能力。勤劳是中华民族的传统美德，在物质生活条件日益富足的今天，劳动教育仍需培养青少年吃苦耐劳、艰苦奋斗的劳动品质；诚实是为人之根本，劳动教育要强化诚实合法劳动意识；创新创造是引领发展的第一动力，当前中国经济正处于爬坡越坎、实现从“中国制造”向“中国智造”和“中国创造”产业转型升级的关键阶段，劳动教育也要适应产业新业态、劳动新形态的变化，着重培育青少年创新创业能力，推动建设知识型、技术型、创新型劳动大军。其次，要培育青少年公共服务意识，强化中华民族共同体的家国情怀。在劳动教育中要注重鼓励学生利用知识、技能、工具、设备等为他人和社会提供服务，使其在公益劳动、志愿服务中强化社会责任，增强奉献意识，引导学生与人民同呼吸、与祖国共命运、与时代齐奋进。

项目五　构建劳动教育课程体系

全面构建体现时代特征的劳动教育体系，意味着让学生接受扎实有效的劳动教育，强调以新时代中国特色社会主义思想为指导，落实立德树人根本任务，促进学生形成正确的世界观、人生观、价值观。

为使劳动教育落实落地，应以课程为抓手，整体优化劳动教育课程设置，设立劳动教育必修课和劳动周，保证必要的劳动实践时间，同时强调其他课程有机融入劳动教育的内容和要求；积极推进劳动教育课程改革，全面搭建劳动教育的平台，形成培养学生劳动意识、劳动习惯和劳动技能的多维阵地。

整体优化学校课程设置，职业院校将劳动教育纳入人才培养方案，形成具有综合性、实践性、开放性、针对性的劳动教育课程体系。其中，劳动教育课程设计是重要一环，注重学生核心素养的培养。

任务一　优化劳动教育课程设置

具体来说，劳动教育课程设置应当包括劳动意识、劳动习惯、劳动素养、劳动技能、劳动成果等要素，让学生在劳动教育课程中提高对劳动重要性的认识，自觉形成劳动习惯，具备务实重行、不畏困难、百折不挠、精益求精、追求卓越的劳动素养和品格，锻炼学生的动手能力以及创造性设计、研发的能力，从而最终形成创造性的劳动成果。

整体来看，不仅要大力推进劳动教育课程设计的落实，而且要执行已有劳动教育的相关课程，将劳动教育课程纳入教学大纲和教学计划。学校以实习实训课为主要载体开展劳动教育。除了开设必修课之外，劳动教育还要结合其他课程的学科、专业特点，梳理各学科中所蕴含的劳动知识和劳动教育功能，实现劳动教育与其他学科知识体系的有机融合，润物细无声地将劳动教育思想和内容有机融入各学科教学，让学生受到潜移默化的影响。如思想政治教育与劳动教育的整合，可以以德育来增强认识，实现德育与劳育协同育人；专业课与劳动教育的整合，融合不同专业的学科特色，可充分挖掘劳动教育的元素，有针对性地引领青年提升劳动素养。此外，还可在职业辅导、就业指导等课程中融入劳动精神和劳动知识，给予学生适当引导，让他们正视自身劳动技能的优点和缺点，找到合适的工作岗位，为学生今后的学习和就业奠定基础。还可以把毕业实习、实训与劳动教育的内容充分结合，在强化专业知识和专业技能中培养学生的劳动素养。

此外，学校可在学年内或寒暑假设立劳动周，以集体劳动为主；也可安排劳动月，集中落实各学年劳动周要求。有条件的地方和职业院校还可以开发地方特色课程和校本课程，为学生提供更丰富多样的劳动教育课程。可根据需要编写劳动实践指导手册，明确教学目标、活动设计、工具使用、考核评价、安全保护等要求。

任务二 推进劳动教育课程改革

劳动教育课程建设要把握时代特点，在教育学生继承中华民族优秀劳动传统的同时，掌握劳动基本技能，树立现代劳动观念，使劳动意识和行为与社会发展需求相匹配，为培养高素质劳动者和接班人奠定坚实基础。在劳动教育课程的设计上，要加强系统规划，一方面体现学段特征的渐进性，另一方面要体现不同层面和类别劳动素养的目标要求和实现路径，用科学的顶层设计引领学校的创新实践。要进一步增强劳动教育课程的先进性和科学性，梳理并审定已有相关劳动教育的各种课程和教材，明确课程内容，有针对性地调整劳动教育课时，保障劳动教育能够可持续、与时俱进地长期开展。开放劳动教育教材的区域输出和输入渠道，促进一些具有先进教育思想、教学方法、学习模式的教材跨区域流通，有效交流。探索适合劳动教育实施的多种教学模式，不断提高劳动教育的教育教学质量，支持和鼓励学生积极参加社会劳动实践、志愿服务等活动，在劳动过程中逐渐养成敢于承担社会责任、饱含真善美的情怀。

任务三 搭建劳动教育的平台

全面加强新时代劳动教育，还需要搭建良好的实施平台。世界上很多国家都十分重视劳动教育课程设计与平台搭建，例如：日本劳动课程体系历史悠久，包括家政课、午餐教育、田地教育等，将劳动教育融入校园和家庭；德国十分强调和重视基础教育中的劳动技术教育，把它视为学生职业生活和社会的重要准备和基础，是学生全面素质教育的重要组成部分，精心设计并贯穿在基础教育的全过程；美国的劳动教育围绕着学生的职业生涯规划而开展，课程主要分为基于家庭成员的劳动教育、基于就业的劳动教育和基于公民培养的劳动教育。

我们可以参考借鉴其他国家劳动教育的经验，着眼于中国和本地实际，紧密结合当代学生全面发展和区域经济社会发展的需要，积极创设广泛多样的劳动教育实践平台，突出体力劳动，让学生动手实践、出力流汗，接受锻炼、磨炼意志。在校内平台开发方面，除已建立的实训基地、实训车间外，教室、图书馆、运动场馆等校园场所都是开展劳动教育的重要资源。同时，可结合校园文化建设，开展与劳动教育有关的多样化的课外活动，例如征文演讲比赛、文明寝室评比、劳动技能竞赛等，让学生亲身体验劳动，感悟劳动的意义；还可以利用宣传标语、校园广播、微信公众号等传播载体，或者召开劳动模范和先进人物的报告会、分享会和学习会，做好对劳动模范、工匠精神的宣传工作，通过一系列切实有效的措施营造崇尚和尊重劳动的良好氛围，这对学生形成正确的劳动意识、提升劳动素养起到重要的作用。

在校外平台拓展方面，应加大与地方政府、周边社区、产业园区等的合作，充分利用和有效整合各类社会劳动教育资源，构建优势互补、联动发展的校内外多元劳动教育平台。总而言之，应通过劳动教育的课程设计与平台搭建，在全社会营造浓厚的劳动文化氛围，激发广大学生热爱劳动的内生动力，教育引导他们学会劳动、学会勤俭、学会感恩、学会助人，立志成长为德智体美劳全面发展的社会主义建设者和接班人。

任务四 实践劳动教育课程的基本要求

劳动教育是国民教育体系的重要内容，是学生成长的必要途径，具有树德、增智、强体、育美的综合育人价值。

一、课程目标

通过劳动教育，使学生能够理解和形成马克思主义劳动观，牢固树立劳动最光荣、劳动最崇高、劳动最伟大、劳动最美丽的观念；体会劳动创造美好生活，认可劳动不分贵贱，热爱劳动，尊重普通劳动者，培养勤俭、奋斗、创新、奉献的劳动精神；具备满足生存发展需要的基本劳动能力，形成良好的劳动习惯。

二、课程学时与学分

相关文件规定：职业院校以实习实训课为主要载体开展劳动教育，其中劳动、劳模、工匠等精神的专题教育不少于16学时。学校要明确除劳动教育必修课程外，其他课程应结合学科、专业特点，有机融入劳动教育内容。

学校每学年要设立劳动周，可在学年内或寒暑假期间自主安排，以集体劳动为主。也可安排劳动月，集中落实各学年劳动周要求。要根据需要编写劳动实践指导手册，明确教学目标、活动设计、工具使用、考核评价、安全保护等劳动教育要求。

根据要求，劳动教育课总课时计2学分。学生个人修满课时、达到理论考试和实践考核标准，并且劳动态度端正、遵守劳动纪律、劳动效果明显，结合个人平时行为习惯评定课程成绩，60分及以上为及格，未达到60分者应重新修读，学生所获学分、成绩记入个人档案。

三、理论教学内容和基本要求

根据课程教学目标，主要以日常生活劳动、生产劳动（图3–4）和服务性劳动为主要内容开展劳动教育。结合产业新业态、劳动新形态，注重选择新型服务性的劳动内容。

图 3–4　生产劳动

职业院校要注重围绕创新创业，结合学科和专业积极开展实习实训、专业服务、社会实践、勤工助学等，重视新知识、新技术、新工艺、新方法的应用，创造性地解决实际问题，使学生增强诚实劳动意识、积累职业经验、提升就业创业能力、树立正确择业观，培养到艰苦地区和行业工作的奋斗精神，懂得空谈误国、实干兴邦的深刻道理。注重培育学生的公共服务意识。

四、注意事项

在开展劳动实践中，需要注意的事项如下：

（一）劳动实践的安全注意事项

例如在学校打扫卫生的劳动实践活动中，要注意以下安全事项：

（1）负责打扫学校大门口的学生，在打扫时应小心过往车辆，注意及时躲避。

（2）负责打扫楼前楼后的学生应小心楼上的同学往下丢东西，防止被砸伤。

（3）负责打扫各专用教室、实验实训室的学生，不乱动不认识的东西，防止造成伤害。

（4）负责擦门的学生应注意把门上锁，防止在门后打扫时，有人突然推门造成受伤。

（5）负责擦玻璃的学生应该注意防止从窗台上摔下来。

（6）负责擦灯管、电扇、挂画的同学除注意摔伤外，还要小心触电，开灯时不擦灯管。

（7）负责打扫台阶的学生防止踩空、摔伤。

（8）负责清理垃圾道的同学应注意垃圾道里的碎玻璃、石头等，防止对自己造成伤害。

（9）打扫中杜绝玩耍打闹，防止误碰其他同学，致使自己和他人受伤。

（10）打扫中应留意他人，以免对他人造成伤害。清理垃圾道的同学使用铁锹时，注意别误碰伤他人，负责打扫楼上的同学忌高空抛物。

（二）应会的垃圾分类

习近平总书记在党的二十大报告中指出："我们坚持绿水青山就是金山银山的理念，坚持山水林田湖草沙一体化保护和系统治理，全方位、全地域、全过程加强生态环境保护，生态文明制度体系更加健全，污染防治攻坚向纵深推进，绿色、循环、低碳发展迈出坚实步伐，生态环境保护发生历史性、转折性、全局性变化，我们的祖国天更蓝、山更绿、水更清。"

随着社会经济发展和消费水平的大幅度提高，我国每年垃圾的产生量迅速增长，这些垃圾不仅造成了环境安全隐患，也造成了资源浪费，成为人民群众反映强烈的突出问题，成为社会经济持续健康发展的制约因素。

垃圾分类（图3–5）是指按一定规定或标准将垃圾分类储存、投放和搬运，从而转变成公共资源的一系列活动的总称。通常，可以将垃圾分为有害垃圾、可回收物、厨余垃圾和其他垃圾。垃圾分类的目的是提高垃圾的资源价值和经济价值，力争物尽其用，减少垃圾处理量和处理设备的使用，降低处理成本，减少土地资源的消耗。实行垃圾分类，对改善人们的生活环境、推动绿色生态发展、建设美丽中国有重要意义。高校推行垃圾分类，对于培养高素质的社会人才，创建文明、和谐、生态、美丽校园等具有十分重要的意义。

图 3-5　垃圾分类

推行垃圾分类，是社会文明的重要体现，我们要把家园建设得更加美丽，就要为之付出努力，使垃圾分类成为人人追逐的社会新时尚。垃圾分类是一种文明健康的生活方式，个人和家庭是实行垃圾分类的主体，它体现着人们对环境建设的深刻认识与高度重视，体现着人们的文明素质与社会的文明进步，体现着人们的共同参与与共同担当。

项目六　确定劳动实践内容

劳动教育的实践教育内容主要包含日常生活劳动、生产劳动和服务性劳动三个方面。劳动实践教育的工作目标是：

（1）提高职业院校劳动教育实效，进一步提高职业院校学生劳动素养和专业能力，促进学生全面发展，更好地服务产业和社会发展。

（2）教育引导学生参加日常生活劳动、生产劳动、服务性劳动三大类劳动实践活动，增强职业认同和劳动自豪感，培育爱岗敬业的劳动态度，以及严谨专注、精益求精、追求卓越的精神。

（3）推进学生根据自身特长和兴趣爱好自主选择劳动实践内容，形成既符合统一要求又有自己个性特色的劳动实践清单，帮助学生从校园走向社会，从课堂走入职场，运用所学专业知识解决社会生活中的实际问题。

劳动实践教育的基本要求如下：

（1）突出实践性。结合学生实际和专业特点，注重围绕丰富职业体验和熟练掌握一定劳动技能，系统设计劳动教育清单，落实劳动教育必修课程，开展每学年劳动周活动，把劳动教育融入到课内外、校内外教育全过程。

（2）具有创新性。紧跟科技发展和产业变革，创新劳动教育内容、途径、方式，注重围绕创新创业教育，结合学科专业开展生产劳动和服务性劳动，积极参加实习实训、专业服务和创新创业活动，在动手实践的过程中创造有价值的物化劳动成果。

（3）强化价值引领。教育引导学生崇尚劳动、尊重劳动、懂得劳动，养成良好的劳动习惯和品质。培养学生的劳动能力，促进学生社会责任、合作交往、自我调节等社会性发展，促进学生树立正确的价值观、劳动观、成才观。

实践与思考　诵读：为人民服务

劳动实践小组集体诵读。《为人民服务》是毛泽东同志1944年9月8日在中央警备团张思德同志（图3-6）追悼会上的讲演。请同学们在《毛泽东选集》中上找到这篇文章。以劳动实践小组集体诵读的方式，认真学习这篇经典短文。之后，请分别撰写短文，谈谈学习这篇文章、学习张思德精神的体会。

图 3-6　张思德同志

----------------- 请将你的一页A4纸学习体会粘贴于此 ------------------

活动总结：____

____

____

____

____

实训评价（教师）：______________________________________

____

____

主题四　劳动的文化建设

学习目标

知识目标

（1）熟悉劳动文化的特点和形成。

（2）了解劳动文化内涵，熟悉劳动文化的育人功能。

（3）以勤为基，以诚为则，以新为乐，努力培养自身的劳动涵养。

能力目标

（1）具备较高的专业文化、劳动文化，培养自己德智体美劳全面发展。

（2）理解“劳动文化褒扬劳动者主体地位”，不断提升自己的文化水平。

素质目标

（1）以培养自己成为“有社会主义觉悟的、有文化的劳动者”为自我成长的奋斗目标。

（2）丰富自身的劳动涵养，具有高尚的劳动品质。

学习难点

（1）劳动文化的文化内涵。

（2）劳动文化以勤为基、以诚为则、以新为乐诸方面。

项目一　了解什么是劳动文化

“文化”含有耕种、居住、练习、留心或注意、敬神等多种含义。文化主要包含器物、制度和观念三个方面，具体内容有语言、文字、习俗、思想等，客观地说，文化就是社会价值的总和。

任务一　了解文化的概念

文化在中国历史上最早是指“以文教化”和“以文化成”的总称，从字面意思上理解，文化应是一个动词，无论是“化成”还是“教化”，都体现了一个行为过程。“文”是说以什么来“化”之，以什么“化成”，“文”是指道德、哲学思想、艺术等（图4-1），引申到企业文化中就是企业所倡导的企业精神。

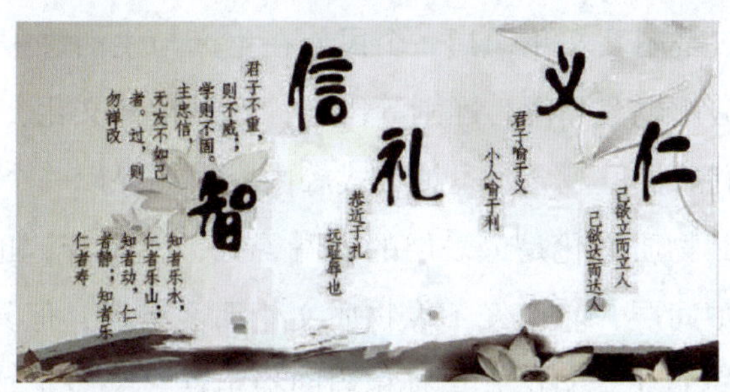

图 4-1　中华传统文化

管理学家罗宾斯把民族文化定义为一国（同一文化环境中的）全体或绝大多数居民共有的价值观，它形成一个民族的行为以及他们看待世界的方式，并逐步形成的对自然、社会与人本身的基本的、比较一致的观点与信念。

一、文化的特征

文化具有以下几个方面的特征：

（1）精神性。这是最基本的特征，它是指文化必须与人类的精神活动有关。与人类精神活动无关的物质不能称为文化，如山河湖泊、天体运行就不属于文化范畴。

（2）社会性。文化具有强烈的社会性，它是人与人之间按一定规律结成社会关系的产物，是人与人在联系的过程中产生的，是在共同认识、共同生产、互相评价、互相承认中产生的。没有人与人之间的关系就不会有文化。

（3）集合性。是指文化必须是在一定时期、一定范围内的许多人共同的精神活动、精神行为或它们的物化产品。它是由无数的个体组成的集合，任何个人都无法构成文化。

（4）独特性。文化是构成一个民族、一个组织或一个群体的基本因素，其差异性就形成了不同的文化。因此，不可能有两个完全相同的文化存在于两个民族或组织群体中。

（5）一致性。是指在一个民族、一个组织或一个群体中，文化有着相对一致的内容，即共同的精神活动、精神性行为和共同的精神化产品。这种一定时期一定范围内的相对一致性是构成一种文化的基础。正是有了这种一致性，各种文化才有了它们各自的内涵。

二、文化的三层结构

文化包括三个层次：一是物质文化，指凝聚着一个民族精神文化的生产活动与物化产品的总和；二是制度文化，指一个民族在生产与生活过程中形成的各种规章制度，包括法律、道德规范和行为准则等内容；三是精神文化，指一个民族共有的意识活动，包括人们的价值观念、思维方式等内容。如果以一个三层的同心圆来表示文化的结构，那么物质文化是最表层的，看得见，摸得着，也最容易发生变化；制度文化是文化的中间层，它已经不像物质文化那么有形，但具有一定的稳定性；精神文化是最深层的那部分文化，具有相当的稳定性，一旦形成就很难发生改变，这部分内容看不见摸不着，但却深刻地影响着一个民族的行为方式。

文化三个层次之间的关系密不可分，它们相互作用，共同构成了一个完整的体系。其中，精神文化是最根本的，它决定着制度文化和物质文化，而制度文化是物质文化与精神文化的中介，物质文化则体现着制度文化与精神文化。

三、文化的无意识

文化的意义是使人类的一些行为方式是正常的、自然的，而另一些行为却是怪异的、错误的。在社会的演化过程中，人们发现某些行为和价值观是适用的、有益的，而另一些却是不适用的，甚至是有害的。有益的行为被分享和鼓励，而有害的行为则被抛弃和谴责。经过一段时间后，有益的行为、价值观及某些人造的东西被制度化并被合并成文化传统的一部分。人们将这些制度化的行为内在化了，从而常常忘记它的起源。比如握手，西方文化中表达欢迎的典型方式，就或许起源于一种古老的行为：陌生人之间紧握对方拿武器的胳膊，这样既表示友好，又能防范对方的攻击。这种行为方式的最初功能是相当有用的，因而就被制度化成一种社会传统。现在，上千年过去了，它的功能虽然被废弃了，但仍作为一种有价值的习俗存在着。

类似的，任何社会的文化行为和传统中都有许多这样的例子，它们已经失去了最初的意义，而只是作为具有符号意义的行为存在。当一种行为已经成为一种有价值的习俗时，人们的行为就变成了一种文化自觉。明明是文化影响着我们的行为，但人们根本没有意识到这一点。这就如同我们随时呼吸着空气，但并没有意识到是在呼吸空气。文化之所以有这么大的影响力，就在于它的无意识，这是文化的作用方式。

四、文化与管理

文化的无意识使得生存在某一文化背景下的管理者的行为也深刻地打上了该文化的烙印。比如“计划应该包含的风险程度”实际上是深受一个民族风险偏好程度影响的：当一个民族的文化是积极进取的，这一文化背景下的企业制订的计划中的目标实现的风险程度就有可能比较高；如果一个民族的文化相对平和，那么这一文化背景下的企业制订的目标就有可能相对容易实现。

任务二 认识对劳动文化的理解

文化源于劳动，普通劳动者的创造构成了文明之基、文化之重。劳动教育最重要的就是创造出一种真正属于劳动者自己的文化，即劳动文化。对劳动文化的理解可以从三个方面展开：

第一，文化源于劳动。从劳动的本义来讲，面对自然，人类早先通过工具获取原料，创造生存所需要的生产与生活资料。在基于生存所需要的生产活动中逐步产生了语言、思维。最终，包含艺术、审美等要素的民族文化逐渐形成。历史唯物主义的观点也蕴含着“文化源于劳动”之意：“人们首先必须吃、喝、住、穿，然后才能从事政治、科学、艺术、宗教等。”

第二，普通劳动者构成文明的根基。在社会发展的进程中，曾经在“文化人”与“庄稼人”之间划分出一道区分带。普通劳动者付出的劳动容易被忽视。历史唯物主义强调，“历史归根结底是由劳动者创造的”，因此，普通劳动者才是构成文明的根基。

第三，劳动与文化合一。人类早期的劳动主要作为生存的手段，重在满足人们物质生活的需要，而随着我国经济的发展，物质生活水平不断提高，劳动更强调精神的满足。文化是人类精神活动及其产物，是一种包含精神价值和生活方式的生态共同体。劳动与文化的合一，要求在进行劳动教育时应区别于其他学科的教育或一般的课程设计，用文化的眼光审视劳动教育的过程与方法，赋予劳动丰富的文化内涵。

劳动文化的含义充分体现了“劳动”与“文化”的互融，它是一种伸张劳动的价值和地位、伸张劳动者尊严和权利的文化，是一种弘扬劳动者主体地位的历史观与价值观，是一种属于劳动者、依靠劳动者、为了劳动者的文化。当文化全面融入时，劳动才会真正焕发出自己的光彩。劳动文化的内核是一种弘扬积极劳动的精神展示，其特点主要表现为以下三个方面：

一、劳动文化与劳动者的关系

劳动者是劳动文化的主体。在学校人才培养过程中，劳动文化的主体性体现为劳动精神与学生群体的关系。学生在各类劳动中表现出来的精神状态本身就是构成社会劳动精神的重要组成部分，而劳动精神对学生品德培养与人格形成更是发挥着不可替代的作用。

第一，积极的劳动文化有助于学生形成崇高坚定的道德信念。通常学生尚未真正步入社会，对社会和未来的认知往往比较理想化，对自身能力和条件的认识也不够清晰。劳动文化的培养有助于他们正确认识自身、客观了解现实，并在澄清认识的过程中逐渐形成正确的思维方式，对找到正确的自我定位、明确未来努力的方向都有积极意义。

第二，积极的劳动文化有助于学生形成正确的价值观。学习阶段是学生价值观形成的重要时期。劳动文化是社会主义核心价值观的重要组成内容，将劳动文化融入学生劳动教育之中，对于学生树立正确的劳动观、自觉接受职业道德培训、提升职业道德品质都有重要意义。劳动教育直接决定着社会主义建设者和接班人的劳动精神面貌、劳动价值取向和劳动技能水平。

第三，培养学生的劳动文化有助于其深刻理解劳动的意义，锻炼意志品质。毕业时学生身份将发生转变，而劳动则是连接学校与社会的重要纽带。通过劳动，学生群体能够更清晰地认识社会，同时增强对社会经济、社会文化等的感知，通过实际劳动受到教育和启发，以此增强自身的使命感和社会责任感，培养吃苦耐劳的精神，培育劳动情怀。

二、劳动文化与劳动关系的关系

劳动关系是人们为了进行社会劳动而结成的相互关系，具体体现为组织中的管理者与员工及员工内部的权利安排，以及与此相关的个人行为方式、个体间关系、矛盾冲突机制等。从本质上讲，劳动关系是一种经济利益关系，然而，根据马斯洛的需要层次理论，除满足基本的生存需要外，每个个体都有获得情感的满足和实现自我价值的需要。因此，劳动关系并非单纯的利益交换关系，社会文化、劳动文化对劳动关系的形成和构建都会产生重要影响。如果说制度规定了劳动关系的基本框架，那么文化则对劳动关系的具体展开发挥着“软管理”的作用。

劳动文化可以从宏观和微观两个层面理解：宏观层面主要是指社会意识形态，每个民族都有自己的意识形态和精神传承，不同意识形态下人们的思维方式、行为方式都存在差异；微观层面主要体现在企业中，同一社会文化背景下单个企业的劳动关系有其特异性。宏观层面和微观层面的劳动文化对劳动关系都有显著影响。微观劳动文化以宏观劳动文化为基础，主要体现为企业文化。企业文化是企业成员奉行和遵守的价值观念，对激发个体的自觉行为发挥着重要作用。在企业文化的影响下，劳动关系双方形成“心理契约”，其中包含了员工与雇主双方对彼此的期待，是建立两者之间信任的桥梁。微观劳动文化对劳动关系的影响通过劳动关系双方建立的“心理契约”发挥作用。

三、劳动文化与社会价值的关系

新时代是奋斗者的时代，而奋斗的过程就是劳动的过程。职业教育与高校的学生是中国特色社会主义的建设者和接班人。加强对学生劳动文化的培育，有助于其形成正确的社会价值观，对实现个人价值和促进社会发展都大有裨益。首先，学生应当从理想信念上认识到劳动的价值。人类一切财富都是通过劳动创造的，劳动是助力全面建成小康社会的基础。只有充分调动学生辛勤劳动的动力，锻炼诚实劳动、创造性劳动的素质，才能真正做到尊重劳动、热爱劳动，在劳动中以坚定的信念创造价值，托起中国梦。此外，一个人对劳动的认知与实践能够带动更多人对劳动的价值认识，学生应当认识到劳动文化的社会辐射作用，深刻领悟劳动的本质，认清劳动的价值，自觉形成劳动创造幸福的价值观，以辛勤劳动为荣，以好逸恶劳为耻，切实理解“劳动最光荣、劳动最崇高、劳动最伟大、劳动最美丽”的内涵。

任务三　思考劳动文化的形成

劳动文化以劳动为根本，以文化为表现形式，既是一种存在方式，也是一种价值体系，新时代劳动文化的形成有其自身的逻辑思路。

（1）我国优秀传统文化中的劳动美德为新时代劳动文化的形成提供了丰厚营养。中华民族以勤劳著称，勤劳是中华民族最根本、最崇高的传统美德。中华民族也是凭借“天道酬勤”的精神创造了光耀世界的华夏文明。《大学》曰：“物有本末，事有终始。”“劳”即是物之本末，也需有始有终。人类在日复一日的劳动实践中创造社会财富，积累人与自然和谐共生的智慧，创造人类文明，推动人类社会发展与进步。我国传统文化把勤劳作为做人、立身、安家、兴邦的根本，从“民生在勤，勤则不匮”、“克勤于邦，克俭于家”到“人生在勤，不索何获”、“一分耕耘、一分收获”的箴言，从“大禹治水”（图4-2）、“愚公移山”（图4-3）到“天才源于勤奋”、“铁杵磨针”的故事，都体现出中华民族热爱劳动的美德，都是中华民族勤劳精神的生动写照，勤劳作为一种民族精神和民族美德传承下来。

图 4-2　大禹治水

图 4-3　愚公移山

（2）马克思主义劳动观是新时代劳动文化形成的理论基础。劳动创造人和人的自由，劳动使人获得自由而全面的发展是马克思主义的一条十分重要的基本原理。恩格斯在《自然辩证法》中阐述了劳动在从猿到人的转变作用，即劳动带来人类手的自由，手的自由创造了工具，从而使人类开始区别于动物，人类由此开始了自身向生命自由的探索之路。恩格斯在《反杜林论》中指出，劳动为人创造全面发展和自我实现的机会，“生产劳动就不再是奴役人的手段，而成了解放人的手段，因此，生产劳动就从一种负担变成一种快乐。”

劳动者在劳动的过程中，无论是主动劳动还是被动劳动，都是改造社会和推动社会进步的伟大进程。劳动者是创造社会财富的主体力量，在劳动实践中创造了社会物质财富和精神文明财富，并在劳动实践中获得劳动幸福，劳动者不仅是劳动成果的创造主体，也是劳动成果的享有主体。马克思认为劳动是人生存发展的第一需要，劳动对人类社会的存在与发展具有永恒的价值，从而科学预见了劳动是共产主义社会的一个重要特征。“人正是通过劳动这种有意识的生命活动创造了社会的全部物质财富和精神财富，整个所谓世界历史不外乎是人通过人的劳动而诞生的过程。”

（3）中国共产党在不同历史时期形成的劳动观念是新时代劳动文化形成的重要思想资源。中国共产党始终秉承勤劳的民族精神和民族美德，弘扬劳动最光荣的伟大精神，始终抱有对劳动和劳动人民的深厚情感，从马克思主义劳动观中汲取精神营养，从不同历史时期劳动价值出发，提出了关于政治、经济、文化、教育等方面的一系列劳动观念，建立了与我国国情和时代发展相适应的劳动思想。

革命战争时期，中国共产党依靠劳动人民的首创精神和辛勤劳动，领导人民革命取得最终胜利。中华人民共和国成立初期，我国经济落后，各方面亟待发展，毛泽东同志强调必须提高劳动生产率来改善国家经济状况，逐步提高劳动者的劳动条件和生活条件。改革之初，邓小平同志提出要“打破大锅饭”来调动人民的生产劳动积极性，一批爱岗敬业、积极奉献、不贪图名利、不计较得失、忘我工作、奋战在祖国建设不同战线的社会主义劳动模范成为社会强大的精神力量，充分展现了社会主义社会人民是国家的主人，劳动自觉是社会主义觉悟的集中体现，也体现出劳动不仅创造社会物质财富，也创造精神财富，培育积极向上的精神力量。

随着科学技术的日新月异、市场经济的深入发展和社会的不断进步，劳动的内容、形式和范围发生了很大的变化，劳动不再局限于物质生产领域，逐步扩展到精神生产领域和服务业领域，创新型劳动逐步成为劳动发展的新趋势，但劳动的本质和劳动的意义没有改变，幸福来自辛勤劳动，劳动仍然是创造价值的唯一源泉。

项目二　认识劳动文化内涵

劳动是人的本质活动，自从有了人类，就有了对劳动的认知，由此产生了关于劳动的文化形态。我国新时代劳动文化根植于中华优秀传统文化，继承发展并丰富了马克思主义劳动学说，汲取了人民的劳动精神和劳动品质，是新时代中国社会多样文化形态的重要组成部分。

任务一　理解劳动的价值和地位

新时代劳动文化是党的劳动思想进行不断探索和创新的理论成果和劳动实践智慧的结晶，是对人类社会文明进步规律的重要阐释，具有鲜明的马克思主义品质，彰显中国意蕴、民族意蕴和时代意蕴。

一、劳动是与“伟大斗争”紧密相连的精神状态

中国共产党的百年历史是一部艰辛斗争的历史，从党领导中国人民赢得革命胜利建立新中国，确立社会主义基本制度，再到改革开放，每一项彪炳史册的历史成就，都是凭借不屈不挠、敢于斗争的精神与各种艰难困苦和风险挑战作斗争，经历了艰苦卓绝的劳动历程才获得的。

党的十八大以来，中国共产党站在治国理政新的历史起点，面对前进道路上的各种艰难险阻，习近平同志反复强调：“发展中国特色社会主义是一项长期的艰巨的历史任务，必须准备进行具有许多新的历史特点的伟大斗争。”“伟大斗争”的对象是多元的，斗争的领域是广泛的，斗争的艰难程度是超过以往任何历史时期的，“我们要永远保持清醒头脑，继续发扬筚路蓝缕、以启山林那么一种精神，继续保持空谈误国、实干兴邦那么一种精神，敢于战胜前进路上的一切困难和挑战”。这种精神是艰苦奋斗的精神。党在革命实践中磨炼了艰苦奋斗的精神，在不懈的奋斗中成就了民族的自立自强，国家的发展进步，成就了党的伟大事业。艰苦奋斗的精神是在最为艰辛的劳动实践中展现出来的斗争意志、斗争态度、斗争立场的精神状态的总和，是中国共产党战胜困难、创造伟大的精神武器。这种精神就是“幸福不会从天而降，梦想不会自动成真”，只有弘扬实干的劳动精神才能夺取新时代伟大斗争的新胜利，要在实干兴邦的时代语境中更深刻认识社会主义劳动的价值和意义，始终保持不畏艰辛、吃苦耐劳、脚踏实地劳动的精神状态，勇于投身更为艰巨、更为艰辛、更为艰难的劳动实践。

二、劳动是推进党的建设新的“伟大工程”的重要途径

“伟大工程”是中国共产党自身建设的时代命题，是从思想、政治、组织全面提高党的建设水平的工程。党的建设的伟大工程的关键因素就是干部。劳动是教育培养和考察干部的重要途径。毛泽东同志重视党的干部队伍建设，反对干部的官僚作风，主张在劳动实践中历练党和国家的干部，他认为党的干部就是普通的劳

动者，要投身于人民群众的劳动实践，并在劳动实践中与人民群众保持广泛、密切、经常的联系，只有这样党的干部才能受群众爱戴和拥护，才能成为好干部。习近平同志指出："劳动是共产党人保持政治本色的重要途径，是共产党人保持政治肌体健康的重要手段，也是共产党人发扬优良作风、自觉抵御'四风'的重要保障。""打铁还要自身硬"，共产党员带头弘扬劳动精神，积极投身以为人民服务为宗旨的劳动实践，才能在劳动中增进与劳动人民的情感，才能在劳动中以身作则，自觉发挥先锋模范作用，才能在劳动中增强自我净化、自我完善、自我革新、自我提高能力，打牢群众基础，更好地发扬党的优良传统和作风，更好地展现新时代党员干部的价值取向、工作态度和工作作风，彰显新时代共产党人的政治本色，才能更好地推进党的建设的伟大工程。

三、劳动是"伟大事业"成功的必经之路

党的伟大事业就是要团结带领全国各族人民，通过辛勤劳动实现人民对美好生活的向往。推进中国特色社会主义伟大事业的根本力量源自人民群众的"辛勤劳动、诚实劳动、科学劳动"。这是整个国家民族都必须始终坚持的传统美德，只有依靠诚实、勤奋、踏实的劳动，才能真正解决好社会发展中的各种难题；只有诚实劳动创造的财富、收获的成果，才能彰显劳动的价值，才能实现自己的人生梦想，才能成就中国特色社会主义伟大事业。归根到底，中国特色社会主义伟大事业是干出来的，伟大事业需要几代人、十几代人、几十代人持续奋斗、不懈奋斗，坚持久久为功，要靠真抓实干、实干苦干、开拓进取，只有撸起袖子加油干，瞄准目标不停干，才能把伟大蓝图化为美好现实，才能不断开创新时代中国特色社会主义事业发展的新境界。

四、劳动铸就"伟大梦想"

劳动既是人获得自由发展、实现人生梦想的必要条件，也是一个国家和民族发展的主导因素。在国际社会复杂多变的发展环境中，战胜一个又一个困难来实现中国梦，需要每一个劳动者有开拓进取的劳动精神和共克时艰的劳动信念。梦想属于每一个人，个人梦想与中国梦紧密相连，每一个劳动者在劳动实践中既要专注个人价值，又要专注社会价值，既要努力实现人生理想、收获个人幸福，又要胸怀国家富强、民族复兴的使命担当。"中国梦"的生动实践为每一个劳动者提供了展现自己人生价值、实现梦想的宽阔舞台，"中国梦"的宏伟设计，也源自各行各业每

一个劳动者的不懈努力，全体人民只有“进一步焕发劳动热情、释放创造潜能”，付出更为艰辛、更为艰巨、更为艰苦的劳动，才能铸就国家和民族的伟大梦想。

任务二 探索褒扬劳动者主体地位

新时代劳动文化褒扬劳动者社会历史主体、先进生产力和先进文化的创造主体地位。劳动人民是国家的主人，是社会主义社会的“主人翁”，劳动人民以国家主人翁的态度对待自己的劳动。劳动人民有劳动的权利和义务，劳动权利受到国家法律保护。中国革命、建设和改革发展的动力来源于劳动人民、基础扎根于劳动人民。

一、劳动者是历史发展和社会进步的主体力量

人民群众是最广大的劳动者，人民群众用劳动创造了历史。中华民族的发展史就是一部劳动史，中国社会历史发展进程中的每一次飞跃，都离不开人民群众的辛勤劳动和创造，都是人民群众劳动实践的产物和结晶。中国共产党领导的人民革命之所以能够取得最终胜利，就在于始终坚持以马克思主义为指导，充分依靠人民群众，充分尊重人民群众，一切为了人民群众的首创精神，才有了中国人民从站起来、富起来到强起来的伟大转变。进入新时代，要实现我们的奋斗目标，“必须紧紧依靠人民，始终为了人民”，以“实干兴邦”的劳动精神继续谱写中国特色社会主义伟大事业的新篇章，焕发出人民创造历史的强大生命力。

二、劳动者是先进生产力的创造主体

劳动本身富于创造性。劳动不仅是维持人类社会生存发展的生产与再生产过程，也在不断满足人类需求中创造人类的新需求。创造性劳动推动生产力变革，使人类社会生产过程发生了质变。劳动者就是创造性劳动的主体，创造性劳动是人寻求幸福与自由发展的第一需要。新时代劳动文化尊重劳动者，尊重劳动者的创造。劳动者本身就是生产力的构成要素，既代表先进生产力，又是先进生产力的创造者和开拓者。先进生产力强调的就是劳动者生产能力的先进性，即劳动者在改造和利用自然过程中表现出来的不断更新和进步的知识、技术、能力和意识等。劳动者先进的认知能力、知识创新和科技创新能力，以及先进的协作能力，是创造先进生产力的根本，所以，劳动者是先进生产力的创造主体。劳动者在为社会存在提供最基本的物质生活资料的过程中，为精神财富的创造提供了必要的物质前提，并积极创造社会精神财富，满足人民的精神需要，构建人的精神世界，从而使人在劳动实践

中获得自由而全面的发展。劳动者全面而自由的发展有力推动了科技的发展、经济的振兴、社会的进步，主导国家治理体系和治理能力现代化的深刻变革，创造了最具活力与生命力的先进生产力。

三、劳动者是劳动成果的"共享"主体

劳动者既是国家的建设者，也是社会发展成果的共享者。每个劳动者通过劳动创造共享的成果，在劳动实践中实现人生价值，也共同享有劳动成果。新时代劳动文化坚持劳动人民的立场，"坚持社会公平正义，排除阻碍劳动者参与发展、分享发展成果的障碍"，使社会发展进步的丰硕成果由劳动人民共享。中国特色社会主义制度促进了生产力的大解放和大发展，为劳动者创造了优质的劳动条件，并逐步提高劳动者的劳动报酬和福利待遇，使劳动者权益得到保障，在实现体面劳动的基础上"共享"劳动成果。新时代中国特色社会主义劳动文化坚持以人为本、依法构建、共建共享、改革创新，构建规范有序、公正合理、互利共赢、和谐稳定的社会主义劳动关系，让劳动者"共享"和谐的社会主义劳动关系，乐于劳动，体验劳动幸福，更好地激发劳动者的劳动激情和创造力量。

任务三　理解劳动文化具有实践品格

新时代劳动文化在实践中产生，也在实践中不断丰富、发展和完善。党在领导中国人民革命、建设和改革发展的伟大实践中，不断丰富劳动的时代内涵和劳动价值观，在不同的历史时期为了满足时代需要提出了诚实劳动、义务劳动、自觉劳动、体面劳动、创新劳动等劳动主旨，劳动的内容和形式也不断丰富，彰显时代精神。中华人民共和国成立初期，国家百业待兴，人民群众就用"战天斗地"塑造劳动人民的思维，鼓舞自己，多干快干，用最短的时间取得社会生产力的发展。改革开放以来，我国在收入分配方面已经基本确立了以按劳分配为主体、多种分配方式并存的分配制度，并随着改革的不断深入，逐步提高劳动者报酬，充分肯定劳动价值、实现分配正义，真正让人们"劳有所得"，劳动创造的价值得到尊重。

20世纪80年代末至90年代初，我国青年群体开启了志愿者服务行动（图4–4），培养自觉劳动观念，弘扬义务劳动精神。从此，青年志愿服务行动在支援西部、扶老助残、抢险救灾、环境保护、乡村建设、服务海外等若干领域广泛开展。适应时代发展的需要，又彰显青年运动特征，志愿服务活动成为当时全社会弘扬的一种劳动精神，也传承至今，不断赋予时代新使命。

图 4-4　志愿者服务

随着人们认识到自然并不仅仅是一个静止不变的劳动对象，自然也有其规律和个性，劳动就有了合理的界限，劳动文化也有了生态的意蕴，尊重自然就是尊重我们的劳动本身，顺应自然规律的劳动才能为人类社会的发展进步创造价值。进入新时代，创造性劳动渗透到人们生活的各个方面，推动科学技术变革，成为人类实现可持续增长的新的经济增长动力。习近平同志指出："让全体人民进一步焕发劳动热情、释放创造潜能，通过劳动创造更加美好的生活。"积极创造劳动条件，培育创新型劳动者，鼓励全社会进行创造性劳动，努力实现劳动的创新发展，使创造性劳动成为中国特色社会主义社会的价值追求。

任务四　探讨劳动文化的育人功能

文化是一个国家、一个民族的灵魂。劳动文化内容丰富，形态多样，蕴含着当代社会政治、经济、文化建设的思想意识和价值元素，彰显出深厚的理论价值和鲜明的实践导向功能，对人民群众具有价值引领作用，激励和塑造中国劳动人民的实干精神，凝聚起中华民族前行的力量。

一、劳动文化具有价值引领作用

新时代劳动文化激扬"辛勤劳动、诚实劳动、创造性劳动"的劳动品格。劳动是创造价值的唯一源泉，人类社会一切物质财富和精神财富都是劳动的结晶，都凝结着劳动者辛勤的汗水。辛勤劳动是我们社会主义社会的价值追求，"以辛勤劳动为荣"不仅是中华民族的传统美德，也是社会发展进步的基石。辛勤劳动要有敬业的劳动态度，倡导立足本职、埋头苦干，从自身做起，从点滴做起，用勤劳双手实现劳动价值；倡导勤奋刻苦，精益求精，追求劳动技能的完美和极致；倡导干一行、爱一行、钻一行、精一行的职业精神（图4–5）；倡导不求回报、不计报酬、淡泊名利、甘于奉献的精神。

图4–5　雷锋：干一行，爱一行

诚实劳动既是一种对待劳动的态度，也是“内诚于心”的劳动品质，更是对劳动的价值判断。诚实劳动是整个社会诚信思想的坚实基础。诚实劳动，必须遵守劳动法规和劳动道德规范，从事有益于国家发展、社会进步的劳动；诚实劳动必须勇于承担劳动者的责任和义务，敢于面对艰难困苦，敢于破解发展难题；诚实劳动，必须弘扬踏实肯干、敬业求真的劳动作风，为社会创造坚实的物质基础，真正体现劳动的价值；诚实劳动是开创人类社会美好生活的必由之路。

二、劳动文化具有激励示范作用

新时代劳动文化蕴含着劳动者杰出代表所展现的劳模精神和工匠精神，对广大人民群众具有激励示范和引领作用。劳动模范和大国工匠是劳动者的杰出代表，也是劳动文化人格化的典范。劳模精神和工匠精神集中体现了社会主义核心价值观的要义，展现了平凡中孕育着伟大的劳动情怀。中华人民共和国成立以来，各行各业涌现出的劳动模范都生动诠释了我国社会发展不同时期的时代精神，发挥着榜样作用，带动全社会形成崇尚劳动的精神力量。工匠既是劳动者，也是一种特殊的文化传承。

古代工匠们对精湛技艺的孜孜以求的精神就是劳动者在劳动中创造的精神文化（图4–6），深刻展现了我国劳动人民卓越的创造力和精致的生活审美品格。工匠精神从我国悠久的历史文化中积淀传承而来，既是对古代工匠身上精益求精、一丝不苟、追求卓越的职业态度和职业精神的传承和发展，也是对中华民族的文明与智慧的弘扬。劳模精神和工匠精神塑造了中国劳动者的实干精神和劳动品质，为引领劳动人民践行社会主义核心价值观树立了典范，有效发挥了劳动文化教育人、引导人、激励人、塑造人的重要作用。

图 4-6　古代工匠的精湛技艺

三、劳动文化有利于培育健康的社会心态

要注重发挥新时代劳动文化对健康社会心态的塑造作用，“让勤劳做事、勤勉为人、勤劳致富在全社会蔚然成风”，激励社会形成尊重劳动、尊重劳动者、尊重劳动价值的良好氛围，增强社会成员的劳动意识、服务意识、责任意识和担当意识，让人们在追求美好生活的向往中形成正确的社会认知、价值取向和社会共识，获得“劳动幸福、劳动美丽”的社会情感体验。

要深化新时代中国特色社会主义劳动文化教育，建立“家庭-学校-社会”同向同行的劳动教育机制，按照不同教育层次开设劳动教育课程，注重劳动实践与教育的融合，培养劳动信仰。在全社会积极倡导自觉劳动、义务劳动和志愿者服务活动，激励社会成员不计报酬、自愿组织，从事各种形式的劳动，广泛传播志愿精神和志愿服务理想，培养正确的劳动价值观。广大知识分子和青年学生是“国家和民族发展的力量所在，也是中国特色社会主义伟大事业取得成功的关键力量”，要在广大知识分子和青年大学生中广泛开展劳动文化教育，教育青年认识到从读书到就业、从奋斗到成功，关键在于是否能转化为对社会有意义的劳动，是否能创造有价值的劳动；要积极培养知识分子和青年学生勇立潮头、引领创新的品格，以及天下为公、担当道义的情怀，充分发挥自身在劳动中的主动性、积极性和创造性；要积极为广大知识分子和青年学生工作学习生活创造更好的条件，搭建有利于知识分子和青年学生干事创业的平台，让他们在劳动中充分发挥自身优势，充分展现才华，充分释放能量，为实现国家发展、民族复兴提供重要的人才支撑、智力支撑、创新支撑。

劳动文化形式多样，可划分为不同的类型。从文化特质的角度，可将劳动文化分为物质劳动文化和精神劳动文化；从主体的角度，可将劳动文化分为企业文化与职工文化；按照精神载体，又可将劳动文化划分为劳动精神、劳模精神和工匠精神。不同形式的劳动文化之间彼此交叉。

项目三　认识劳动文化涵养

习近平总书记高度重视青少年劳动教育，在全国教育大会上强调："要在学生中弘扬劳动精神，教育引导学生崇尚劳动、尊重劳动，懂得劳动最光荣、劳动最崇高、劳动最伟大、劳动最美丽的道理，长大后能够辛勤劳动、诚实劳动、创造性劳动。"这一理念突显了当今知识型、技术型和创新型的劳动价值取向，体现了辛勤、诚实和创造的特质禀赋，是对劳动思想和优秀传统劳动观念的继承创新，更是对时代和当前发展实际作出的科学回应。大学生是国家未来的劳动主力军，校园是孕育劳动精神的沃土，新时代劳动精神以及企业与职工文化的培育应当以辛勤劳动为根基，以诚实劳动为准则，以创造性劳动为方向。

任务一　体验以勤为基，辛勤劳动

辛勤劳动强调劳动之于个人生存和发展的意义，是诚实劳动与创造性劳动的前提。习近平同志强调："'人生在勤，勤则不匮。'幸福不会从天降，美好生活靠劳动创造。"辛勤劳动是每一个中华儿女应有的劳动态度和生存状态。辛勤劳动包含"勤学"与"勤劳"两个方面："勤学"强调锐意进取，即个体要树立终身学习的理念。人才有高下，一个人想要有所成就应当与时俱进，向师傅、向同事学习，从书本与实践中汲取养分，增强自身综合素质，增长新本领，积极应变，主动求变，不断学习新技术、掌握新方法；"勤劳"强调脚踏实地，即通过辛勤劳作、艰苦奋斗创造美好生活。我国自古就有"一分耕耘，一分收获"的谚语，劳动付出与劳动回报从来都是对等的，中华民族历史上每一点进步和每一次成功无不是通过人民的辛勤劳动和艰苦奋斗创造出来的。正所谓"艰难困苦，玉汝于成"，习近平同志强调：

“40年来取得的成就不是天上掉下来的，更不是别人恩赐施舍的，而是全党全国各族人民用勤劳、智慧、勇气干出来的！”越是美好的未来，越需要我们不畏艰辛、不辞辛苦。新时代面对各种新挑战，我们更需要付出辛勤劳动，苦干笃行，愈挫愈勇。

任务二 体验以诚为则，诚实劳动

诚实劳动是辛勤劳动的延伸，具体指劳动者以积极、实干、诚信的态度为他人和社会提供产品服务。其基本要求是合理合法，即劳动者在不违背法律法规的前提下进行诚信、道德劳作。诚实劳动与辛勤劳动有所不同。社会的发展倡导辛勤劳动，但勤劳的程度完全取决于个体自身，多劳多得，而诚实劳动以法律法规为基础，对劳动者有强制性的要求。一个人可以少劳作，但不能浮夸自己取得的成果；一个人可以不劳作，但绝不能窃取他人的劳动成果。诚实劳动具有至真性、共享性与至善性的特点，其中：至真性表现为劳动认知的客观、劳动行为的务实和劳动成果的实事求是，包括对劳动知识与技能的正确认识、对自我的合理定位以及实事求是地对待劳动成果；共享性表现为劳动过程中劳动资料、劳动技能的分享和劳动成果的共享；至善性则突出表现为劳动思想与劳动行为的“诚”，即诚实的品格。

诚实劳动是劳动实践活动中必须遵循的准则。“人世间的美好梦想，只有通过诚实劳动才能实现；发展中的各种难题，只有通过诚实劳动才能破解；生命里的一切辉煌，只有通过诚实劳动才能铸就。”用诚实劳动创造幸福人生和美好生活是中国人民共同的价值追求。诚实劳动对尊重劳动者劳动过程与劳动成果、维护和谐劳动关系、促进社会和谐都有重要的意义。“空谈误国，实干兴邦”，只有脚踏实地、诚实实干才能创造更多有分量的劳动成果，汇聚振兴中华之力。

任务三 体验以新为求，创造性劳动

创造性劳动建立在辛勤劳动之上，以诚实劳动准则为基本要求，是劳动实践的崇高目标，也是理解未来社会发展的关键。创造性劳动要求每一位劳动者充分发挥个体的主观能动性，勇于探索、积极创新，既要寻求新技术“从无到有”的突破，也要着眼于工艺流程“从有到优”的改进。我国历史上的四大发明、新时代华为领先于世界的5G/6G技术和国产半导体芯片生产的重大突破，以及每一位大国工匠淬炼的精湛工艺，都是创造性劳动的成果。创造性劳动是劳动发展的必然方向，是我国创新驱动发展战略的必然要求，关乎国家的未来和人民的福祉。

“以勤为基、以诚为则、以新为求”，辛勤劳动、诚实劳动和创造性劳动体现了我国人民勤劳、诚实和创造的禀赋，也突显了我国新时代的劳动价值取向。中华民族的奋起离不开每一位中华儿女的劳动，劳动不是蛮干，劳动价值观对于劳动行为发挥着方向性的引领作用。

除大众教育对个体劳动观的形成有重要影响外，企业文化、职工文化等具体文化形式对塑造个体价值、培养劳动精神的作用不容小觑。企业文化形成于企业的生产经营活动并被全体成员所认可。企业文化包含丰富的内容，如企业的宗旨、经营理念、员工的行为方式等，其核心内容是企业的精神与价值观。每个人都是组织中的个体，企业文化对个人的价值判断和行为方式都有很大的影响，它会把组织秉持的精神和价值观渗透到每一位员工日常的工作和活动之中。职工文化又称企业职工文化，是与企业文化相对应、以职工为主体的一种文化形态。更具体地说，职工文化是企业文化在职工文体活动中的具体体现，如企业组织员工开展技能水平竞赛、举办节假日联欢活动等。丰富的企业职工文化对于突显职工的主体地位有重要作用，能够从各方面提升职工的职业素养，如技能水平、劳动热情、创造活力等。由此可见，以企业文化、职工文化为依托是培育个体形成正确的劳动价值观、培育劳动文化内涵的重要途径。

实践与思考　讨论：劳动教育要创造劳动文化

小组讨论：“劳动文化”一词源于劳动观的解读，文化源于劳动，普通劳动者的创造构成了文明之基、文化之重。劳动教育最重要的就是创造出一种真正属于劳动者自己的文化，即劳动文化。

请讨论如何理解和发扬“以勤为基、以诚为则、以新为求”的劳动文化涵养。

活动总结：

实训评价（教师）：____

____

____

主题五　日常生活劳动

学习目标

知识目标

（1）熟悉校内外劳动教育的教学与实践安排，积极投入劳动教学各项活动。

（2）重视日常生活劳动的内容与组织，参与日常生活劳动，培养解决问题的能力。

（3）重视家庭日常劳动，在家务劳动中践行中华民族传统美德。

能力目标

（1）在参加日常生活劳动中培养解决问题的能力，圆满完成学业任务。

（2）主动置身于日常生活劳动，成为家庭和社会的积极因素，服务社会，倡导美德。

素质目标

（1）积极参加校内外劳动教育实践，培养尊重劳动者、崇尚劳动的高尚情操。

（2）熟悉日常生活劳动内容，拓展劳动认知。

（3）熟悉安全防护中的生活常识，积极置身于传统节日活动，爱家爱国爱劳动。

学习难点

（1）劳动的实践安排。

（2）日常生活劳动及其积极作用的再认识。

项目一　培养解决问题能力

日常生活劳动是一项基本技能，既是顺应社会需要，也是自己今后安身立命的需要。“夙兴夜寐，洒扫庭内”，热爱劳动特别是生活性劳动，是中华民族的优秀传统。洗衣做饭是劳动，打扫卫生是劳动，修理桌椅也是劳动，这些维持日常生活正常运转的“刚需劳动”技能，理应被每一个人所掌握。职业院校通过引导学生开展自我服务劳动、家务劳动、班务劳动、校务劳动等形式多样的日常生活劳动，帮助学生在个人生活自理中强化劳动自立意识，体验持家之道，培养学生创造性地解决实际问题的能力，为学生健康发展、适应社会生活奠定坚实基础。

开展日常生活劳动的一些参考实践项目见表5–1。

表5-1　开展日常生活劳动的参考实践项目

任务群	劳动项目	实施建议	成果评价要求
家政劳动	学做三道菜	运用烹饪知识，通过购买食材、烹饪前准备、制作、装盘、上桌、餐前仪式等环节，为家人精心准备一顿家宴	熟练掌握三道菜的制作过程，提交三道菜完成后的图片
	居家环境美化	运用相关知识或技巧对生活环境进行美化，如对寝室、房间进行美化设计，并动手改造	熟练掌握环境创设技巧，提交美化设计完成前后的对比图片
	趣味养成	选择学习茶艺、花艺、甜品烘焙、咖啡制作等技能	熟练掌握所选技能，提交作品照片
	收纳整理	掌握收纳技巧，学习对卧室、宿舍的整理收纳。系统收纳物品，如科学合理规划与收纳衣柜、书柜、橱柜物品	熟练掌握一个收纳小技巧并宣讲，提交卧室、宿舍整理装扮完成前后的对比图片
	个人形象管理	结合职位、身份、场合设计自我形象，如妆发服饰搭配、形体礼仪改进等	掌握形象设计的基本原理与操作步骤，提交完成前后对比图片
“低碳”教育	低碳理念融入校园环保	通过调查问卷，线上线下政策宣讲，开展知识竞赛、张贴宣传标语、组建环保社团、开展主题班会等形式，普及低碳环保理念	熟悉低碳理念及国家当前的“双碳”政策，制作提交低碳环保理念海报
	构建专业+低碳智库	结合所学专业，通过组建团队，设计构建低碳环保的各类活动、政策、技术方案等	提交可行技术方案、项目申报书等材料
	低碳校园环保活动	学生可在学习之余自发或经组织参与校园环保活动，如开展垃圾分类与回受利用、参与植树、培育绿植、低碳出行等	提交学生日常生活中助力创建绿色环保校园行动计划

项目二　体验学校的劳动实践

学校是师生身处的教育环境，包括学生在校学习和活动所处的境况。广义的，学校环境（图5-1）是指影响学生发展的全部因素，包括课堂教学、课外活动以及学校的各种设施和校风。狭义的，学校环境是指除教学、教育工作以外的一切无意识地影响学生发展的因素。

图5-1　学校环境

学校环境可分两类：

（1）物质环境。包括校舍的布局，教室、实验室的布置，图书馆的布置和管理，运动场的设置，道路的布局，校园绿化，宿舍管理等。

（2）精神环境。包括学术气氛、校风学风等。学校环境对学生的身心发展有潜移默化的影响。整洁、优雅、团结、紧张的环境能使学生积极向上；脏乱、粗俗、松散的环境容易使学生养成不良的思想品德和行为习惯。

学校劳动主要涵盖了与劳动相关的生态文明、内务整理、值日保洁、学习整理等方面的重要技能，注重引导学生积极参加校内外劳动实践，强调在亲身劳动经历中习得劳动知识、学会劳动技能、培育劳动情感、提升劳动素养，形成吃苦耐劳的品格。

任务一　认识校内劳动实践的内容与要求

高校劳动教育课程应以劳动品德教育为基础，涵盖劳动概论、劳动方法、社会分工、劳动合作等内容。要注重系统化，在劳动教育必修课的基础上将劳动教育渗透到专业教育、思想政治理论课、就业辅导课程、社会实践教育和校园文化建设中，从道德、法律、就业等多方面全方位开展新时代职教学生劳动教育。

一、校内劳动实践教育课程内容

学校组织开展丰富多彩的校内劳动，这是激发学生劳动兴趣和热情的有效方式，是对劳动教育必修课的重要补充和延展。相对于劳动理论教育而言，校内活动具有良好的参与性和体验性，能够促进学生将劳动知识和劳动实践相结合，学以致用、知行合一。在学校日常教育教学中，劳动教育要与学生的校园活动紧密结合起来。比如，积极组织开展劳动技能及劳动知识竞赛，使学生自觉积累劳动知识，引领学生将劳动理论知识灵活运用于校园劳动。结合劳动教育的目标及办学条件，组织开展“劳动周”等活动，壮大学校劳动教育型社团，探索建立微型“校园农场”，以年级、班级为单位，采取学生轮值轮岗种植栽培农作物、绿植花卉等方式，增强学生的劳动责任意识。同时可以开办以室内设计、勤工俭学、废物再造、器材维修等内容的兴趣小组，增强学生的自主劳动意识和能力。另外，也可以由班主任、辅导员或学生干事指导学生结合校园生活和社会服务组织开展劳动实践，如校园环境卫生清洁（图5-2）、学雷锋活动、校内公益劳动、服务校级或学院（系部）级大型活动（迎接新生活动、校园招聘会、校内学术会议、校内展览会、运动会、公共设施维护、校内防台风及台风后救灾等）。

图 5-2 校园劳动

二、校内劳动的主要区域

校园内的清扫卫生、整理物品、优化环境等工作，一般可以安排在学生的基础劳动教育与实践课、师生的义务劳动、校园文明创建或者志愿者活动中完成。总体来说有以下主要区域：

（1）教学楼：包括楼内教室和走廊、楼梯、露台、休闲场所、公共卫生间及周边区域等。

（2）实训楼：包括楼内各实训室、走廊、楼梯、露台场所、公共卫生间及周边区域等。

（3）活动中心和图书馆：包括活动中心和图书馆的阅览室、活动室、藏书室、走廊、礼堂、露台、报告厅、休闲场所、公共卫生间、各类办公室、资料室及周边区域等。

（4）师生公寓：包括楼内走廊、楼梯、露台、值班室、休闲场所、庭院内及周边区域等。

（5）道路、广场：道路包括校内机动车主次干道以及人行道和小道等，广场主要有集会广场、休闲广场、运动场、停车场、各种球类场馆等区域。

（6）食堂、车库：包括校园内食堂和餐厅、地下人防设施和地下停车库及周边区域等。

（7）校内绿化地、生态园等：包括校园内各区域的绿化地、绿化林、校园湖（池）、果树园、生态园及校园周边绿化区域等。

（8）校园其他有关区域等。

三、校内劳动要达到的环境卫生效果

通常，校内劳动要达到的环境卫生效果是：

（1）室内区域：保持过道、台阶、地面等干净、无积水、无烟头、无各种垃圾；桌面、墙面、天花板、窗户、玻璃和门面保持清洁卫生，无乱张贴张挂，无灰尘和蜘蛛网等。

（2）室外区域：无树叶、烟头等垃圾和杂物堆积，保持室外公共卫生环境干净、整洁。

任务二　认识校外劳动实践的内容与要求

职业院校要创新校外劳动实践教育。社会是劳动教育的重要主体，社会教育包含着丰富的劳动教育资源，是多元主体协同参与、动态创新的劳动教育组织形式。校外劳动教育要重点开发社会劳动实践教育资源，开辟校外劳动实践教育基地。要结合学生不同阶段的学习需求和成长需求，科学设计和规划校外劳动实践教育方案，采取社会公益服务劳动、研学旅行、顶岗实习等方式，引导学生在多产业

融合进程中积极学工学农，在农业生产、工业制造、基层服务等社会生产环节增长劳动技能、磨炼劳动本领与意志。也可用智力帮助校外企事业单位、机关团体、社区等完成产生价值的活动或项目，如分析、统计、调研、设计、决策、组织、运筹等。

此外，学校要重视布置和设计校外劳动作业，采取日常打卡、家长反馈及学生自评、校评的方式，鼓励学生在课余时间主动承担起家庭劳动的责任和义务。校外劳动任务要对学生承担家庭经济责任提供有效建议，使劳动教育与学生的生存和发展能力培养结合起来。

项目三　家庭日常劳动的认识

家庭是社会中最小、最重要的组成单位，也是劳动教育中的重要环节和前沿阵地。学生在入学之前，主要是在家庭中生活和学习，家庭劳动教育自始至终贯穿学生劳动教育的全过程。要加强对家庭劳动教育重要性的认识，纠正弱化家庭劳动教育的认知误区，强调发挥家庭在学生劳动教育中的基础作用。

任务一　重视家庭在劳动教育中的作用

在较长一段时间里，因为教育评价机制不健全，劳动教育“存在感不强”甚至“被隐匿”。很多家长虽然明白劳动对孩子健康成长的重要作用，但更希望孩子在学业上有显著成绩，因而往往在家庭中忽视劳动教育。从孩子长远发展的角度看，家庭要更好地发挥在劳动教育中的基础作用，家长应树立科学的教育理念，认识到“劳动是最好的德育范式”，树立通过劳动提升孩子关键能力和必备品格的价值认同。同时，要打破思维定式，不能认为劳动就是简单的家务或繁重的体力劳动，要有“大劳动”的观念。家长对劳动有了正确认知，才能在日常生活中对孩子起到积极的示范与引导作用。其次，要善于创造劳动的机会。在认识转变后，要给孩子创造更多劳动机会，在家庭中营造劳动的氛围。以做一道菜为例，从最初的食材处理到烹饪过程，直至最终装盘上桌（图5-3），这就是一个系统的劳动过程，检验了学生的综合能力。

图5-3　家宴

对于学生来说，劳动的能力一旦掌握，就会成为无形的人生财富。再次，要注重养成劳动习惯。在家庭教育中，要让劳动成为一种习惯，成为学生的“下意识”行为。这意味着真正让学生融入日常生活，同时要舍得“用”孩子，并形成具有家庭特色的长效劳动机制。当学生的劳动习惯得到巩固、意志品质得到锻炼，相信今后不管他们遇到什么困难，都有能力去克服。而且学生动起来既是劳动也是运动，是肌体的生命律动，因为德智体美劳这“五育”本就是一个整体，劳动的背后也是德育、智育、体育、美育的联动与参与。

任务二　提高家长对劳动教育的认知

认知是对智力、思维、情感、语言的认识活动，有广义和狭义之分。广义认知等同于认识，是指认识客观的社会性事物过程。狭义认知等同于记忆，指记忆的再加工，即对感知到的事物进行再认识。劳动认知就是劳动主体对劳动或劳动教育的认识，是劳动主体通过劳动对感知到的现象进行整理、加工并归纳，从而形成对劳动现象整体性的认识，并总结出其对劳动主体的自身意义与价值。这种认知包括对劳动知识、劳动技能、劳动态度、劳动价值观等的认识。

我国著名教育家陈鹤琴说过：“家庭教育，对父母来说首先是自我教育。”家长教育孩子时能够起到言传身教的影响作用，故应充分认识到自身的认知是孩子家庭劳动教育培养的最关键、最核心的因素之一。因为在潜移默化的家庭教育中，家长的劳动认知不仅会关系到孩子未来的择业观、就业观，还将影响孩子的社会适应性和生活自理能力，甚至决定祖国的前途命运与未来。因此家长务必引起重视，转变自身守旧、狭隘的劳动观念，形成尊重劳动、热爱劳动的认知和习惯。只有家长从自身做起，才能更好地培养孩子的劳动认知，促进孩子劳动素养的提升。此外，家长还要注意使用恰当的教育方法，因材施教、因势利导，如此开展家庭劳动教育才能收到良好的教育效果。

家长应当引导孩子身体力行，创造机会并鼓励孩子多多参与力所能及的家务或体力劳动，同时也要跟进检查与评价，在孩子做得好的地方及时给予表扬，以强化孩子的劳动认知和行为。有条件的家长还可以跟孩子一起劳动，通过言传身教、以身作则，发挥榜样带头作用。一方面，孩子通过亲身体验日常家务和体力劳动能够感同身受，从而体会到家长劳动的艰辛以及劳动成果的来之不易，树立起热爱劳动、尊重劳动者、珍惜劳动成果、劳动最光荣等正确劳动价值观；另一方面，孩子在劳动过程中也会产生“自己动手，丰衣足食”的成就感与愉悦感，便于增强孩子的主动劳动意识与自信心，有利于形成“劳动靠大家”“劳动成果人人共享”的正确认知。

任务三 形成积极的劳动态度

家长要转变观念，从思想上重视劳动教育。家长要认识到家务劳动对孩子心智发展的积极作用，参与家务劳动可以缓解孩子的学习压力，还可以使他们明确家庭成员的责任和义务。学生承担力所能及的家务劳动，有助于培养独立意识和克服困难的能力，体会到劳动的艰辛，感受到劳动的乐趣，从而更加珍惜劳动成果，最终形成积极的劳动态度。

家长不仅要给予孩子劳动的权利，更要积极对待其劳动成果并做出正确的评价。孩子参加劳动时要让他们充分发挥主观能动性，必要时家长可以给一些帮助和指导，以此激发孩子对劳动的积极性和兴趣，帮助他们掌握基本的生活自理能力，树立自我服务意识，在完成劳动任务中发展体力、培养智力，增强劳动适应性。

项目四 日常生活劳动范例

在这一节中，我们列举一些范例，帮助大家熟悉开展日常生活劳动实践活动。请同学们在老师的指导下，选择完成其中的部分实践活动。

任务一 拓展劳动认知

活动主题：“中国梦 劳动美”——摄影活动。

活动内容：拍摄身边同学、老师以及校园职工的劳动瞬间，展现劳动者在各行各业平凡岗位上的不平凡业绩。用镜头记录生产过程中的劳动瞬间，展现劳动之美，体验劳动的价值和意义。

活动要求：提交“劳动美”系列摄影作品。

请记录：

拍摄地点：________________

____

摄影器材：________________

____

背景信息：________________

____

____

____

------------------ 请将你的摄影作品整理后粘贴于此 ------------------

实践确认：□学生　　□教师

任务二　安全防护常识

活动主题：重视生命安全。

（1）掌握紧急应对火灾、地震、台风等常见灾害能力，熟悉逃生技巧。

请记录：

你所在地区多见的灾害类型：

□ 地震　　□ 台风　　□ 水灾　　□ 火灾

□ 其他灾害形式：________________

____

你当前所处位置：________________

你所在地区的求救方式与求救电话：

发生灾害时的逃生方向、路线与可能的逃生形式：

（2）学习生命急救知识，做生命的守护者。

掌握烧烫伤、异物卡喉、骨折、伤口处理、昏迷、煤气中毒等不同情境下的急救措施，更进一步地，例如心肺复苏、海姆立克急救法（图5–4）等。

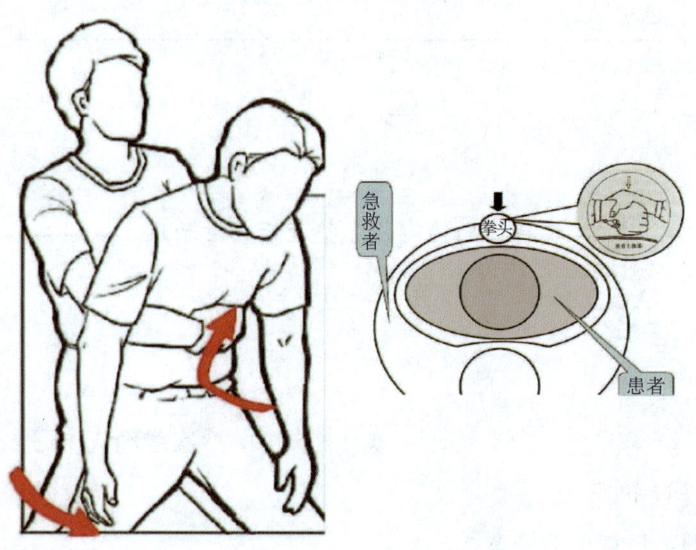

图 5–4　海姆立克急救法

请记录：通过网络搜索，学习并记录下列常见问题的一般处置方法（例如：拨打120）。

烧烫伤：

异物卡喉：

骨折：

伤口处理：

昏迷：

煤气中毒：

更进一步：

海姆立克急救法简述：

心肺复苏的基本要领：

实践确认：□学生　　□教师

任务三　传统节日劳作

活动主题：传统节日系列劳作。

活动内容：

（1）春节：开展除尘、整理、剪窗花、贴春联活动，和家人一起装扮居家环境，营造干净、祥和的气氛。

活动要求：制作春节小视频，记录阖家欢乐、团圆喜庆的场景。

（2）清明节：开展亲手做清明青团子实践活动，感受劳动艰辛，缅怀先辈恩德，体验和加深理解传统民族习俗。

活动要求：组织和邀请同学参与活动，传播传统文化。

（3）端午节：缝制香袋（囊、包），包（裹）粽子，体验生活，了解和感受中华传统节日文化，践行尊重劳动、传承民族文化美德。

活动要求：组织和邀请同学参与活动，丰富校园文化生活。

（4）中秋节（图5-5）：了解月饼的传统制作方法，创意制作月饼馅料，用本校校训制作月饼模具来制作月饼。

图 5-5　中秋节

活动要求：组织和邀请同学参与活动，传承中秋文化，丰富校园文明生活。

请记录：

你组织或者参与的活动描述：______________________________

____

____

____

____

____

------------- 请将你记录活动场景的摄影作品整理后粘贴于此 --------------

实践确认：□学生　　□教师

实践与思考　开展日常生活劳动实践

请仔细阅读本主题内容，完成其中各个实例的具体操作。

注意：完成每个操作后，在对应的“实验确认”栏中打钩（√），请实践指导老师指导并确认。

如果实践活动不能顺利完成，请分析可能的原因是什么。

答：

实验总结：

实验评价（教师）：

主题六　生产劳动

学习目标

知识目标

（1）重视生产劳动的内容与内涵，养成艰苦奋斗的职业素质。

（2）熟悉学校勤工助学机制，正确认识勤工助学的意义，摆正勤工助学与学习的关系。

（3）积极参与专业劳动，圆满完成实训与顶岗实习等生产劳动。

能力目标

（1）在圆满完成学业的同时，积极参加勤工助学活动，锻炼才干，增加收入。

（2）热爱专业，掌握技能，参与技能认证，参加技能比武。

素质目标

（1）正确理解勤工助学政策，培养尊重劳动者、崇尚劳动的高尚情操。

（2）重视自身专业技能提升，积极参加学科比武竞赛。

（3）了解和熟悉田间劳作，热爱劳动，热爱生活。

学习难点

（1）勤工助学的内容与内涵。

（2）专业劳动中实训与顶岗实习的重要意义。

项目一 生产劳动养成职业素质

生产劳动是指直接创造物质财富的劳动，如农业、工业、交通运输业、建筑业等的劳动。生产劳动教育要让学生在工农业生产过程中直接经历物质财富的创造过程，体验从简单劳动、原始劳动向复杂劳动、创造性劳动的发展过程，学会使用工具，掌握相关技术，感受劳动创造价值，增强产品质量意识，体会平凡劳动中的伟大。

劳动教育中的生产劳动一般包括农业生产劳动、传统工艺制作、工业生产劳动、新技术体验与应用四个任务群。生产劳动教育的关键在于让学生利用自己所学的科学文化知识，以及一定的工具、材料、技术、体力和脑力作用于劳动对象，参加自己力所能及的体力、脑力劳动，体验出力流汗和动脑的劳动过程（图6–1）。

图 6–1 生产劳动

生产劳动注重让学生通过劳动过程感受科学技术的发展和进步，引导学生亲身经历并明白劳动创造的财富和价值，了解劳动成果的来之不易，培养学生热爱劳动、尊重劳动、尊重劳动者的良好品格，形成正确的劳动价值观。

与普通教育开展旨在增强学生劳动荣誉感、体会劳动的艰辛等情感培育不同，职业院校的劳动教育应注重围绕创新创业，结合学科和专业积极开展实习实训、专业服务、社会实践、勤工助学等，为学生参加生产劳动创造更多机会。应帮助学生了解实际生产岗位工作人员所需具备的知识、技能、态度等综合职业能力，锻炼提高自身的操作技能，重视新知识、新技术、新工艺、新方法的应用，创造性地解决实际问题，使学生增强诚实劳动意识，积累职业经验，提升就业创业能力，树立正确择业观，具有到艰苦地区和行业工作的奋斗精神，懂得空谈误国、实干兴邦的深刻道理，提升他们的职业素质、就业创业能力与职业经验。

开展生产劳动的一些参考实践项目见表6-1。

表6-1 开展生产劳动的参考实践项目

任务群	劳动项目	实施建议	成果评价要求
专业劳动	学习、考取专业技能等级核心证书	按照专业人才培养方案，学习、考取专业职业等级核心证书	按人才培养方案考取该证书，提交职业技能等级证书扫描件
	学习、考取1+X职业技能等级证书	按照学生的职业兴趣，选择学习、考取相应的1+X职业技能等级证书	按人才培养方案考取证书，提交1+X职业技能等级证书扫描件
	参加专业实训课程	按照教学计划，学生完成专业实训课程	按人才培养方案完成相应学时的学习，顺利获取相应学分
	参加专业顶岗实习	按照教学计划，学生完成专业顶岗实习	按人才培养方案完成相应学时的顶岗实习任务，顺利获取相应学分
	就业创业	加大高校毕业生就业岗位供给，拓展高校毕业生就业渠道，科学引导学生创业	提交就业协议，完成就业信息登记
新技术应用与创造	新技术的应用	结合自身专业，开展课外学术科技工作，设计和发明新技术	参加相关专项比赛，提交发明专利证书或比赛获奖证书
	新工艺的物化	结合自身专业实际开展科技发明制作，形成物化产品，并与社会、企业合作将发明予以推广	参加有关专项比赛，提交成果转化企业证明材料或比赛获奖证书

项目二 勤工助学劳动实践

勤工助学是高校学生资助工作的重要组成部分。教育部在《高等学校学生勤工助学管理办法（2018年修订）》中将勤工助学定义为“学生在学校的组织下利用课余时间，通过劳动取得合法报酬，用于改善学习和生活条件的实践活动”。共青团中央、教育部在《关于进一步做好大学生勤工助学工作的意见》（中青联发〔2005〕14号）中指出，院校学生在课余时间通过参加勤工助学活动获取合法报酬，是贯彻教育与生产劳动相结合、推进素质教育全面实施、加强和改进学生思想政治教育的重要举措。勤工助学是对学生进行劳动教育、提升综合素质和资助家庭经济困难学生的重要措施，是资助与育人并举、实现“三全育人”的重要途径。

任务一　理解勤工助学的概念

勤工助学包含“勤工”与“助学”两个要素，其中“助学”又包含对完成学业进行“资助”和“帮助”两重含义。家庭经济困难的学生通过参与学校组织的劳动或服务，通过自己付出的劳动换取一定的报酬，以缓解经济压力，安心学习。在此基础上，学生综合素质得到提升，人格得以健全，心理健康发展，职业基本素质的培养也得到了促进。

勤工助学曾被称为“勤工俭学”，意为勤于工作、俭以求学，即依靠勤恳的工作和俭朴的生活赚取经济收入以保障学业完成。勤工俭学最早始于20世纪初的新文化运动时期，在国家面临内忧外患时的勤工俭学是为了解决求学的经济来源问题，是当时部分先进知识分子所主张的生活和学习方式。

中华人民共和国成立后，勤工助学以坚持学习和生产劳动相结合的主线，经历了三个发展阶段。“勤工”与“助学”之间的关系随着社会环境中实践的变化而不断变化。

中华人民共和国成立后到20世纪70年代末，勤工俭学主要以“参加社会主义劳动的形式”体现，以体力劳动和脑力劳动相结合进行人才培养，此阶段重视“无偿劳动，获取精神收获”，并开设劳动技术课、建立劳动基地，为勤工助学创造条件，在培养热爱劳动和勤俭美德方面做出了重大贡献。

20世纪80年代开始，勤工俭学逐渐调整为勤工助学，开始了以“济困”为主要目的的勤工助学阶段，其内涵也日渐丰富，专业学习与能力培养相结合，勤工助学从无偿劳动转变为按劳取酬，向非直接给予性资助转变。

20世纪90年代初，勤工助学进入“济困与成才相结合的社会实践”阶段。为了规范20世纪80年代末社会经商热潮对校园的影响，按照当时国家教委①的要求，各高校逐步调整和实践，将勤工助学作为高校学生工作的重要内容之一，在组织、制度和规范上有了更多的进步，勤工助学的岗位类型也更加丰富，勤工助学的经济收入也有了增长；同时，在市场经济条件下社会对人才提出了更加综合和全面的要求，勤工助学在培养人的意志品质、增长技能知识、培养职业素养上发挥了重要的“育人”作用。随着资助育人理念的不断完善，“勤工”对“助学”的促进作用不只

① “国家教委”的全称是“中华人民共和国国家教育委员会”，成立于1985年，于1998年撤销，是教育部的前身。

停留在经济的资助上，同时也在帮助学生完成学业、提升综合能力方面发挥着重要的作用。

20世纪90年代以来，我国高等教育蓬勃发展，高校招生规模不断扩大，高等教育转向大众教育，越来越多的学生进入大学学习。与此同时，高校学生中贫困生的人数和占比也在不断提高。1994年起，国家教委、财政部发文要求各院校设立勤工助学基金，使学校勤工助学活动具有稳定、可靠的经费来源，以保障贫困学生得到有效资助，帮助其顺利完成学业。在此基础上，学校勤工助学逐步走向规范化，作为院校中“奖、助、贷、勤、补、免”为主体的多元资助体系中唯一的非直接给予性资助，成为院校资助体系中的重要力量。

从历史发展的角度看，勤工助学（图6-2）与文化和教育保持着密切的联系，在各个时期都具备教育功能和实践功能。勤工助学正逐渐成为贫困学生通过劳动改善生活现状、在保障完成学业的基本经济条件下，在工作实践中提升综合素质的主要方式之一。在资助育人理念的指导下，勤工助学的资助与育人的双重目标被进一步强调，勤工助学不仅是贫困学生减轻家庭经济负担的途径，也成为他们锻炼综合能力、提升专业技能的有效方式。

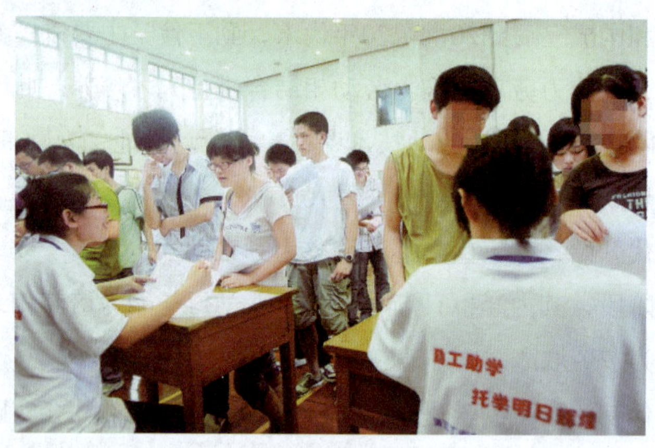

图6-2　勤工助学

中共中央和国务院在《关于进一步加强和改进大学生思想政治教育的意见》中要求高校建立学生社会实践保障体系，探索实践育人的长效机制，建立与专业学习相结合、与服务社会相结合、与勤工助学相结合、与择业就业相结合、与创新创业相结合的管理体制，增强社会实践活动的效果，培养学生的劳动观念和职业道德，在勤工助学中培养学生的劳动意识和自强自立精神。根据国家勤工助学政策，各院校制定了勤工助学相关政策规定和管理办法，根据社会对人才需求的特点以及学校勤工助学的发展实际积极探索勤工助学的有效形式，使勤工助学成为学校人才培养、思想政治教育和学生社会实践活动的有效载体，成为职业院校重要的常规工作，在帮助学生成长、成才方面发挥着重要的作用。

任务二　认识勤工助学的特点

勤工助学有以下特点：

（1）组织计划性。勤工助学由学校统一组织和管理，是在学校相关管理部门的组织和协调下开展的。勤工助学的参与者是在校学生，在学校的有效组织和管理条件下，更好地实现经济资助和个人成才的双重目标，推动学校全面育人工作的开展。学校勤工助学工作的日常管理由学校设立的专门的勤工助学管理服务机构负责，主要开展对勤工助学活动的指导和管理、对勤工助学的经费进行筹措和管理、对学生参与勤工助学进行培训和服务等工作。

（2）育人协同性。作为学校育人工作的一部分，勤工助学与人才培养模式和育人目标相适应，与学生个人成长成才相结合，与专业教育、思想政治教育、综合素质教育相协同。勤工助学一方面解决了困难学生的生活经济问题，另一方面促进了学生的德智体美劳全面发展。在帮助完成学业教育的过程中，“勤工”是方法，“助学”是目的。学校在勤工助学岗位的设计上，注意工作内容与实践教育、学业教育的相关联和相协同。在勤工助学的学生的管理、引导方面，注意培养学生正确的人生观、价值观，引导他们树立正确的劳动观念，培养学生自强自立的精神和坚韧不拔的品格，同时协调好勤工助学与学校正常教学的安排，避免因勤工助学活动妨碍正常的教学和管理。

（3）类型多样性。在各个发展时期，勤工助学随着社会经济环境的变化而表现出了不同的内涵，学生可以根据自身的特点和学习安排选择合适的勤工助学方式。社会的发展给勤工助学提供了更多类型的岗位，当前，在传统的以劳务型、智力型岗位为主的基础上，出现了管理型、技术型等多种与学校和社会现实相互适应的岗位类型。岗位类型的丰富也进一步拓展了勤工助学的参与方式和内涵，影响着勤工助学的育人效果。

任务三　思考勤工助学的意义

当前，中国特色社会主义进入了新时代，也赋予了高校资助工作新的使命。这就要求新时代高校资助工作不仅要解决家庭经济困难学生上学的问题，更要从提高学生整体素质、提升人才培养层次的高度来考虑和部署。

从资助形式来看，勤工助学需要学生通过付出劳动来获取资助，是有偿与无偿资助有机结合的特有形式，在整个资助体系中具有独特的育人功能，是资助家庭经济困难学生并提高学生综合素质的有效途径，是实现全程育人、全方位育人的有效平台。

一、完善资助体系，实践助学育人

勤工助学是学校学生资助工作的重要组成部分。党和国家十分重视学生资助工作，在教育阶段建立了国家奖助学金、国家助学贷款、勤工助学、困难补助、学费减免、学费补偿贷款代偿、新生入学资助、"绿色通道"等多元混合的资助政策体系。在这些资助措施中，勤工助学按照"学有余力、自愿申请、信息公开、扶困优先、竞争上岗、遵纪守法"的原则，组织学生利用课余时间通过劳动取得合法报酬，用于改善自己的学习和生活条件。勤工助学是帮助学生助学育人的重要方式。

学生在参与勤工助学活动的过程中，既能通过劳动减轻经济负担，又能在劳动中得到成长锻炼，这充分说明勤工助学活动是一种具有发展性的资助形式，弥补了无偿资助金发放的短板，具有资助面广、资助力强、教育意义明显等诸多优点，进一步凸显了助学的公平性和精准性。学生通过国家和学校的奖助学金以及自己长期坚持勤工助学获得的报酬，既在一定程度上解决了自己学习期间的学费和生活费问题，又用知识和勤奋改变了自己命运的方向。

二、提升扶志能效，实践立德感恩

勤工助学有利于学生树立正确的理想信念、劳动观和价值观，是实现扶志自立的重要抓手。通过参加勤工助学，学生可以自行选择岗位、接受培训、开展工作，提前进入职业工作者的角色，扩大视野和接触面；同时有助于体验竞争、开展规划和决策，继而理性地对职业生涯进行思考，从而确立理想和目标。用辛勤劳动换来报酬，可以让学生切身体会到工作的内涵和意义，促使学生立志自强，树立正确的劳动观和价值观，从而珍惜劳动成果、增强节俭意识。家庭经济条件不应该成为广大青年学生树立正确理想信念的绊脚石，相反，学生应该借助这股力量，积极推动自己投身到劳动和实践中去，将自己的理想与中国梦结合起来，通过勤工助学实现人生价值。

实践是认识的基础，并对认识起着决定的作用。绝大多数学生入学前缺乏实践历练，更多的体验来自课堂学习，习惯被动跟风，缺乏主动性和思考。勤工助学

“有偿劳动”的特点可以提升扶志能效。在勤工助学活动中，学生获得的报酬是通过劳务有偿换取的，如此可以培养学生依靠劳动解决困难、通过劳动获取回报的意识，杜绝“等、靠、要”的惯性思维，帮助学生形成独立人格。学生在参与学校的管理和服务中，加强了主人翁意识，提高了主观能动性，从被管理服务者的角色转换为提供管理和服务的工作者角色，更能体会当中的不易，懂得珍惜工作的成果。

三、提高综合素养，实践扶智强能

勤工助学有利于学生提升综合素质、专业素养和创新创业能力，有助于学生扶智强能。对于用人单位而言，专业学习成绩的好坏不是选人用人的唯一标准，个人综合素质也是其主要考量依据。这些综合素质包括专业知识技能、组织沟通能力等可迁移的技能，以及创新意识、责任心等内在品质。学生在勤工助学活动中不管从事哪种类型的具体工作，都与某些知识领域和技能要求相联系，在开展工作的过程中，专业意识、职业意识和竞争意识会逐步提高。在参加勤工助学活动时，学生可以将实践活动与自身特点相结合，更好地完善自己的知识储备，并从中锻炼如社会交往、沟通协调、组织管理等各方面的可迁移能力。这个过程中遇到的问题以及挑战还能够锻炼学生面对困难时的意志和思维能力，使他们在未来的生活与工作中能够更加有效地解决问题。这些都充分说明，勤工助学能够提升学生的综合素质和就业竞争力，为他们扶智强能搭建起了很好的平台。同时，学生在勤工助学的过程中能与不同类型的人交流，充分锻炼自己的社交能力，并学会客观认识到自身的不足、从失败中总结经验，丰富了人生阅历，为将来的就业或创业积累下宝贵的经验。

四、学会正视自我，开启自信人生

勤工助学有利于学生增强自信、提高心理素质，是帮助学生“内心自强”的重要法宝。勤工助学活动为学生提供了与人交流、融入集体的机会，帮助他们正确认识自我，引导他们勇于正视困难，克服自卑心理，培养积极乐观的人生态度。其次，勤工助学活动能够增强学生的交际能力，帮助他们敞开心扉，使他们不再自我封闭，保持心理健康。最后，勤工助学活动还能提高学生的社会适应能力，促使他们学会倾听、冷静控制情绪、消除偏激心理、客观公正地看待人和事。

任务四　探讨勤工助学岗位设置

随着国家对助学工作的重视，各高校在勤工助学岗位设置上也力求科学合理，充分发挥勤工助学的功能（图6–3）。

图 6–3　勤工助学

这主要体现在三个方面：一是岗位设置覆盖面较广，充分考虑了学科和专业性，兼顾劳动与智力服务类型以及校内和校外岗位等，目的是使不同类型的申请者能够找到合适的岗位；二是目前各院校设置的勤工助学岗位，学生申请、参与的积极性高，绝大部分院校勤工助学岗位都供不应求；三是岗位设置充分考虑了育人功能，不仅仅是着眼于劳动服务或者岗位补助，更立足于通过勤工助学岗位锻炼学生实践、劳动、服务、技能、创新等综合能力；四是岗位设置充分保障学生的合法权益，教育部有关文件对勤工助学岗位招聘原则、工作时限、薪金计算等都做了明确要求，各院校严格按照文件执行，充分维护学生合法权益。

改革岗位设置、创新高校勤工助学是一项复杂的系统工程，要把培养学生的学业水平和科研创新能力纳入勤工助学岗位设置范畴。

（1）重视岗位质量，旨在锻炼学生。学校积极开发校内资源，保证学生参与勤工助学的需要。校内勤工助学岗位设置应以校内教学助理、科研助理、行政管理助理等为主。校内勤工助学活动岗位的设置以协助各部门进行助教、助研、助管及后勤服务活动为主，提倡设置能锻炼和培养学生能力、专长的勤工助学岗位，不得安排学生参加可能危害学生安全、伤害学生身体和影响学校正常学习、生活秩序的勤工助学活动。

（2）规范工作时间，保证工作效果。勤工助学岗位既要满足学生需求，又要保证学生不会因参加勤工助学而影响学习。学生参加勤工助学的时间原则上每周不超过8 h，每月不超过40 h，寒暑假勤工助学时间可根据学校的具体情况适当延长。

（3）注意教育引导，强化育人作用。设立校内勤工助学岗位是学校关心和帮助家庭经济困难学生的重要举措。通过勤工助学实践活动，培养学生自立自强的精神和良好的职业素养，树立正确的劳动观念，增强学生的实践能力，全面提高学生的综合素质，营造资助育人、管理育人、服务育人的良好氛围。

任务五 勤工助学与学习

学生参与勤工助学活动，应做好如下准备：

（1）获取信息。在参与勤工助学活动前，学生可以通过勤工助学信息渠道了解岗位情况及岗位需求（图6–4）。

图 6–4 勤工助学

（2）思想准备。与求职不同，学生在参与勤工助学活动之前应当明确参与目的，将勤工助学视为改善经济条件、积累实践经验的机会。要根据实际选择合适的勤工助学岗位，避免过分追求经济报酬。在参与勤工助学前，应正确认识个人长处和短处，根据个人实际情况选择与自己能力相近的应聘目标，避免盲目自信或过分自卑，以正确的目标和良好的心态对待工作，方能走上勤工助学的正轨。

（3）科学计划。在规划和参与勤工助学活动时，学生首先要充分考虑学业课程，科学合理地安排工作时间；其次要明确清楚岗位职能，根据实际选择合适的岗位；还要注重在劳动中培养个人综合素质，有目的地提高自身能力与修养。尽力做到正确处理勤工助学与学业之间的关系，正确处理改善经济现状和个人成长成才之间的关系，让勤工助学活动与生活、学习安排相互协调，互利并进。

自勤工助学出现以来，勤工助学便在帮助学生自立成才、将所从事的“勤工助学”活动与专业知识的学习和综合能力的培养紧密结合、促进个人的全面发展方面发挥了主要作用。随着时代的发展、社会的进步，勤工助学的内涵得到丰富和充实，从纯粹的“经济功能”向“人的全面发展教育功能”转变，对学生的思想政治教育与专业技能提升成效显著，尤其是对构建和谐校园与和谐社会有着积极的作用。

勤工助学与学习之间是可以相辅相成、多方协调、齐头并进的。从院校与学生的角度出发，可以从顶层设计及管理的宏观角度处理二者关系，学生可以从个人具体实践的微观角度处理二者关系。

立德树人是教育工作的根本任务，也是学生资助工作的“初心”所在。勤工助学是学生社会实践的重要形式，也是学生深化并运用理论知识学习的重要途径，高校作为勤工助学系统的重要执行者，做好管理与指导工作至关重要。院校从制度管理、积极引导、联动社会的角度出发，把勤工助学工作作为日常管理工作的重要内容，并以“劳动和教育相结合”的教育理念引导学生积极开展各项勤工助学活动。

项目三　生产劳动范例

在这一节中，我们列举一些范例，帮助大家熟悉生产劳动实践活动的开展。请在老师指导下，选择完成其中的部分实践活动。

任务一　开展专业劳动：实习实训

活动主题：实习实训。

活动内容：

（1）熟悉专业实习实训的流程和管理规范。

（2）掌握实习实训岗位的工艺流程和工作原理。

（3）熟记实习实训安全要点，能够及时排查发现潜在风险。

活动要求：按照专业人才培养方案完成相应学时的学习，顺利获取相应学分。

请记录：

实训地点：____

____

实训课程：________________

____

实训活动描述：________________

____

____

____

本次实训活动的安全要点是：

____

____

____

____

获得的实训学分：________

实践确认：□学生　　□教师

任务二　开展专业劳动：顶岗实习

活动主题：顶岗实习（图6–5）。

图 6–5　顶岗实习

（1）熟悉实习岗位工作内容和职责，经过指导能够独立完成工作。

（2）通过岗位实践，具备分析问题、研究问题和解决问题的能力。

（3）运用新知识、新技术、新工艺、新方法，并尝试开展技术革新活动。

（4）遵守实习单位和学校的实习管理规定，掌握劳动安全知识和技能。

活动要求：按照专业人才培养方案完成相应学时的学习，顺利获取相应学分。

请记录：

实训岗位：________________

____

顶岗实训活动描述：________________

____

____

____

____

____

本次顶岗实习独立完成的工作描述：

____

____

____

____

顶岗实习中获得的新知识、新技术、新工艺、新方法描述：

____

____

____

____

获得的顶岗实习学分：________

实践确认：□学生 □教师

任务三 开展技能提升：技能认证

活动主题：技能认证。

（1）结合自身的爱好、特长和职业方向，明确考取证书的类型。

（2）具备相关职业素养和技能。

（3）了解职业专业技能培训、考核的流程和注意事项。

（4）参加职业能力等级认定考核。

活动要求：获取职业能力等级证书。

请记录：

获取的技能认证证书类型（名称）：

____

____

该证书的发证单位是：______________________________

____

所获得证书的职业素养和专业技能描述：

____

____

____

____

参加本次职业能力等级认定考核的成绩是：______________

------------ 请将你获取的职业能力等级证书（复印件）粘贴于此 ------------

实践确认：□学生　□教师

任务四　开展技能提升：技能比武

活动主题：技能比武（图6–6）。

图 6–6　技能比武

（1）了解各类职业技能大赛举办时间、举办规则等信息。

（2）围绕比赛项目，开展专业化训练。

（3）参加校级、省市和国家级技能竞赛。

活动要求：参加各类职业技能大赛，获取获奖证书。

请记录：

本次参加的职业技能大赛：

名称：______________________________

____

时间：______________

等级（√选）：□ 国家级　　□ 省级　　□ 市级　　□ 校级

地点：______________________________

____

竞赛规则描述：______________________________

____

____

____

____

该证书的发证单位是：______________________________

____

所获得证书的职业素养和专业技能描述：

____

____

____

____

____

____

参加本次职业技能竞赛获得的奖项是：______________________________

-----------------请将你的获奖证书（复印件）粘贴于此-----------------

实践确认：□学生　　□教师

任务五 开展生产劳动：田间劳作

活动主题：田间劳作。

运用春耕秋收知识，参加田间地头进行的人工播种、小麦除杂、大豆筛检、田间除草、小麦收割等劳作体验（图6-7），亲历劳作艰辛，感受春种、夏耘、秋收、冬藏的农耕文化。

图6-7　田间劳作

或者：植树节以班级为单位，小组合作参与植树造林活动。

活动要求：提交田间劳作活动策划书，以及劳动心得体会。

请记录：

本次参加田间作业的时间：________________

田间劳作的内容描述：________________________________

____

____

____

参加田间劳作的新的体会：

---------------------- 请将你的活动策划书粘贴于此 ----------------------

实践确认：□学生　　□教师

实践与思考　开展生产劳动实践

请仔细阅读本主题内容，完成其中各个实例的具体操作。

注意：每个操作完成后，在对应的“实验确认”栏中打钩（√），请实践指导老师指导并确认。

如果实践活动不能顺利完成，请分析可能的原因是什么。

答：

实验总结：

实验评价（教师）：

拓展活动

活动 1　组装 LED 灯（工科相关专业）

在电能源的使用中，照明用电占据了相当大的比例，我们现在常用的日光灯、节能灯等，较之早先的普通白炽灯，发光效率提高了很多。随着制造工艺水平的不断提高，LED（发光二极管）也被广泛用于各种照明领域。LED具有更高的发光效率，更低的耗电量，使用寿命也更长，在城市“亮化工程”和家居照明当中起了非常好的效果。在当前能源紧缺的环境下，LED节能技术将成为一项很重要的发展方向。我国已经启动了“半导体照明工程”，将其作为新一代的绿色照明光源进行开发推广。

一、学习知识

（一）LED灯的优点

1．发光效率高

LED经过几十年的技术改造，其发光效率有了较大的提升。白炽灯光照效率为2～24 lm/W，荧光灯50～70 lm/W，它们所消耗的大部分的电能变为热量损耗。LED光可以达到50～200 lm/W，而且单色性好、光谱窄，无须过滤也可直接发出有色可见光。目前，世界各国都在对LED光效方面进行研究，在不远的将来，其发光效率还将会有更大提高。

2．消耗电能少

LED采用直流驱动，单管驱动电压为1.5～3.5 V，电流为10～18 mA，反应速度，可工作在较高频率。同样照明效果情况下，耗电量约是白炽灯的1/10，约是荧光灯的1/3。以桥梁护栏灯为例，同样效果的一支日光灯含镇流器损耗电量在40 W，而采用LED灯只有10～15 W。

3．使用寿命长

LED灯体积小、重量轻，用环氧树脂封装，可承受高强度机械冲击和震动，不易破碎。LED的平均寿命可达10万小时，LED灯具使用寿命可达5～10年，可以大大降低灯具的维护费用。

4. 安全且环保

LED灯是冷光源，发热量低，无热辐射，能控制光型及发光角度，无眩光，不含汞、钠元素等危害健康的物质。废弃物可回收、无污染。

5. 光线柔且稳

LED灯能够发出各种颜色的光线，且发光柔和，不刺眼。

（二）LED灯的使用情况

多方材料的调查研究统计，我国居民家庭中采用LED灯照明的还不到30%，调查显示80%的居民并不清楚LED灯的优势和节能特点。因此，LED灯的市场还有很大的前景，光源节能行动还要靠一代新人传承发扬。

二、掌握技能

学习了LED灯的基本特点和相关知识，大家想一下自己家中的哪一盏灯还不是LED光源，是否要更换一下呢？让我们来一起动手，共同学习如何组装一盏LED灯吧！

（一）准备材料

（1）备好灯具组件，也可到网上购买LED灯泡套件，这里采用的样例是铝基体散热壳的灯泡套件。配件主要包括：铝质散热器、连接器、螺口、尾钉、驱动电路、灯罩、固定螺钉、LED灯珠和圆形的铝基电路板。

（2）准备焊接工具及耗材：电烙铁、焊锡丝、数字万用表、镊子、热缩管（或者绝缘电工胶带）、导热硅胶。

（二）组装灯泡

1. 检测灯珠

用数字万用表通断挡位测试灯珠的质量好坏。首先要找到并区别LED灯珠引脚上的正负极标志。红表笔接灯珠正极，黑表笔接灯珠负极，如果灯珠发出微弱的亮光，说明灯珠是正常的，即发光二极管能够导通；如果不能发光说明灯珠可能存在质量问题，最好更换，以防安装后不能正常发光。

2. 焊接灯珠

检测好灯珠后就可以逐一焊接了，要注意灯珠的正负极要和灯板标注的正负极对应焊接，否则属于反接，不能正常发光。焊接前为了保证灯珠充分散热，最好将灯珠和灯板接触的地方涂抹一点导热硅胶，以利于灯珠散热。

焊接时要严格按照手工焊接法进行操作，值得注意的是，这里的灯珠是贴片元件，焊接贴片元件时应分步操作：第一步，可以先在一个焊点上镀上锡，然后用镊子拾取元件放上元件的一头；第二步，镊子夹持元件的同时，焊接上镀锡的这一头，再看看是否放正了；第三步，如放置到位正确，最后再焊接另一端，若不正，重新进行调整。

3. 固定灯板

在散热器的平面部分和灯板背面均匀地涂抹上导热硅胶，然后用螺钉固定灯板。

4. 装驱动板

先把热缩管裁剪成合适的长度，将驱动板包裹在里面，然后用电烙铁靠近热缩管，使之受热收缩。或者用绝缘电工胶带缠绕两圈，这样可以起到绝缘作用。

驱动板上粉红色和白色导线分别为驱动电路板输出正负引线极，使这两根线由散热器铝壳圆口处进入，从散热器铝壳与灯板中间的圆孔穿出。

按照正负极对应焊接在焊点，粉红色为正极，白色为负极。若焊点为其他颜色，应以驱动板上输出端标识为准。焊接完毕将驱动板塞进散热器的内部。

5. 连接灯口

驱动板另一端是两条白色电源线，将两条线由白色塑料连接器的大头穿入，从有螺纹的一侧穿出。将其中一根白线由螺口尾部中间小孔穿出，将尾钉与引线芯充分接触并压入螺口尾部中间的小孔。

将另一根白线由塑料连接器的豁口处引出，用力拧紧螺纹灯口固定住引线。注意要保证将引线芯与螺纹充分接触以保证良好的通电。

6. 完成组装

将连接器通过旋转与散热器的上部进行连接，再将灯罩通过旋转与散热器的下端进行连接，这样一只节能LED灯泡的组装就完成了。

7. 检验测试

将组装好的LED灯泡安装在普通的螺口灯座上，接通电源，就可以体验并享受既节能又环保的节能灯的成果了。这是一个3 W的LED灯泡，成套配件和驱动电源只需要5元左右，而一个成品的3 W的LED灯泡售价一般在15元左右。市场售卖的套件还有不同颜色的铝质散热器，能起到很好的装饰效果。

三、动手实践

同学们，通过本任务内容的学习，你是否心动了呢？是不是也要动手改善一下自己家中的照明灯泡？让我们试着动起手吧，初学者一定要注意用电安全！

活动2 紧急救护（医学相关专业）

如果意外在身边发生，有人受伤或晕厥，你会伸出援手施救吗？你懂急救知识吗？应该如何进行急救呢？生命没有如果，学会急救知识，是珍爱他人的生命，更是关爱自己的生命！

一、学习知识

所谓现场急救，是指现场的人员因意外事故或急症，在未获得医疗救助之前，为防止病情恶化、减少病人痛苦和预防休克等对患者采取的一系列急救措施，又称院前急救。

在我们生活工作学习的场所经常出现意外伤病，在紧急伤病事件发生的最初十分钟是急救处置的关键时期。比如心脏骤停，大量急救案例实践证明：4 min内进行复苏者，有大约32%能被救活；4～6 min开始进行复苏者，仅10%可以救活；超过6 min者，存活率仅为4%；而10 min以上开始复苏者，几乎无存活可能。然而，以现在的大中型城市急救半径覆盖能力，医务人员很难在十分钟内到达救治现场。因此，在医务人员赶到现场前，如果能采取及时、正确的应急救护措施，就能为医院救治创造条件，有效地降低死亡率和伤残率，所以这十分钟也被称为“白金十分钟”。

二、掌握技能

白金十分钟自救互救，是我们国家率先提出来的。心肺复苏术和气道异物梗阻急救法是白金十分钟自救互救技能的重要内容，学会急救技能关键时刻能救人性命。

（一）心肺复苏（CPR）

当我们身边有人因为食物药物中毒、心脏病、高血压、触电、气体中毒、异物堵塞呼吸道、溺水而导致呼吸困难或心脏骤停时都可以用心肺复苏。

1．心肺复苏前的准备工作

（1）确保自身安全：观察周围环境，确定环境安全，确保做好自身的防护。

（2）判断病人的意识：将患者平放于硬质的平面上，面朝天仰卧位，检查患者的反应。拍打双肩，呼唤双耳，手指掐压人中，用力掐虎口、耳垂，以判断患者的反应，如果没有反应表示病人意识丧失。

（3）呼救：可以大声呼喊，先寻求身边人的帮助，同时呼叫“120”。拨打急救电话时，先说患者所在的详细地址，其次说清楚患者基本情况，如年龄、性别、患者现在的症状（如昏迷、失血过多、急腹痛等）。然后，要记住给“120”接听者留下求救者联系人的电话号码及姓名，以保证救护人员在找不到地址时可以及时与呼救者联系人保持联系。呼救后要做出发准备，要查看患者身边周围的情况，及时清除患者周围的障碍物，确保救护人员方便搬运抬护病人。随时观察病人的情况，必要时要做一定的救护处理。

（4）检查：要同时判断患者有无呼吸和大动脉搏动。具体方法是，暴露患者的胸廓，除去患者的外衣，用眼睛观察患者的胸部有无起伏运动，用耳朵听患者有无呼吸音，用面颊感觉患者是否还有气流呼出。在判断呼吸的同时也要判断患者的大动脉搏动，一般判断颈动脉的搏动，搏动的触点在甲状软骨旁，胸廓乳突肌的沟内，也就是甲状软骨旁开两指左右的凹槽内。如果二者都没有，则立即进行胸外按压。需要强调的是，以上两点是同时进行的，而且要在10 s以内完成，如果10 s内仍不能确定有无脉搏，则视为无脉搏。

胸外按压是心肺复苏最重要的内容。完成检查后，如发现患者无呼吸、无脉搏，要马上对患者进行胸外按压。

2. 胸外按压

（1）按压姿势：先使病人平躺在坚硬的地面上，抢救者跪在患者左侧。一手的掌根部紧贴于胸部按压部位，另一手掌放在此手背上，两手平行重叠，且手指交叉互握稍抬起，垂直下压。抢救者的双臂应该绷直，双肩中点垂直于按压部位，利用上半身的重量和肩、臂部的肌肉力量按压。

（2）按压位置：按压的部位是胸骨下半部，也就是双乳头连线的中点。

（3）按压频率：按压速度是100～120次/min，按压一定要平稳、有规律地进行，不能间断，下压与向上放松时间相等，不能使用冲击式的猛压或跳跃式的按压。按压的时候嘴里数数，尽量地数出来，以保证按压的频率，尽量减少按压的中断。

（4）按压深度：按压的深度成人是5～6 cm，儿童是5 cm，如果超过6 cm可能会有不良影响。而且每次胸外按压，一定要使胸廓完全回弹，按压时手不要倚靠在病人的胸部。

3. 人工呼吸

胸外按压30次后，要对患者进行口对口的人工呼吸，进行辅助呼吸前，需要先开放患者气道，这是为了解除意识丧失患者因舌后坠而引起的呼吸道阻塞。

（1）打开气道。将一只手置于患者的前额，用手掌压额头，另一手的食指和中指抬起患者下巴，使头部后仰。如见到患者口中有呕吐物或假牙等异物，应立即将患者头侧向一边，用手指小心清除口腔内异物。

（2）人工呼吸。开放气道后，立即进行两次人工呼吸，每次吹气时间为1 s，吹气时应能见到患者胸廓的起伏。具体方法是施救者用压在患者额头的手的拇指和食指捏住患者的鼻子，正常吸一口气，用口严密包住患者的口唇，缓慢吹气，这个吹气量大约是500～600 mL，持续1 s，使患者胸廓隆起，吹气结束后，操作者口唇离开患者的口部，使气体被动呼出，吹气要连续两次，两次吹气大约相隔18 s，要避免过度吹气，吹气的同时，用余光观察患者胸部是否隆起。

4. 除颤

自动体外除颤器简称“AED”，在机场、车站、码头、学校、酒店等所有公共场所都有配备。

病人倒地后，胸外按压是前提，除颤是关键，真正的救命就是将两者结合起来。一般来讲，在没有AED的时候要持续按压，直到AED就位，如果旁边就有AED，要立即进行除颤，这是非常关键的。AED的使用很简单，只要按照语音提示操作即可。

（1）开启AED，打开AED的盖子，根据视觉和声音的提示操作（有些型号需要先按下电源）。

（2）给患者贴电极，在患者胸部适当的位置紧密地贴上电极。通常而言，两块电极板分别贴在右胸上部和左胸左乳头外侧，具体位置可以参考AED机壳上的图样和电极板上的图片说明。

（3）将电极板插头插入AED主机插孔。

（4）开始分析心律，在必要时除颤，按下“分析”键（有些型号在插入电极板后会发出语音提示，并自动开始分析心率，在此过程中请不要接触患者，即使是轻微的触动都有可能影响AED的分析），AED将会开始分析心率。分析完毕后，AED将会发出是否进行除颤的建议，当有除颤指征时，不要与患者接触，同时告诉附近的其他任何人远离患者，然后由操作者按下“放电”键除颤。

需要强调的是，尽量缩短除颤前后的按压中断，在AED充电时也不要停止按压，对于室颤性心脏骤停，除颤比按压重要。如果旁边有AED，单人复苏也要首先取AED，而不是先按压，一定要尽早地除颤。

5. 评估

如何评估呢？成人胸外按压与人工呼吸的比例为30：2，30次胸外按压和2次人工呼吸为一个循环，连续做5个循环，大约两分钟，再检查呼吸心跳是否恢复，并要在10 s之内完成，如果仍没有呼吸及大动脉搏动，则继续进行心肺复苏，直到急救人员到达现场，而且要进行高质量的CPR（心肺复苏术），也就是重压、快压，减少中断，完全反弹，防止过度通气，有其他人在场，最好每两分钟换一个人。

（二）呼吸道异物阻塞的处理

呼吸道异物阻塞，是指急性的不完全或完全异物阻塞呼吸道。

1. 呼吸道梗阻的表现

发生呼吸道梗阻的伤病员常常不自主地以一手呈“V”字状紧贴于颈前喉部，病人会出现剧烈的刺激性咳嗽和反射性呕吐，声音嘶哑，无法完整、清楚地表达思想；被较大异物堵塞喉部、气管时，病人会出现脸色和嘴唇发紫、呼吸困难等症状，可能会很快停止呼吸。

2. 救护措施（海姆立克急救法）

（1）一岁以内婴儿

这个时期的婴儿如果发生窒息，将婴儿面朝下放置在手臂上，手臂贴着前胸，大拇指和其余四指分别卡在下颌骨位置。另一只手在婴儿背上肩胛骨中间拍5次，然后观察异物有没有被吐出。

如果没有吐出，立刻将婴儿翻过来，头下脚上面对面放置在大腿上。一手固定在婴儿头颈位置，一手伸出食指中指，快速压迫婴儿胸廓中间位置，重复5次之后将孩子翻过来重复第一种方法，直至将异物排出为止。

（2）儿童

救护者站到一边，稍靠近呼吸道梗阻儿童身后，用一只手支撑其胸部，使其保持前倾，用另一只手的掌根部在其两肩胛骨之间进行大力拍击。检查每次拍背是否解除了呼吸道梗阻，直到异物被吐出。

（3）成年人

施救者呈丁字步，站在呼吸道梗阻者身后，双手向前环其腹部。保持其身体前倾，一手握拳，用拇指的一侧抵住其上腹部即肚脐稍上处，另一只手压住握拳的手，两手用力快速地向内向上挤压，重复5次腹部冲击。继续交替进行5次背部拍击与腹部冲击，直到异物排出，梗阻解除，患者能自主呼吸。

注意：如患者失去意识，应支撑住患者，平放在地面上，拨打120，立即着手开始心肺复苏。

（4）自救

如果是自己发生了呼吸道梗阻，而身边又没有其他人可以帮助你时，趁着意识清楚一定要争分夺秒，你可以采取以下方法自救：自己一手握成拳，用另一手包裹住，快速向内向上冲击肚脐与肋骨中间的位置，直到将异物排出为止；如果自己力气不够，那么迅速寻找一把带靠背的椅子或者桌子，然后将自己的腹部按压在桌角、椅背或者其他坚硬的物体上，向内向上冲击，一定要快并且准，反复冲击几次，直到异物排出。

三、动手实践

同学们，心肺复苏术和呼吸道异物阻塞的处理学会了吗？最重要的是在生活中遇到有人心脏骤停或是呼吸道梗阻的时候大家一定要沉着冷静，把握抢救的“白金十分钟”，用我们所学的知识救他人于危难之中，为医生的抢救争取宝贵时间，给患者赢得一线生机。

活动 3 智慧农场（农学相关专业）

蔬菜是人们日常生活中不可缺少的食物，随着生活水平的提高，人们越来越关注蔬菜的营养及安全。有些人已经开始尝试自己种菜，但如果没有土地，怎么种菜呢？没关系，小小阳台上也是种菜的好地方。如果阳台菜种得好，我们就可以吃上自己种的无公害蔬菜了。阳台上翠枝绿叶和累累硕果，不也是一道靓丽风景吗！大家有动手种菜的想法吗？快在家里打造自己的开心农场吧！

一、学习知识

（一）阳台种菜的好处

菜市场的蔬菜往往要经过收割、包装、运输、上架等过程，需要经过较长时间才辗转到消费者手里，新鲜度会打折扣。放在冰箱储存的蔬菜可能会产生有害物质，而且营养成分会有所损失。如果我们自己在阳台上种植，蔬菜不仅新鲜，而且可随时采摘，随时食用，营养成分更高。阳台种菜不但能部分满足家庭的蔬菜供给，还能绿化美化生活空间、净化室内空气，分解室内有害物质、吸收室内甲醛，调节空气湿度，让室内环境变得更舒适。阳台种菜还可以让我们了解大自然，了解植物生长的知识，培养自己的劳动能力，增强自己的成就感与责任感，还能起到愉悦心情的作用。

（二）适合在阳台栽种的蔬菜

（1）周期短的速生蔬菜：小油菜、青蒜、芽苗菜、芥菜、青江菜、油麦菜等。

（2）收获期长的蔬菜：番茄、辣椒、韭菜、芫荽、香菜、葱等。

（3）节省空间的蔬菜：莴苣、葱、姜、香菜。

（4）易于栽种的蔬菜：苦瓜、胡萝卜、姜、葱、生菜、小白菜。

（5）不易生虫子的蔬菜；葱、韭菜、番薯叶、人参草、芦荟、角菜等。

（三）如何根据阳台朝向选择蔬菜

朝南的阳台是全日照，阳光充足、通风好，是最理想的种菜阳台，几乎全部蔬菜都是在全日照机会下生长最好。一般的蔬菜一年四季均可在朝南的阳台上种植，如黄瓜、苦瓜、番茄、菜豆、金针菜、番杏、芥菜、西葫芦、青椒、莴苣、韭菜等，此外，莲藕、荸荠、菱角等水生蔬菜也可以在朝南的阳台种植。

朝东、朝西的阳台为半日照，可以种植喜光耐阴的蔬菜，如洋葱、油麦菜、韭菜、丝瓜、香菜、萝卜等。朝西的阳台夏天西晒时温度较高，可能使某些蔬菜被晒伤，轻者落叶，重者死亡，所以最好在阳台角栽植蔓性耐高温的蔬菜。

朝北阳台全天几乎没有日照，蔬菜的选择范围最小，应选择耐阴的蔬菜种植，如莴苣、韭菜、芦笋、香椿、蒲公英、空心菜、木耳菜等。

（四）种菜的容器选择

几乎任何类型的容器都可用来种菜，除了常见的花盆、花槽等容器外，许多生活中常用的器物经过改装都可用于种植蔬菜，如塑料盆、提桶、花箱、花槽、木箱、铝皮箱、镀锌铁皮箱、塑料盒、坛子、食物罐，乃至浴盆、烧烤盘等都可加以利用。

不管选用何种容器栽种蔬菜，都必须确保底部有排水孔，确保排水通畅。容器的排水十分重要，排水不良，植物根系会窒息腐烂；排水过快，可能导致植物缺水而枯死。市面上购买的花盆、花槽等容器，底部都有排水孔，用生活器物改装的容器，需要自己钻几个排水孔，通常可在底部附近均衡地钻几个直径0.5～1 cm的排水孔，为避免浇水时泥土流失，可进行“垫盆”，即用碎的花盆片、瓦片或窗纱覆盖住排水孔，要求既挡住排水孔，又能保持排水通畅，通常而言，陶制和木制容器比塑料容器排水快，需要多浇水。

容器慎用黑色，原因是黑色吸热，有可能损害植物根系，要是选择了黑色容器，最好在容器外涂一层色彩较浅的漆。

容器的大小非常重要，种菜选择容器宁大勿小，大的容器不仅有充裕的空间放肥料，而且蓄水量也大，夏天时土壤不会非常快干涸，例如西红柿、辣椒、菜豆等蔬菜通常用15～20 L左右的容器。

（五）阳台种菜的注意事项

（1）根据蔬菜特性，选择能满足根系发育需要的花盆，如瓜果类根系发达，需要大型的花盆，茄果类可稍小。使用的基质必须清洁，营养，无病虫害，彻底消毒。

（2）保证肥水供给，盆栽蔬菜营养有限，必须勤浇肥水，可采用无味的有机肥，适时浇水和控水。

（3）可利用某些微生物促进蔬菜的生长，如具有固氮、解磷作用的根瘤菌、光合细菌和溶磷菌，通过这些有益菌的活动来促进蔬菜对养分的充分吸收。

（4）疏枝整蔓管理。蔬菜在长到一定程度时需要去顶，抑制生长，减少养分消耗，促进结果，必要时，还需打掉侧枝。此外，阳台上种植的蔬菜不仅要求长势好，还要求美观有艺术性，矮生作物要及时整枝去除黄叶，番茄、瓜果类要用竹木或钢筋搭成各种形状的架，使其攀缘生长。

二、掌握技能

（一）播种与移苗

通常在农村、园艺店、花市、菜市场、农艺市场、种子门市等地方，我们都可以找到或者买到阳台种植需要的种子或秧苗。

1. 播种前处理

（1）消毒：种子常带有细菌，为减少苗期病害，确保菜苗茁壮成长，让自己和家人吃到健康的蔬菜，也避免自己的劳动半途而废，播种前最好对种子进行消毒处理。通常从市面买回的种子，用温水浸泡法就足够了，将种子放在60 ℃的热水中浸泡10～15 min，接着将水温降至30 ℃，继续浸泡3～4 h，然后取出晾干。如果是放置时间非常长或已被污染的种子，可采用药液浸泡法，先用干净的水浸泡3～4 h，接着放入福尔马林和水为1∶100的药液中浸泡20 min，取出用干净的水冲净。

（2）催芽：种子需视情况决定是不是需要催芽。番茄、辣椒、茄子、黄瓜等果菜类蔬菜种子发芽较慢，可进行催芽。催芽前必须要浸泡种子，浸泡时间不宜过长。经试验，黄瓜浸泡1～2 h，辣椒、茄子、番茄用3～4 h浸泡就可以。浸泡时间包括种子消毒处理时的浸水时间。育苗盘底垫几层纱布、滤纸或吸水纸巾，用干净的水浸湿，把浸泡过的种子控去水，放在育苗盘中，置于28～30 ℃的环境中1～5天，直至种子发芽露白，就可以播种了。催芽过程中，如种子干燥，可加水到育苗盘中，以保持浸润纱布等铺垫物。在催芽过程中，保持种子湿润为宜。

2. 播种

直接播种的蔬菜，将种子播种到大小合适的容器中即可。播种前最好用50%浓度的漂白水或其他消毒液对播种盘进行消毒，以降低污染种子的概率。

需要移植的蔬菜，要选用大小适中的塑料盘、玻璃盘等容器作为“育苗盘”。育苗盘中放入pH酸碱度适中的培养土，这种培养土可在园艺店或农艺市场购买。将菜种撒播到育苗盘中，接着覆盖0.5～1 cm深的土，切记种子不要覆盖太深。将育苗盘放在较温暖、通风良好的地方，并适当浇水。对大多数菜种而言，可每天浇一次水。合适的温度、充足的水分和充足的氧气是种子萌发的三要素。

3．移栽

秧苗生长到一定大小，必须要及时移到其他容器进行栽植，移植时小心不要损伤秧苗幼嫩的根系，可在掘取菜苗前给土壤或基质充足浇水，使根部多带土壤或基质，可减小对根部的损伤，移栽后成活快。通常叶菜类栽植深度以最低的叶片不被埋没为宜。

（二）种菜盆的制作

材料准备：PVC管（直径16 mm以上）、锯子。

步骤1：准备长度80～100 cm的PVC管（如果地方够大，可以多做几个）。

步骤2：每隔10 cm画一道长5 cm的横线，然后用钢锯沿画好的横线锯开。

步骤3：锯开后用火将开口处烤软（注意用火安全）。

步骤4：趁热拿一个小管往下压（千万不要直接用手压，以免烫伤）。

步骤5：装上底部封盖。

在组装好种菜盆里放入土，移栽上你喜欢的菜苗，认真管理，精心照顾，几十天后我们就可以体会到丰收的喜悦了。

三、动手实践

同学们，从现在开始开启你的阳台种菜之旅吧！任务评价表见表6-2。

表6-2　任务评价表

操作内容	分值	评分标准	自我评价	教师评价	同学评价
习惯与态度	20分	能够每天精心照顾自己种植的蔬菜，能够做到认真细致			
工具使用	10分	能恰当制作、选择工具，对工具的操作规范合理			
肥料、农药选择	10分	对不同类型的肥料、农药能恰当选择，肥料配比适当、剂量合理			
种植过程	10分	能把握先后次序			
安全意识	20分	用电安全、肥料安全、环境安全			
种植效果	30分	蔬菜长势喜人，能吃到绿色安全的蔬菜，能体会到收获的快乐			
总分	100分				

主题七　服务性劳动

学习目标

知识目标

（1）通过服务性劳动培育奉献精神，熟悉服务性劳动的内容与内涵，养成助人为乐的高尚品质。

（2）熟悉服务性劳动的专业服务性质，在实践中提高参与服务性劳动的能力。

（3）积极参与义务劳动活动，投身校园公益活动实践。

能力目标

（1）在圆满完成学业的同时，积极参加服务性活动，提高参与和组织公益活动能力。

（2）热爱专业，掌握技能，倡导奉献精神，提高服务能力。

素质目标

（1）正确理解服务性劳动，培育高尚的奉献精神。

（2）重视自身专业服务技能的提升，积极参加校园公益活动。

（3）了解和熟悉服务性劳动技能，热爱劳动，热爱生活。

学习难点

（1）服务性劳动包括专业服务、志愿服务、社区服务、敬老服务等义务性、公益性的劳动形式，都具有一定的专业服务技能要求。

（2）理解和体会“无私奉献、拼搏奉献精神”。

项目一　认识服务性劳动培育奉献精神

服务劳动性有广义和狭义两种概念。广义的服务劳动，把社会的分工与协作都看成彼此提供服务。狭义的服务劳动，同农业劳动、工业劳动和商业劳动等专业劳动相并列，是社会分工的产物，因而服务劳动亦称服务业劳动。

在学校的劳动教育中，服务性劳动包括专业服务、志愿服务、社区服务、敬老服务等义务性、公益性的劳动形式（图7–1）。职业院校要引导学生深入社会、走进基层，在体验劳动服务社会的过程中，提高生产生活技能，强化学生的社会责任感，培育公共服务意识和奉献精神，培养良好的社会公德、艰苦奋斗意识与责任担当的优良品质，使学生在面对重大灾害等危机时有主动作为的奉献精神。把劳动评价结果作为衡量学生全面发展的重要内容，作为评优评先的重要参考和毕业依据，将服务性劳动也融入学生日常学习和生活中。此外，在开展服务性劳动教育的过程中，要结合产业新业态、劳动新形态，注重选择新型服务性劳动的内容。

图 7–1　服务性劳动

让劳动成为劳动教育的最佳方式，还要防止劳动教育中的娱乐化、形式化、惩戒化等问题。要通过劳动培养学生生活自理的能力，着力提升学生的综合素质，把好劳动教育的价值取向，促进学生全面发展、健康成长；通过劳动培养学生正确的世界观、人生观和价值观，弘扬劳动精神，养成热爱劳动的习惯，从而在劳动中发现生活之美；通过劳动培养学生正确的劳动观，形成对劳动的正确态度和看法，崇尚劳动、尊重劳动，增强对劳动人民的感情，报效国家，奉献社会，培养担当民族复兴大任的时代新人。

开展服务性劳动的一些参考实践项目见表7–1。

表 7–1　开展服务性劳动实践参考项目

任务群	劳动项目	实施建议	成果评价要求
专业服务	专业技能服务	以专业技能和特长为依托，结合第一课堂、第二课堂以及三下乡等社会实践方式，对有需要的人群提供专业服务	提交服务佐证材料，服务时长达16 h以上
公益劳动与志愿服务	校园公益活动	参与学校劳动周、劳动月活动	提交服务佐证材料，服务时长达16 h以上
	城市志愿服务	成为所在城市注册志愿者，参与城市志愿服务，如组织或参加当地重大赛事活动的志愿服务、关爱老人等服务	提交服务佐证材料，服务时长达16 h以上
	救灾志愿服务	面对重大公共卫生突发事件及重大自然灾害，主动承担相关工作，担任救灾志愿者	提交服务佐证材料

项目二　提高对专业服务的认识

社会化的专业服务（图7–2），通常是指某个组织或个人，应用某些方面的专业知识，按照客户的需要和要求，为客户在某一领域内提供特殊服务，其知识含量和科技含量都很高，是正在迅速发展的行业。

图 7–2　专业服务

专业服务分为生产者专业服务和消费者专业服务。其中，生产者专业服务可以作为中间投入服务，用于商品和服务的进一步产生。

专业服务业的产业基础是第三产业。专业服务业从第三产业中分离出来是社会分工对多样化社会需求的适应结果。根据世界贸易组织的分类，专业服务归纳在职业服务的范畴内，包括以下内容：法律服务；会计、审计和簿记服务；税收服务；咨询服务；管理服务；工程设计服务；集中工程服务；城市规划和风景建筑服务；与计算机相关联的服务；旅游机构服务；公共关系服务；广告设计和媒体代理服务；人才猎头服务；市场调查服务；医疗和牙医服务；兽医服务；助产士、护士、理疗师和护理员提供的服务；其他服务。

专业服务来自组织和组织之间、个体和个体之间的直接接触。专业服务所提供的服务是与消费同时进行的。供方和收方同时在供应和消费中得到新的利益。许多专业服务提供者与专业服务消费者需要在同时同地完成服务交易。专业服务具有技术化、知识化的特征，使高素质的人士成为竞争的核心。专业服务在提供服务方和接受服务方之间会形成一种委托代理关系。这种委托代理关系以契约的方式固定下来。因此，专业服务是以契约为纽带提供的服务，对法律的依赖程度相当高。

项目三　认识义务劳动教育与实践

义务劳动是我国社会的一种特殊劳动方式，也是各行各业、机关事业单位、各级各类学校普遍存在的公益性劳动（图7-3）。

图 7-3　义务劳动

长期以来，国家提倡开展义务劳动，义务劳动已经成为全社会的一种思想自愿和行动自觉，充分体现了人们的集体主义精神、奉献精神和创造精神，产生了强大的鼓舞人心的精神力量，曾为国家建设做出过积极的贡献。作为培养社会主义事业建设者和接班人的职业院校、高等院校，开展义务劳动教育与实践对学生树立劳动光荣、乐于奉献理念，以及锻炼强健体魄和养成吃苦耐劳精神具有不可或缺的作用。

任务一　体会义务劳动教育的内涵

义务劳动教育已经取得了一定成绩，但仍存在一些不足之处。院校学生的义务劳动教育存在着在家庭中被软化、在学校中被弱化、在社会中被淡化的现象。

（1）教育者对学校义务劳动教育的本质及内涵认识肤浅。教育者在指导思想上未能坚持全面发展的方针，过分突出智育，忽视德育与体育，把义务劳动教育等同于“体力劳动”。

（2）没有深入理解义务劳动教育内容的丰富性及多元性。义务劳动教育不被重视、缺位失位，把义务劳动教育窄化是当前部分院校中存在的问题。

（3）对义务劳动教育缺乏整体设计。有的学校在义务劳动教育的实施中缺少系统性、整体性的思考和设计，未能依据学生身心发展状况和社会发展的需要而系统性和创造性地开展义务劳动教育，从而导致出现教育效果不理想等情况。

事实上，义务劳动是学生参与劳动教育的一种有效方式，其本质含义是通过实施义务劳动教育，有目的、有计划、有组织地让学生适当参加义务劳动实践。学生通过运用自己的体力和智力投身于社会，形成正确的义务劳动价值观，养成良好的劳动素养。随着新时代的发展和现代科学技术的发展，学生崇尚劳动、提高劳动技能具有积极意义。学校义务劳动是学生参与劳动、接受劳动教育的最佳途径。

任务二　感悟义务劳动的意义

职业教育和高校教育是学生义务劳动价值观形成的关键时期，学生应该主动参与到义务劳动实践中，感受义务劳动观念、义务劳动教育和劳模精神所具有的独特魅力，不断提高各项劳动技能，提升综合素质，更好地实现自我价值。

一、培养新时代学生的客观要求

职业教育和高校作为国家创新体系的重要组成部分，担负着为社会培养德、智、体、美、劳全面发展人才的神圣职责。学校坚持在专业教育中渗透义务劳动教育，有针对性地培养学生卓越的义务劳动品格，增强学生的社会责任感，是实现学生与社会全面对接的必要链接。

随着时代的变革与互联网的发展，当代学生虽然走的是专业知识与实践相结合的发展道路，但学生的意识形态呈现不同的特点。新时代加强学生义务劳动教育，通过把社会主义核心价值观的多维理念植入义务劳动教育系统内，充分发挥义务劳动教育的育人功能，能实现德智体美劳彼此相互促进，协力引导学生在各种错综复杂的价值观发生碰撞、产生各种矛盾时坚定理想信念，培养良好的劳动品质。高校应把义务劳动教育所取得的阶段性成效与不断完善的社会风气同步协调起来，凝聚学生健康成长的一切积极因素和力量，尊重各行各业的奋斗成果，逐渐将社会主义核心价值体系内化为价值追求和行为习惯，厚植家国情怀。

二、落实立德树人根本任务的重要途径

义务劳动是忘我的劳动，也是创造、奉献的价值所在。义务劳动是实施素质教育的有效途径，是践行理论与实践相结合的有效载体，是巩固能力结构核心的有效方法，是学生发展和完善自我的重要途径，是开展立德育人工作不可或缺的关键环节。高校培育学生正确的义务劳动价值观，发挥学生主观能动性，培养学生养成良好的义务劳动习惯，这不仅仅是提倡社会主义核心价值观的内在要求，也是义务劳动教育取得实效的关键所在，更是高校德育工作的需要。高校在义务实践过程中可以提高学生的义务劳动参与程度，通过深入实际调查让学生正确地认识义务劳动，让学生好的行为方式转化为内含，使他的性格、情操、道德观念得以磨炼，养成良好的义务劳动习惯，树立正确的三观。学生在践行义务劳动精神中不断提升自己的技能和本领，掌握为人处世的要领，与社会有机衔接起来，落实立德树人根本任务。

三、促进学生全面发展的现实需要

随着社会的不断发展，高等教育与社会的关系越来越密切，当代学生中有部分人存在拜金主义、个人主义、享乐主义思想，轻视甚至蔑视、厌恶劳动，不懂节约、珍惜、感恩，缺乏独立生活的能力，社会适应能力较差。义务劳动可以使人的各方面素质得到全面发展与进步，在有形的实践中实现无形的教育，让学生在最自然、自由的状态中学习科学文化知识，提升自身的专业能力素质，实现社会价值。

科学的义务劳动观能够使学生积极参与社会劳动实践，树立顽强拼搏、克服困难的勇气和信心，在全社会大力弘扬科学的义务劳动观能够帮助学生认识到自身的缺点和不足，反对一切不劳而获的负面思想或不良价值观，能够使学生将我们自古以来倡导的勤俭节约、艰苦奋斗传统美德内化于心并继续发扬光大，增强自身的使命感和责任感，坚定理想信念，成为一名有思想有觉悟的社会主义建设者。

在义务劳动教育中加强实践育人，增强学生的实践能力和转换能力。义务劳动是将学生所学理论与实际相结合的绝佳方式，有利于增强学生适应社会、服务社会的能力。学校通过具体的义务劳动教育能够提高学生的动手能力，从简单的以获得知识为中心目标转变为应用知识获得能力为中心目标，将静态的书本知识转化为社会实践中的动态操作，激发学生的求知欲和创造力，提升学生战胜挫折的能力，培养学生独立生活的能力和快速适应社会的能力，提升自身的综合能力和创

新思维，更好地应对学习、生活中的困难，促进学生全面、和谐和可持续发展的需要。

任务三 积极参加义务劳动

新时代加强学生义务劳动教育要树立以学生为本的理念，着力在观念、制度、实践、评价四个方面创新实践路径，实现各个环节的有效配合，构建具有内生动力的义务劳动教育体系。

一、以理论与技能的方式摆正义务劳动认知

义务劳动价值观是义务劳动教育的核心内容，也是马克思主义科学“三观”的重要范畴，对高校有意识、有目的地创设一定的情境，创造一定的机会引领学生对义务劳动形成正确认知发挥着至关重要的作用。

高校应该把成熟的义务劳动理论同学生的实际创新相融合，在义务劳动教育中赋予学生义务劳动主体的角色，引导他们尊重不同职业的辛勤劳动者，在潜移默化中使其思想认知得到改进与提升。义务劳动理论教育需要和义务劳动技能相结合。在掌握一些义务劳动常识和从事劳动的基本功的基础上，因人制宜，把义务劳动教育与家庭教育、与时代发展结合起来，在对学生进行义务劳动价值观教育的同时发挥义务劳动价值观教育的作用，使教育内容转化成学生自身稳固的东西，更好地帮助学生正确认识义务劳动的作用，营造良好的义务劳动观念氛围，把理论知识变成实际技能，促进义务劳动教育由量变向质变转变，达到事半功倍的效果。

二、建章立制，构建义务劳动全方位教育管理机制

构建完善的义务劳动教育管理机制是高校开展劳动教育的基础。高校要加强义务劳动的过程管理，使劳动的横向和纵向相关环节密切协调起来，使义务劳动取得良好的效果。

义务劳动教育光有正确的决策还不够，还要有周密的管理，应对义务劳动全过程进行具体的组织和协调。高校应健全义务劳动教育管理组织，确定培养目标，制订总体规划和实施细则，建立教学、管理、服务相结合的管理体制，建立制度规范、分工明确、运行科学、保障有力的义务劳动教育工作体系，确保义务劳动观教育工作的顺利进行。

三、创新实现义务劳动与校园文化、社会实践有机融合

健康积极的校园文化有利于推动学生树立科学的义务劳动观，可以带给学生更多的心理启迪，提高学生的思想认识、心理素质，提高学生的品德修养，陶冶情

操，养成健康人格。

设立“校园义务劳动日”，在于组织和号召大家一起参与到义务劳动实践当中，以此来形成一种和谐、积极向上的义务劳动氛围。通过“校园义务劳动日”宣传校园文化，能够提高校园的精神环境和文化氛围，让学生感受到真实的生活情景，能够提高学生对义务劳动观教育的关注度，对帮助学生树立科学的义务劳动观有着积极的促进作用。

以创新实践活动引领落实义务劳动行为。组织与开展各种校内外公益活动，是学生义务劳动教育实践活动的一项重要途径。高校应结合自身条件给学生提供更多明确而有效的专题义务劳动活动，寻求与借助一些社会资源，如与校外企业单位进行沟通与合作，为学生创造与开展一些校内外公益活动。公益活动的开展不仅能够加深学生之间的感情，同时能够让学生体会到集体的力量和义务劳动带来的快乐，使其能够在切身参与的过程当中培养起应有的义务劳动观念、义务劳动习惯、集体主义精神以及吃苦耐劳精神。定期开展校内外公益活动可以使学生在参与专题义务劳动活动的过程中明白每一份劳动都要付出心血，切实体会到义务劳动精神品质的实际意义与价值，从而激发他们对义务劳动的兴趣，逐步养成战胜困难、努力完成劳动任务的意志与信心。

四、构建以学生获得感为核心的多元化评价体系

健全高校与时俱进的义务劳动观教育考核评价机制，是促进义务劳动教育健康发展、深入推进的动力和制度保障。合理的考核评价机制能将义务劳动观教育的结果纳入学生的考核评价体系中，是提高义务劳动观教育质量和有效性的关键。高校通过多元化义务劳动教育评价体系，更好地促进义务劳动教育工作合理化、规范化。

高校对义务劳动观教育实践知识的考核，要将义务劳动教育的成绩纳入学生综合素质测评体系，作为学生评奖评优的重要依据。高校可以让学生参与义务劳动专项奖学金的评选，在坚持理论学习与义务实践活动中激发学生参与义务劳动教育的积极性和主动性。

项目四　实践服务性劳动范例

在这一节中，我们列举一些范例，帮助大家熟悉服务性劳动实践活动的开展。请在老师指导下选择完成其中的部分实践活动。

任务一 开展校园公益活动

活动主题：校园清洁绿化。

活动内容：

（1）遵守校园卫生制度，参与校园环境清洁和美化活动（图7–4）。

图 7–4 校园绿化劳动

（2）掌握植物种植基本知识，参与校园绿化维护、农业种植活动。

（3）参加卫生督查、文明劝导、控烟宣传等志愿服务活动。

活动要求：提交志愿服务时间证明，服务时长达16 h以上；参加劳动周、爱国卫生月等活动。

请记录：

活动地点：________________

具体活动内容：________________

活动同行者：________________

____

____

---------------- 请附上你的志愿服务时间证明，粘贴于此 ----------------

实践确认：□学生 □教师

任务二　开展社会服务活动

活动主题：志愿服务活动。

（1）掌握特殊群体（老人、儿童、残障人士）服务常识，开展关爱服务。

（2）深入社区或乡村开展基层日常管理、科学科普、政策宣讲、文化宣传、体育健身、低碳环保、医疗卫生和便民助民等志愿服务（图7–5）。

图 7–5　志愿服务活动

（3）参与公共事件或大型活动的志愿服务。

（4）志愿无偿献血。

活动要求：提交志愿服务时间证明，服务时长达16 h以上。

请记录：

特殊群体志愿服务的主要内容是：________________________________

____

活动地点：____

具体活动内容：______________________________________

活动同行者：_______________________________________

____

____

------------ 请附上你的志愿服务时间证明或实践报告，粘贴于此 ------------

实践确认：□学生　　□教师

任务三　开展专业技能服务

活动主题：专业技能服务。

以专业技能和特长为依托，结合第一课堂、第二课堂以及三下乡等社会实践方式，对有需要的人群提供专业服务（图7–6）。

图 7–6　专业技能服务

活动要求：提交服务佐证材料，服务时长达16 h以上。

请记录：

活动时间：____

活动地点：____

具体活动内容：____________________________________

活动同行者：______________________________________

____

____

-------------- 请附上你的专业技能服务的佐证证明，粘贴于此 --------------

实践确认：□学生 □教师

任务四 开展假期实践：文化宣传

活动主题：文化宣传。

鼓励学生探究家乡特色文化，用好家乡丰富资源，讲好家乡生动故事，开展多种形式特别是生动活泼的理论宣讲、文化宣传和网络直播等活动，高扬主旋律、传播正能量。

活动要求：提交宣传视频记录等服务佐证材料。

请记录：

活动时间：______________________________

活动地点：______________________________

具体活动内容：______________________________

____

____

活动同行者：______________________________

-------------- 请附上你的文化宣传服务的佐证证明，粘贴于此 --------------

实践确认：□学生 □教师

实践与思考 开展服务性劳动实践

请仔细阅读本主题内容，完成其中各个实例的具体操作。

注意：每个操作完成后，在对应的“实验确认”栏中打钩（√），并请实践指导老师指导并确认。

如果实践活动不能顺利完成，请分析可能的原因是什么。

答：____

____

____

____

实验总结：

____

____

____

____

实验评价（教师）：

____

____

拓 展 活 动

活动1　老人护理（医学相关专业）

孝敬老人是我们应尽的义务，是中华民族的传统美德，但生活节奏的加快，工作任务的繁忙以及竞争压力的加大，让很多家庭对此感到棘手。在照顾老人方面，我们也要尽自己的一份力量。那么如何陪护老人呢？我们还是需要了解一些陪护知识的。

一、学习知识

（一）了解老年人的需求

重视和理解老年人的特点，解决老年人的正常需求，对稳定老年人的情绪、确保其健康长寿有很重要的作用，老年人常见的需求有以下几种：

1．健康需求

这是老年人普遍存在的一种心理状态。人到老年，常有恐老、怕病、惧死的心理。

2．工作需求

退休的老年人大多尚有工作能力，骤然间离开工作岗位肯定会产生许多想法，希望再次从事工作，体现自身价值。

3. 依存需求

人到老年，精力、体力、脑力都有所下降，有的生活不能完全自理，希望得到关心照顾。子女的孝顺，将会使他们感到老有所依。

4. 和睦需求

老年人都希望自己有个和睦的家庭环境，不管家庭经济条件如何，只要全家和睦、邻居关系融洽、互敬互爱、互相帮助，老年人就会感到温暖和幸福。

5. 安静需求

老年人一般都喜欢安静，怕吵怕乱。

6. 支配需求

老年人原来多为一家之主，掌握家中的支配权，但由于年老后社会经济地位的变化，老年人的家庭地位、支配权都可能受到影响，这也可能造成老年人的苦恼。

7. 尊重需求

老年人离开工作岗位可能会情绪低落，如果得不到尊重，就会产生悲观情绪，甚至不愿出门，长期下去，则会引起抑郁和低沉，为疾病埋下祸根。

（二）了解老年人易患的疾病

在人变老的过程中，机体免疫功能下降，可能发生一些疾病，如高血压病、冠心病、糖尿病、恶性肿瘤、痛风、帕金森病、老年性变性骨关节病、老年性慢性支气管炎、肺气肿、肺源性心脏病、老年性白内障、老年骨质疏松症、老年性皮肤瘙痒症、老年肺炎、高脂血症、颈椎病、老年性痴呆、老年性耳聋，等等。

（三）老年病的防治

1. 饮食防治

防治老年病的措施是多方面的，首先要注意合理膳食，在饮食方面，应尽可能平均分配一天的摄食量，做到少食多餐，若一日四餐、五餐最佳，每顿饭只吃八九分饱。食用低动物脂肪、低胆固醇、低盐的食物，多食用富含纤维素、维生素、微量元素的蔬菜和水果。海鲜类食物由于含有较高的胆固醇，不宜多吃。避免吃刺激性的食物，喝刺激性强的饮料，这样不仅可预防多种癌症和心脑血管疾病的发生，还能使老年人精力充沛。戒除吸烟等不良嗜好，保持个人卫生，避免长期卧床、过劳、跌倒及其他意外发生。定期进行体格检查，做到对老年病早发现，早治疗。

2. 运动防治

适当的运动可以提高心肺功能，保护心血管，还可以防止骨质疏松，减轻精神压力。对老年人来说，有氧运动是最适合的锻炼方式，如散步、慢跑、游泳、跳舞、骑自行车等。锻炼时应遵循从低到高，从小运动量开始，循序渐进，持之以恒的原则，同时要注意根据季节和个人情况选择合适的运动项目。运动时间每周三次到五次，每次或相加在30 min以上，且锻炼的时间尽量选择在下午和晚上。如果清晨锻炼，则不宜空腹进行。合理膳食和适量运动能帮助老人保持合适的体重、预防多种严重的老年病。已经患病的老年人在自身努力和医生的帮助下通过适合适量的运动，也可使疾病得到有效控制和缓解。

（四）老年人陪护七忌

一忌用硬毛牙刷。老人牙龈脆弱，使用硬毛牙刷会因硬质毛束的碰撞造成创伤性牙龈破损，从而引起牙周病，建议使用柔细软毛牙刷。

二忌吃得过饱。老年人胃肠消化功能减退，吃得过饱可致上腹饱胀，影响心肺正常活动，加之消化食物时大量血液集中到胃肠中，导致心脑供血相对减少，容易诱发急性心肌梗死和中风。

三忌贪杯狂饮。饮酒过量可使血管扩张、血压下降诱发心绞痛，或由于血压突然升高，引起脑出血。

四忌饮食过咸。吃盐过多，会增加循环血量，老人肾脏排钠功能减弱，可导致血管收缩、血压升高和心脏负荷加重，甚至诱发心力衰竭。

五忌睡弹簧床。睡弹簧床使老人身体中段下陷，虽然身体上面的肌肉可放松，但下面的肌肉却被拉紧，这容易使患有腰肌劳损、骨质增生、颈椎病的老人加重症状。

六忌久坐后猛然站起。老人久坐后起身过快可使脑血量相对减少，造成暂时性脑缺血，出现头晕、眼花、心慌，容易跌倒，导致意外创伤。

七忌洗澡过勤。老人皮肤变薄变皱，皮脂腺萎缩，过勤洗澡易使人疲乏，并使皮肤因缺乏油脂而干燥。倘若再用碱性或酸性香皂，刺激皮肤而发生痛痒或裂纹，很容易引起皮肤感染。

二、掌握技能

（一）学生陪护老人的技巧

（1）全面了解老人需求。研究表明，孤独感会增加早逝的风险。因为晚辈们要上班上学，老人便会产生孤独的感觉。所以老人更需要关怀，我们要多和老人交流，了解老人到底需要什么。

（2）制订合理陪护计划。如果老人喜欢玩游戏，则在电视、电脑上安装一些简便操作的游戏；老人喜欢宠物，则喂养一只老人喜欢的、温顺易养的宠物。

（3）合理安排作息时间。学生最头痛的是如何做到上学、陪护两不误，这需要合理安排时间，包括自己的作息时间和老人的作息时间，最好制订一个时间表，方便掌握。

（4）独处期间有事可做。在上学前，给老人安排一些他乐于完成的功课，让老人为完成功课而忘记孤独或者病痛的折磨。如：喜欢游戏的老人要把积分打到多少分；喜欢宠物的老人要教会宠物什么动作；喜欢看电视的老人要把某电视剧看到多少集；等等，通过让老人做一些事情，排解老人的孤独。

（5）让老人与朋友交流。放学后，在保证安全的情况下，引导老人参与一些公共活动，与其他朋友一起交流。可用轮椅将老人推到小区活动空间，与其他人交流聊天。

（6）关注细节及时提醒。老人记忆力不大好，在服药、就餐等问题上，要注意提醒。在提醒时不要采用命令式语言，而要采用关怀式语言，让老人体会到你对他的关心。

（7）情绪乐观温馨相待。不要让老人看到你疲惫焦虑的样子，虽然学生课业负担较重，但我们应该用快乐的情绪感染老人。回家后一边处理作业或者家务，一边与老人讲一讲一天的趣事，让老人感觉到你在学习中的快乐，不让老人产生愧疚心理。

（8）外出陪同确保安全。就医时，需要与医生进行交流，如果让老人直接与医生交流效果并不好，我们如果有时间应该陪同，这样父母和医生交流时，我们可以陪护老人，避免意外事件发生。

（二）老年人常见疾病护理

1．高血压的护理

按病情而定，注意劳逸结合，保证睡眠，避免过度紧张及劳累，适当进行锻炼，如太极拳、气功、散步等，有心、脑、肾功能障碍患者须卧床休息。适当控制钠盐摄入，每天限摄取5 g以下。食用低饱和脂肪、低胆固醇饮食，多吃含维生素的蔬菜和水果，避免刺激性食物；肥胖者应节制饮食，禁烟酒。

注意对老人的观察，若出现剧烈的头痛、呕吐、视力模糊、心悸、气促、肢体功能障碍等现象及时去医院诊治，平时每天测量血压1～2次以便了解病情。

2．冠心病的护理

避免过度劳累，根据病情可适当活动，以促进心脏侧支循环建立和改善储备功能。心绞痛时静卧休息。吃低动物脂肪、低胆固醇、少盐低热量和适量蛋白质食物，少食多餐，不宜过饱，戒烟酒，避免刺激性食物。避免排便用力，以防因腹内压急剧升高影响心功能。两天不排便者给予润肠或缓泻剂，患冠心病的老人常有恐惧、沮丧的心理，我们应给予心理支持，增加安全感。

3．糖尿病的护理

饮食的控制和调节是糖尿病治疗的基本措施，最终目的是减轻胰岛负担，促进胰岛功能恢复。饮食应根据病情、身高、体重、劳动强度和有无并发症等因素调节，在饮食控制同时需要全面掌握患者进食情况。生活要有规律，充足睡眠，劳逸结合，如重症和有严重并发症的老人须卧床休息。由于糖尿病引起的高血糖及维生素B代谢紊乱，可导致皮肤干燥、瘙痒，故应经常用温水擦洗。如老人有末梢神经功能障碍，对热感觉不敏感，擦洗时易引起烫伤，一定要注意。衣着、鞋袜要宽松，防止脚趾端坏疽，因糖尿病是终身疾病，患病老人容易出现焦虑心理问题，必须认真做好病情解释，使老人认识到糖尿病是可以控制的，以增加其治疗信心。

4．痴呆的护理

对老年性痴呆的老人，要重视情感的交流，主动接近老人，多说亲切的话语，做些爱抚的动作，使老人感受关爱和温暖。平时要加强防护，防止意外，不要让老人单独外出，在口袋内放置或在衣服上缝上带有姓名、地址、联系电话的安全卡。不要让老人接近危险物品，如刀刃、火、药物等。因老人的自理能力差，需要生活上给予体贴入微的照顾，避免各种负面的心理刺激，鼓励用脑锻炼。对卧床不起的老人须加床挡板，每2小时翻身一次，预防褥疮，定时进行肢体被动运动，以防肌肉萎缩及关节僵直。

5．褥疮的护理

重病的老人，由于常年卧床，易发褥疮，所以要避免局部长期受压，应经常更换卧位，要每2～3 h翻身一次，翻身时尽量将老人身体抬起，避免拖、拉、推等动作，以防擦伤皮肤。骨隆突处可垫海绵垫、软枕、棉垫、棉圈。如有气垫褥，将更有益于预防褥疮。应保持床铺平整无皱褶，清洁，干燥。大小便失禁的老人，应经常用温水清洗局部，涂油，并及时更换尿布。使用便盆时，应抬高臀部，不要使用瓷便盆，以防擦伤皮肤。经常用温水擦澡、擦背或局部按摩，检查受压部位，定时用浓度为50%的酒精或红花酒按摩全背或受压处，以起到通经活络、促进血液循环、改善局部营养状况、增加皮肤抵抗力的作用。

6．腹泻的护理

老年人消化功能减弱，抵抗力降低，夏秋季容易患肠道疾病引起腹泻，如急性肠炎、急性菌痢等。腹泻时应适当补充一些营养丰富且容易消化的食物，如藕粉、鸡蛋面糊、豆浆、细面条、豆腐脑、大米莲子粥、小米粥等，并应做到少食多餐、细嚼慢咽，以便营养素被机体消化吸收。老人腹泻时常有不同程度的脱水，因此，还应鼓励病人多喝淡盐开水、菜汤、米汤等，以补充损失的水分和无机盐，维持体内酸碱平衡，促进早日康复。

三、动手实践

同学们，请大家利用参加学校或者社会组织的志愿活动，运用我们学到的知识好好陪一陪老人吧。任务评价表见表7–2。

表 7–2　任务评价表

操作内容	分值	评分标准	自我评价	教师评价	同学评价
习惯与态度	20分	能够每天精心照顾老人，态度始终和善，认真细致			
陪护计划	10分	陪护计划合理，各种安排井井有条，切实可行			
时间安排	10分	合理安排时间，尽量多陪陪老人			
陪护细节	10分	能了解老人的需求，注意老人的情绪，注意他们的陪护细节			
安全意识	20分	能提前预防安全隐患，并及时消除			
陪护效果	30分	老人身心愉快，体会到晚辈的关心，家庭气氛温馨			
总分		100分			

活动 2　维护交通（交通运输相关专业）

汽车作为现代化交通工具，既对人类社会文明的进程发挥了积极的促进作用，也对人类的健康和财产安全造成了负面效应。中国道路交通情况复杂，人、车混行情况多，是世界上典型的以混合交通为主的国家。我国现在汽车保有量达3亿多辆，占据全世界汽车的30%以上，排名世界第一。但不能忽视的是我国每年车祸死亡人数也是多年保持世界第一。多年来，中国每年因交通事故死亡人数均超过10万人。而这些事故中，绝大多数都与司机或行人违法通行有关。加强交通法规教育、提升公民遵守交通法规的自觉性、文明通行已迫在眉睫。

一、学习知识

（一）道路交通事故的危害

目前，全世界因交通事故而死亡的人数累计已超过3 000万人，比世界大战中死亡的人数还多。在交通事故中，青少年的死亡人数最多，其次为老年人。据估计，当今世界每年死于车祸的人数约为25万～30万人，受伤者约3 000万人，永久性伤残者约300万人。在许多国家，交通事故引起的人员伤亡和经济损失，比火灾、水灾、意外伤害等灾难造成的人员伤亡总和及经济损失还大得多。因此人称交通事故为“柏油路上的战争”“文明世界的第一大公害”。

（二）我国的城市交通现状

1. 车型种类复杂、混合交通严重

中国是一个发展中的国家，中国的经济也还在发展中，因而适应不同人群、不同消费需求的各种车辆混杂在道路交通中。各类交通混行，既会让人们相互影响、发生冲突，又使得人们出行困难、效率低下。另外，人们对道路的使用权和规范通行等观念不强，从而使交通中出现违法现象比较普遍，时常造成人为的交通拥挤和阻塞。

2. 自行车等非机动车辆数量惊人

目前，全国自行车的拥有量约4亿辆，其中城市居民拥有量约占全国总量的一半以上，大部分城市数量已接近饱和。尤其是随着经济的发展，人们的生活节奏加快，电动自行车逐渐取代普通自行车成为居民出行的重要交通工具之一。近十多年来，我国电动车市场出现迅猛增长势头。现在全国电动车拥有量达1 400万辆。电动车轻便、速度适中、价廉、无噪声尾气污染、占用车位小，可大大提高非机动车道的通行效率，非常适合城市内单人短程出行，具有其他交通工具无法比拟的优势。有业内人士预测，全国原4.5亿辆自行车用户中至少有3.5亿的用户将成为电动车的用户。但是由于自行车尤其是电动自行车安全性差、运效不高、单体占用道路面积大，使得原本紧张的交通条件更加恶劣，特别是交叉路口，机动车和非机动车混行现象严重，高峰时间则更加严重。

3. 城市布局和交通不相适应

城市是经济活动的中心，是绝大部分交通运输的终端或枢纽。随着经济的发展，城市建设规模都在扩大，但是多数城市并没有把交通规划纳入城市总体规划中，使得城区越扩张，人们生活、工作的距离越远。目前普遍存在的现象是：市民上班出行距离增大，造成局部地段或高峰时段的车辆严重堵塞。

4. 步行困难，事故多发

在现代交通系统中，步行交通系统无论是作为满足人们日常生活需要的一种独立交通方式，还是作为其他各种交通方式相互连接的桥梁和补充，都是其他交通方式无法代替的辅助系统。不少街道、市中心的地区人行道狭窄、缺少必要的过街设施，这样的步行环境，势必影响机动车、非机动车通行，造成事故频繁发生。

（三）遵守交通法规的现实意义

强调遵守交通法规的现实意义就在于，尽可能地减少交通事故对道路交通参与者的生命健康的威胁和对经济利益的负面影响。

二、掌握技能

作为一名学生，我们应该积极参与到交通秩序维护中去，用自己的实际行动为社会交通畅通和人民安全做出应有的贡献。

（一）熟悉交通法规，做义务宣传员

1. 发放宣传材料，进行法规宣传

交管部门每年都会印刷很多交通法规宣传小册子及因违反交通安全规则导致交通事故的警示宣传材料。作为学生，我们可以利用周末或者寒暑假，提前与交管部门取得联系，在交通路口或社区街道进行宣传材料的分发。在分发这些材料之前，我们也要先认真阅读，对材料做一些必要的了解，这样，我们可以边分发材料边做义务讲解员，对社区居民或行人进行法规宣传。

2. 利用警示教育，进行事例宣传

我们还可以自行在网上下载交通事故案例，制作一些交通安全警示教育片，利用学校、医院、社区、街道等地方的电子大屏幕进行宣传。通过警示教育片中那一场场血淋淋的、触目惊心的现场，那一个个破碎的、悲痛欲绝的家庭，让广大民众充分认识到违反交通法规可能带来的危害，引导民众从心中敬畏交通法规。通过科普交通法规知识的小动画、小视频，寓教于乐，劝导广大民众自觉遵守交通法规，让他们更全面深入地理解交通法规，遵章守纪，做到尊重生命、珍惜生命，提高他们遵守交通安全法规的自觉性，保障个人的交通安全、维护交通秩序。

3. 通过安全讲座，进行普法宣传

作为学生，我们也可以积极参加由学校组织的交通安全宣传志愿者服务，对幼儿园或小学生进行交通安全讲座，将交通法规编写成儿歌、绘制成漫画，为幼儿园小朋友或小学生进行交通安全知识的普法宣传，从小抓起，从小做起，增强交通法制意识和安全意识，提高自我保护能力。

（二）提高安全意识，率先遵守法规

自觉遵守交通规则，是对自己的生命健康负责，也是对父母亲友负责，更是对他人和社会负责。自觉遵守交通规则有利于增强规则意识和责任意识，有利于维护交通秩序。作为一名学生，我们在劝导别人遵守交通规则的同时，更应该从严约束自己，自觉遵守交通法规。用自己的实际行动带动身边的人共同遵守交通法规。

（三）参与交通劝导，现场疏导交通

在现实社会中有很多人由于法律意识淡薄、存在侥幸心理等，仍然不自觉遵守交通法规，主要表现有闯红灯、酒后驾车、超速行驶、违规停车、抢道行驶、无证

驾驶、疲劳驾驶、开斗气车、不按标线标志指示行驶等违法行为。

针对上述违法行为，我们可以利用周末或寒暑假等业余时间，积极参与交通劝导志愿者服务，到交通比较繁忙或事故多发地等地段或路口，协助交警现场疏导交通，或在确保自身安全的条件下对行人及机动车驾驶员的违法行为进行劝阻。这样既是对个人能力的一个锻炼，为社会传递正能量，同时也会在潜移默化中提高行人及机动车驾驶员遵守交通法规的自觉性，为创造良好的通行环境做出贡献。

参与交通劝导要事先做好充分的准备。其一是要和交管部门进行沟通与协调，提前与交管部门联系，如有必要可以先在交管部门进行一些相关的知识培训，例如对交通标志及交警指挥交通的手势及交通信号的学习等。只有熟知交警的指挥手势，才能在无交通信号灯路口、交通信号灯损坏、路口堵塞的情况下，更好地配合交警进行交通疏导。其二是要了解路口的交通特点，熟悉周边环境，为外地人员和不熟悉道路的人指示方向和行驶路线。

（四）清洗交通标志，让标志更醒目

道路两旁的交通标志是用文字和图形符号对车辆、行人传递指示、指路、警告、禁令等信号的标志。交通标志是实施交通管理，保证道路交通安全、顺畅的重要措施。标牌虽小，但作用可大了。它可以告诉我们道路的方向、路名，给予导向；告诉我们前方是岔路、弯路、山路，提前给我们提出警告；告诉我们哪条路禁止通行，哪条路禁止左转弯；告诉我们哪里可以停车，哪里可以过马路；等等。有了这些标志牌，行车、走路时一目了然，保证了我们行车和走路的安全。

但是，由于日晒雨淋，尘土飞扬，有的标志上面覆盖了厚厚的一层尘土，导致标志符号已无法看清，这也是导致交通事故频发的原因之一。为此，我们可以利用业余时间，约上几个小伙伴，拿着清洗工具，一起来把社区或道路两旁的交通标志牌、标志杆等清洗干净，让它们旧貌换新颜，为城市清洁和交通安全尽自己的一份力。当然，我们在清洗的时候也要注意来往车辆，一定要先保证自身的安全。

三、动手实践

同学们，交通文明关乎着每一个人的生活，交通安全维系着每一个家庭的幸福。让我们立即行动起来，从现在做起，从自身做起，自觉告别交通陋习，用我们的行动，带动全体市民一起争做文明有礼市民，共创安全、畅通、和谐、文明的交通环境！

活动 3　植树活动（农业相关专业）

地球是人类赖以生存的家园，多进行植树护绿，我们的家园才有脉搏。树木，可为人类提供氧气，还可以净化空气，美化环境，有利于生态环境的保护。植树造林不仅可以绿化和美化家园，同时还可以起到扩大山林资源、防止水土流失、保护农田、调节气候、促进经济发展等作用，是一项利在当代、功在千秋的宏伟工程。世界上很多国家都根据本国实际情况设立了植树节。

一、学习知识

（一）植树造林的意义

1. 植树节的由来

设立植树节是为了倡导人民种植树木，鼓励人民爱护树木，提醒人民重视树木。树木对于人类的生存，对于地球的生态环境保护都起着非常重要的作用。1979年2月，第五届全国人大常委会第六次会议根据国务院的提议，正式通过了将每年的3月12日定为中国植树节的决议。2019年修订的《中华人民共和国森林法》，明确每年3月12日为植树节。

2. 植树护绿的作用

树木不仅具有很高的经济价值，也具有遮阴避风功能，树木具有呼吸和蒸腾作用，因此有成片树林的地方冬暖夏凉，可以避暑疗养。树木能吸附空气中的尘埃而使空气清洁、新鲜。此外，树木在呼吸过程中，产生大量特殊空气，对人体有良好作用。道路两旁栽树可以降低车辆的噪声。多种多样的树型、花果和翠绿的枝叶可以美化环境，为人们学习、工作和生活提供理想环境。

（二）履行植树义务，共建美丽家乡

1. 响应植树主题内容

2018年的植树节主题是“履行植树义务，共建美丽中国”，这是国家对人们开展植树活动的号召。我们在开展植树护绿活动时，也要紧跟主题意旨。近年来，随着人们生活水平的显著提高和居住条件的明显改善，人们对生活环境的要求也越来越高，不仅要求生活在绿色环保的居住环境中，而且还要求绿化有鲜花，不同季节色景不同。观赏树作为园林造景中的新成员，能很好地解决这一问题，并且已经广泛应用于城市绿化、庭院景观和家庭阳台等景观美化中。观赏树的种植养护是我们植树护绿的重要形式之一，这样做既能植树造林，又可以美化家园。

2. 观赏绿植的选择

观赏树有一万多种，像我们一般常见的观赏树品种有山茶树、丁香树、银杏树、水杉树、松树、梅花树、栀子花等。除此之外，还有广玉兰、枇杷树、枫树、泡桐树、合欢树等。

观赏树的绿植效果已经逐渐普及到各个公园等景观中，相信随着我国国民经济水平的提升，家庭庭院以及室内摆放的观赏树也会逐渐普及。

二、掌握技能

下面让我们来学习一下常见的观赏树——合欢树的栽培技术。

合欢树又名绒花树，也叫马缨花，属于落叶乔木，树姿优美，叶形雅致，在南方北方皆有种植。合欢花是夏季开花，花开时节，清香扑鼻。合欢花有些细长的淡红色丝状花序，看上去轻盈灵动。合欢树也有很高的观赏价值，可用作园景树、行道树、风景区造景树等。合欢树一般在6～7月便可开花，8～10月便可结果。

（一）环境要求

1. 土壤要求

合欢树的适应能力较强，能耐贫瘠，所以它对土壤的要求并不严格，用一般的土壤也能够养活。但是，如果有条件最好使用土层较为深厚且呈微酸性的土壤培育。

2. 水分要求

合欢树在各个阶段对水分的要求不同。在它处于生长期的时候，可以适量浇水，让土壤保持湿润。但在冬天的时候需要控制浇水，尽量让它的土壤保持微微偏干的状态，这样可以避免它受冻或者受涝。

3. 光照要求

合欢树是非常喜欢阳光的一种植株，不耐阴。培育时应确保它的生长环境有充足的光照，否则植株可能难以茁壮生长。夏季树皮不耐烈日，暴晒容易蜕皮生病。

（二）种植技巧

1. 环境选择

合欢树喜欢微潮湿偏干的土壤，它较为耐干旱，如果有条件的话可选用微酸性土壤来种植合欢树。另外，注意种植合欢树一定要找排水性足够好的土壤，一年四季都不能积水，保持充沛阳光。

2. 树苗选择

我们去市场上购买树苗时，要挑选那些根系发达、长势茁壮、没有伤口的树苗。

3．树苗修剪

种植合欢树首先要对小幼苗进行修剪，修剪时要注意，剪掉多余的、不新鲜变黄的枝叶，留三根主要的枝干即可，合欢树还是小幼苗时萌芽力不强，所以不能修剪得太过。

4．合理移栽

树坑大小应保证树根能够舒展开放，深度以刚刚埋没原来处于地下的红色表皮为宜，树木间距应不小于3 m。

合欢树最适在傍晚进行栽植，同时一定要注意连续操作，挖好坑就要立即种植，扶正树干、压实土壤，立即浇水。移栽的幼苗记得要保护好根部土壤团，直接连着根部一起移栽过去，因为小树苗有可能没有办法太快适应其他地方的土壤，一定要注意不要损坏根部。

如果移植的树苗较大，要用支架来支撑树苗，以防止树苗被大风吹倾斜或倒伏的情况。

5．施肥浇水

给合欢树进行施肥的时候，一定不要离根茎部位太近，如果施肥离合欢树树木根茎过近的话，特别容易造成烧根的现象。氮肥应该在栽植的时候作为基肥施入，后期应该以磷钾肥料为主，这样可以使合欢树苗壮成长，使之枝繁叶茂、花艳果丰，并能延长花期。

注意水不要浇太多，它不耐水涝，如果浇太多的水合欢树没有办法正常吸收，有可能会使它的根部整体烂掉。而且浇过多的水会影响整个土地的透气性，无法使合欢树的根部接触到空气进行呼吸。

6．适时修剪

为提高合欢树的观赏价值，应及时进行旁枝修剪。通常应在每年冬末剪掉病虫枝或者细枝，在初春发芽时则需要留壮芽，通过这样的方法修剪，到合欢绽开的季节便可保证合欢树保持较高的观赏价值。

7．注意防病

导致合欢树感染锈病的元凶通常是金合欢球锈菌，感染锈病后合欢的叶片背后会出现淡黄色的斑痕。染病后需及时剪除病叶，喷洒75％百菌清可湿性粉剂400倍液，10～15天喷1次，连喷2～3次。

枯萎病是合欢树一种较为严重的系统性传染病，也是较严重的病害。在发病后，要及时剪除染病的部位，涂抹保护剂，通过绑草加以保护，防治病菌侵入。

三、动手实践

同学们，通过上面的学习，你学会了吗？抓住季节时机，选择合适的地方开始你的植树美化活动吧！任务评价表见表7–3。

表 7–3　任务评价表

操作内容	分值	评 分 标 准	自我评价	教师评价	同学评价
选苗	20分	健康无伤口（10分）			
		大小适宜（10分）			
土壤	20分	土壤材料选择正确（10分）			
		配制比例正确（10分）			
种植	20分	种植前植物处理正确（5分）			
		土壤湿度适宜（5分）			
		植物放置位置准确（5分）			
		植物情况良好（5分）			
浇水	20分	能够正确判断植物是否需要浇水（5分）			
		浇水方式正确（5分）			
		施肥浇水时间正确（5分）			
		浇水量正确，不积水（5分）			
养护	20分	适时进行修剪（5分）			
		冬季浇水防冻措施（5分）			
		防风措施保护（5分）			
		防病措施保护（5分）			
总分		100分			

主题八　劳动素养及其养成

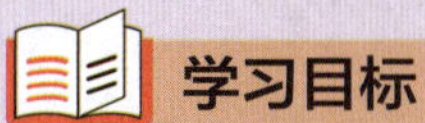

学习目标

知识目标

（1）了解先天素养和后天素养；熟悉劳动素养。

（2）了解“德智体”三育到“德智体美劳”五育的发展过程，理解五育教育的深刻意义。

（3）熟悉劳动观念、劳动心态和劳动技能的综合体现。

（4）熟悉职业素养的内容与基本特征，提升自身的显性和隐形职业素养。

能力目标

（1）分析个人特点，明确职业发展方向，不断提升个人的职业素养水平。

（2）结合所学专业或个人专长，制订切实可行的职业素养成长规划。

素质目标

（1）遵循劳动素养原则要求，审视自身劳动情感、态度和价值观，塑造良好劳动品德。

（2）按“德智体美劳”五育要求，明确自己积极进取的发展目标。

学习难点

（1）“德智体美劳”全面发展的成长密码。

（2）职业素养对职业生涯规划达成的积极意义，提高自身显性素养与隐形素养。

项目一　探讨劳动素养与职业素养

素养是指一个人的修养。从广义上讲，素养包括道德品质、外表形象、知识水平与能力等各个方面。在今天数字文明新时代，人的素养的含意大为扩展，它包括思想政治素养、文化素养、业务素养、身心素养等各个方面。而素质，其本源为沟通的层次和传达的品位，分专业素质和社会素质。

任务一　认识先天素养和后天素养

素养包括先天素养和后天素养。先天素养是通过父母遗传因素而获得的素养，主要包括感觉器官、神经系统和身体其他方面的一些生理特点。

后天素养是通过环境影响和教育而获得的。因此可以说，素养是在人的先天生理基础上，受后天教育训练和社会环境的影响，通过自身认识和社会实践逐步养成的比较稳定的身心发展的基本品质。

对素养的这种理解，主要包括以下三方面：

（1）素养是教化的结果。它是在先天素养的基础上，通过教育和社会环境影响逐步形成和发展起来的。

（2）素养是自身努力的结果。一个人素养的高低，是通过自己的努力学习、实践，获得一定知识并把它变成自觉行为的结果。

（3）素养是一种身心发展的基本品质。这种品质一旦形成，就相对稳定。比如，一个品质好的学生，由于品质稳定，他总是能正确地对待别人，对待自己。

词汇“素养”与“素质”虽然在日常生活中常常交叉使用，但却是不同的概念。“素质”一般是事物本来的性质，具有先天性，心理学中的素质是指人的神经系统、感觉器官上的先天特点等。而“素养”则是指人的日常（即“素”）修养（即“养”），主要指后天养成的人格品质。“素质”是中性的、描述性概念；“素养”也有描述性，但常常是规范性概念，具有价值的正面性，故“素养”在很多场合与“教养”可以是同义词。当人们说某人没“素质”的时候（实际上是一种概念的误用），并非说某种先天品质的缺失，实际所指乃是正面的“素养”或者“教养”不够。

任务二　理解劳动素养

劳动素养，指经过生活和教育活动形成的与劳动有关的人的素养，包括劳动的价值观（态度）、劳动的知识与能力等维度。同时，“劳动素养”也具有规范性概念的特征。说某人具有“劳动素养”，实际上指某人具有“好的”劳动素养（教养）。一个有良好劳动素养的人，一方面应当有对于劳动价值的正确认识及积极态度，另外一方面，一定也有对于劳动的理论知识与劳动的实践策略的娴熟了解和掌握，有良好的劳动习惯。故广义的“劳动素养”包含“劳动价值观”，狭义的劳动素养则专指与劳动有关的知识、能力、习惯等。

劳动素养是人在劳动过程中的劳动观念、劳动心态和劳动技能的综合体现。学习是学生的本分，而劳动对孩子的全面发展具有奠基作用，劳动素养培育是给孩子一生的财富。

学校、家庭和社会在学生的劳动素质的培养方面发挥了积极作用。劳动素养培育是全社会的事，是一项系统工程。

（1）家庭是劳动素养培育的第一场所，要注意将劳动习惯养成融入日常的生活中。

（2）学校是劳动素养培育的主阵地，应发挥主导作用，引导学生摆正学习与劳动的关系。

（3）社会是劳动素养培育的重要途径。社会应注重通过各类传媒传导社会主流价值观，为学生提供可供效仿的榜样。

任务三　认识职业素养

职业素养，又称职业素质，是劳动者对社会职业的了解与适应的一种综合体现，也就是在从业过程中表现出来的与职业息息相关的态度行为和能力。个体行为的总和构成了自身的职业素养，职业素养是内涵，个体行为是其外在表象。职业素养是人类在社会活动中需要遵守的行为规范，职业素养是人才选用的第一标准，是职场制胜、事业成功的第一法宝。

职业素养主要表现在职业兴趣、职业能力、职业个性及职业情况等方面。影响和制约职业素养的因素很多，主要包括受教育程度、实践经验、社会环境、工作经历以及自身的一些基本情况（如身体状况等）。一般来说，劳动者能否顺利就业并取得成就，在很大程度上取决于本人的职业素养，职业素养越高的人，获得成功的机会就越多。

项目二　探讨"三育"到"五育"的转变

教育方针是国家为了发展教育事业，在一定阶段，根据社会和个人两方面发展的需要与可能而制定的具有战略意义的总政策或总的指导思想。教育方针的内容包括教育的性质、地位、目的和基本途径等。不同的历史时期有不同的教育方针；相同的历史时期因需要强调某个方面，教育方针的表述也会有所不同。从以上定义可看出，教育方针的制定者都是国家或政党，它与教育目的有密不可分的联系。

"三育"是指德育、智育、体育，而"五育"是指德育、智育、体育、美育和劳动教育。中国近代教育史上第一个提出"德智体"三育论思想的学者是清末启蒙思想家、翻译家、教育家严复（1854—1921，图8-1）。严复在李鸿章创办的北洋水师学堂任教期间，培养了中国近代第一批海军人才，并翻译《天演论》、创办《国闻报》，宣传维新变法思想。

严复在《原强》中提出，一个国家的强弱存亡决定于三个基本条件：一是血气体力之强，二是聪明智慧之强，三是德性义仁之强。幻想通过资产阶级体、智、德三方面教育增强国威。

1906年，中国近现代拥有国际声誉的学者王国维（1877—1927，图8-2）发表了著名的《论教育之宗旨》一文，提出教育宗旨在于培养能力全面、和谐发展的"完全之人物"，即"谓人之能力无不发达且调和是也"。并提出："教育之事亦分为三部：智育、德育（即意育）、美育（即情育）是也。"

图 8-1　严复

图 8-2　王国维

在新文化运动时期，在"劳工神圣"文化大潮中，蔡元培首倡德智体美劳五育并举，但这一方针在民国时期并未得到实施。

人们对教育规律和教育方针的认识是随着实践发展而不断深化的。1995年通过的《中华人民共和国教育法》关于教育方针的规定，对“全面发展”的界定是“德、智、体等方面”。2015年12月，第12届全国人大常委会第18次会议通过了《关于修改〈中华人民共和国教育法〉的决定》，教育法第五条对“全面发展”的界定增加了一个“美”字，表述为“德、智、体、美等方面全面发展”。习近平总书记讲话中“德智体美劳全面发展”“德智体美劳全面培养”的表述和关于要在学生中弘扬劳动精神的论述，把“劳”置于五育之一的位置，深化了对教育发展规律的认识。这一新的发展是马克思主义教育理论同新时代中国教育实际相结合的成果。

怎样才能构建起“德智体美劳全面培养的教育体系”？落实立德树人的根本任务，需要在哪些方面下功夫？立德树人，首先要在坚定理想信念上下功夫，教育引导学生树立共产主义远大理想和中国特色社会主义共同理想，增强“四个自信”；要在厚植爱国主义情怀上下功夫，教育引导学生热爱和拥护中国共产党，听党话、跟党走，扎根人民、奉献国家；要在加强品德修养上下功夫，教育引导学生培育社会主义核心价值观；要在增长知识见识上下功夫，教育引导学生珍惜学习时光，求真理，悟道理，明事理；要在培养奋斗精神上下功夫，教育引导学生树立高远志向，历练敢于担当、不懈奋斗的精神；要在增强综合素质上下功夫，教育引导学生培养综合能力、创新思维；要树立健康第一的教育理念，开齐开足体育课，帮助学生在体育锻炼中享受乐趣、增强体质、健全人格、锤炼意志；要全面加强和改进学校美育，坚持以美育人、以文化人，提高学生审美和人文素养；要在学生中弘扬劳动精神，教育引导学生崇尚劳动、尊重劳动，长大后能够辛勤劳动、诚实劳动、创造性劳动。

项目三　体会职业素养的内涵与特征

专业，敬业和道德是一个人所必备的，而体现在生活中的就是个人素养或者道德修养，体现到职场上的就是职业素养。

任务一 体会职业素养的内涵

职业素养包括以下方面：

（1）职业道德。就是同人们的职业活动紧密联系的符合职业特点所要求的道德准则、道德情操与道德品质的总和，它既是对本职人员在职业活动中的行为标准和要求，同时又是职业对社会所负的道德责任与义务。

（2）职业思想（意识）。是指从业者在其职业实践和职业生活中所表现的一贯态度。职业意识，是作为职业人所具有的意识，也叫主人翁精神。具体表现为：工作积极认真，有责任感，具有基本的职业道德。

（3）职业行为习惯。职业素养是在职场上通过长时间地学习、改变而最后形成的。职业行为是指人们对职业劳动的认识、评价、情感和态度等心理过程的行为反映，是职业目的达成的基础。从形成意义上说，它是由人与职业环境、职业要求的相互关系决定的。职业行为包括职业创新行为、职业竞争行为、职业协作行为和职业奉献行为等方面。

（4）职业技能。这是做好一个职业应该具备的专业知识和能力。职业技能是指在职业分类基础上，根据职业的活动内容，对从业人员工作能力水平的规范性要求。它是从业人员从事职业活动、接受职业教育培训和职业技能鉴定的主要依据，也是衡量劳动者从业资格和能力的重要尺度。

前三项是职业素养中最根基的部分，属于世界观、价值观、人生观范畴，从出生到退休或至死亡逐步形成，逐渐完善。而职业技能是支撑职业人生的表象内容，是通过学习、培训而获得的。例如，计算机、英语、建筑等属于职业技能范畴的技能，可以通过学习掌握入门技术，在实践运用中日渐成熟而成专家。可企业更认同的道理是，如果一个人基本的职业素养不够，比如说忠诚度不够，那么技能越高的人，其隐含的危险越大。做好自己最本职的工作，也就是具备了最好的职业素养。

所以，用大树理论来描述两者的关系比较直接。每个人都是一棵树，原本都可以成为大树，而根系就是一个人的职业素养。枝、干、叶就是其显现出来的职业素养的表象。要想枝繁叶茂，首先必须根系发达。

任务二 理解职业素养基本特征

一般说来，职业素养的特征主要包括其职业性、稳定性、内在性、整体性和发展性。

（1）职业素养的职业性。不同的职业，职业素养是不同的。对建筑工人的素养要求，不同于对护士职业的素养要求；对商业服务人员的素养要求，不同于对教师职业的素养要求。李素丽的职业素养始终是和她作为一名优秀的售票员联系在一起的，正如她自己所说："如果我能把10米车厢、三尺票台当成为人民服务的岗位，实实在在去为社会做贡献，就能在服务中融入真情，为社会增添一份美好。即便有时自己有点烦心事，只要一上车，一见到乘客，就不烦了。"

（2）职业素养的稳定性。一个人的职业素养是在长期执业时间中日积月累形成的。它一旦形成，便具有相对的稳定性。比如，一位教师经过多年的教学生涯，就逐渐形成了怎样备课、怎样讲课、怎样热爱自己的学生、怎样为人师表等一系列教师职业素养，于是，便保持相对的稳定。当然，随着他继续学习，以及工作和环境的影响，这种素养还可继续提高。

（3）职业素养的内在性。从业人员在长期的职业活动中，经过自己学习、认识和亲身体验，觉得怎样做是对的，怎样做是不对的。这样，有意识地内化、积淀和升华这一心理品质，就是职业素养的内在性。我们常常听说：把这件事交给某某师傅去做，有把握，请放心。人们之所以放心他，就是因为他的内在素养好。

（4）职业素养的整体性。一个从业人员的职业素养和他的整个素养有关。我们说某某人职业素养好，不仅指他的思想政治素养、职业道德素养好，而且还包括他的科学文化素养、专业技能素养好，甚至还包括身体心理素养好。一个从业人员，虽然思想道德素养好，但科学文化素养、专业技能素养差，就不能说这个人整体素养好。相反，一个从业人员科学文化素养、专业技能素养都不错，但思想道德素养比较差，同样，我们也不能说这个人整体素养好。所以，职业素养一个很重要的特点就是整体性。

（5）职业素养的发展性。一个人的素养是通过教育、自身社会实践和社会影响逐步形成的，它具有相对性和稳定性。但是，随着社会发展对人们不断提出的要求，人们为了更好地适应、满足、促进社会的发展需要，总是不断地提高自己的素养，所以，素养具有发展性。

任务三　认识职业素养的三大核心

职业素养的三大核心是：

（1）职业信念。"职业信念"应该包含了良好的职业道德，正面积极的职业心态和正确的职业价值观意识，是一个成功职业人必须具备的核心素养。良好的职业信念应该是由爱岗、敬业、忠诚、奉献、正面、乐观、用心、开放、合作及始终如一等这些关键词组成。

（2）职业知识技能。这是做好一个职业应该具备的专业知识和能力。俗话说“三百六十行，行行出状元”，没有过硬的专业知识，没有精湛的职业技能，就无法把一件事情做好，就更不可能成为“状元”了。

要把一件事情做好，就必须坚持不断地关注行业的发展动态及未来的趋势走向；就要有良好的沟通协调能力，懂得上传下达，左右协调，从而达到事半功倍（图8–3）；就要有高效的执行力，研究发现：一个企业的成功30%靠战略，60%靠企业各层的执行力，只有10%靠其他因素。执行能力是每个成功职场人必须修炼的一种基本职业技能。还有很多需要修炼的基本技能，如职场礼仪、时间管理及情绪管控等。

各个职业有各个职业的知识技能，每个行业还有每个行业知识技能。总之，学习提升职业知识技能是为了让我们把事情做得更好。

图 8–3　沟通能力

（3）职业行为习惯。信念可以调整，技能可以提升。要让正确的信念、良好的技能发挥作用就需要不断地练习、练习、再练习，直到成为习惯。职业素养就是在职场上通过长时间地学习、改变、形成，而最后变成习惯的一种职场综合素养。

任务四　探索职业素养的分类

职业素养具体有以下分类：

（1）身体素养：指体质和健康（主要指生理）方面的素养。

（2）心理素养：指认知、感知、记忆、想象、情感、意志、态度、个性特征（兴趣、能力、气质、性格、习惯）等方面的素养。拓展训练可以提高心理素养，很多知名企业都通过拓展训练来提高员工的心理素养以及团队信任关系。

（3）政治素养：指政治立场、政治观点、政治信念与信仰等方面的素养。

（4）思想素养：指思想认识、思想觉悟、思想方法、价值观念等方面的素养。思想素养受客观环境等因素影响，例如家庭、社会、环境等。

（5）道德素养：指道德认识、道德情感、道德意志、道德行为、道德修养、组织纪律观念等方面的素养。

（6）科技文化素养：指科学知识、技术知识、文化知识、文化修养等方面的素养。

（7）审美素养：指美感、审美意识、审美观、审美情趣、审美能力等方面的素养。

（8）专业素养：指专业知识、专业理论、专业技能、必要的组织管理能力等方面的素养。

（9）社会交往和适应素养：主要是语言表达能力、社交活动能力、社会适应能力等方面的素养。社交适应是后天培养的个人能力，是职业素养的另一核心之一，侧面反映个人能力。

（10）学习和创新方面的素养：主要是学习能力、信息能力、创新意识、创新精神、创新能力、创业意识与创业能力等方面的素养。学习和创新是个人价值的另一种形式，能体现个人的发展潜力以及对企业的价值。

项目四　职业素养的提升

选择与决策，是人在现实社会生存的基本技能。作出明智的选择关乎到每个人的成长，与其生活息息相关。我们的每一个决定，影响了我们的职业生涯发展和个人生活质量。在我们的一生中，需要花费无数的时间与精力来选择或作出决定，小到选乘公交车，大到求学、择业，还有恋爱与婚姻……的确，成功与幸福很大程度上取决于我们在“十字路口”上的某个决定。

此外，另一项生存技能就是职业适应与自我塑造。法国哲学家狄德罗曾说过：知道事物应该是什么样，说明你是聪明人；知道事物实际是什么样，说明你是有经验的人；知道如何使事物变得更好，说明你是有才能的人。显然，要想获得职业上的成功，首先是学会适应职业环境，就像大自然中的千年动物，能够随着自然环境的变化而调整、改变自己，避免成为“娇贵”的恐龙！

任务一 提升显性素养——专业知识与技能

大家可以看到，职场的显性素养，如行为表现、知识和能力等，即专业性，是露出海平面的一小部分，是冰山的一角（图8–4），但也是尤为重要的部分。

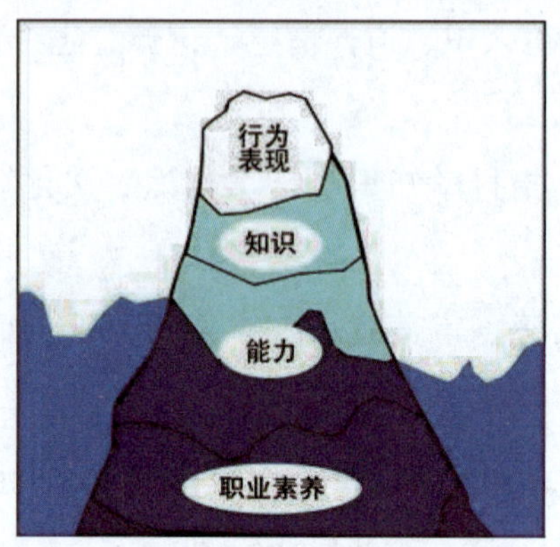

图 8–4 显性素养是冰山的一角

为显性素养专业性的提升，应该考虑以下几个方面：

（1）从经济和效率角度来看，要重视专业学习。

在职场中，用人单位永远都是站在现实的角度来考虑，最需要的人才是训练有素的专业人才。所以我们要提醒自己做好准备，学好专业知识，学好技术，要把自己所学的东西运用到实际中。

如何发挥自己的优势？必须要有一技之长，这样我们才能在社会中立足。

（2）通过辅修或技能资质证书拓宽职业技能。

所谓技多不压身，有时候可能我们所学的一门专业或一门技术并不能跟上时代的潮流，这时候不妨多学一些技术，多掌握一点技能，也可以让我们多一些选择的余地。

但我们也要量力而行，根据自己的具体情况来考量。很多用人单位会要求有相关工作经验的优先，年轻群体还没有工作哪来的经验呢？但我们可以有实习经验、社会实践经验等。如果还没有这样的经验，也要实话实说，不要作虚假信息，这也关乎你的诚信、你的职业素养问题，一定要慎重。

任务二 提升隐性素养——职业意识与道德

在职场海平面以下的都是隐性素养，它是内隐的，可能为你所忽略，却是显性素养的根基。

（1）在职场获得成功的基本品德要素中，最看重的前五个指标是：

• 专业知识与技艺。

• 敬业精神。

• 学习意愿、可塑性。

• 沟通协调能力。

• 基本的解决问题能力。

而研究认为，现实中最欠缺的前五个指标是：

• 敬业精神。

• 基本的解决问题能力。

• 承受压力、克服困难的能力。

• 相关工作或实习经验。

• 沟通协调能力。

职业道德是一种在求职和工作过程中被放大的个人习惯，需要平时修炼。我们要做到讲诚信、肯负责和易合作。我们在与他人相处的过程中，要做一个诚信、富有责任心、懂得与他人合作的人，养成自己的良好习惯，投射到工作当中，会无形之中给自己加分。因为一个道德品质高尚的人，更会受到用人单位的欢迎，更会对他的工作认真负责，也会有更多的机会。

（2）职业意识是关于未来职业的定位与规划的想法。职业定位要厘清三个问题：

① 我想做什么？职业兴趣是一个人积极探索某种事物的倾向性，是引起和维持注意的一个重要的内部因素。一旦找到自己真正喜爱的领域，往往会出现奋不顾身的投入。

在生活当中，我们看到一个人在工作的时候忙得昏天黑地、废寝忘食，他可能并不觉得辛苦，因为是他所钟爱的，也就是所谓的乐此不疲。

我们可以看到兴趣对一个人的职业发展是有影响的。就算在工作中遇到困难，也会无怨无悔，会对克服困难充满更大的信心。

② 我能做什么？职业价值观是指主体按照客观事物的意义或重要性进行评价和选择的原则和标准。

你是在职场当中把挣钱最多放在第一位吗？还是把工作环境好、同事友善放在第一位？还是更有发展空间放在第一位？什么对你来说最重要？你自己清楚吗？在你心目当中有一个答案吗?

你要让自己有一个比较确定的价值排序，搞清自己的价值观，并且能够作出取舍。这对我们选择工作也是十分重要的。

职业能力指顺利完成某一活动所必需的心理特征。能力具有天赋性，也有后天因素影响。从统计学的角度说，十全十美或一无是处的人都很少。

我们在择业的时候要选择扬优，要看自己的长处。有句话叫“人贵有自知之明”，我们经常反思找自己的短板，但是要自知其短，更要自知其长，这样才能让我们对人生、对工作充满信心。

③ 环境能给予我什么?在明确自己想干、能干的专业领域和事业方向的同时，还应兼顾考虑社会的需求和未来发展前景等外在因素，这是选择是否成功的基本保证。

我们在考虑自己的择业的时候，要考虑到社会环境、国际政策的变化，人才的需求，择己所爱，择己所长，择世所需（图8-5）。

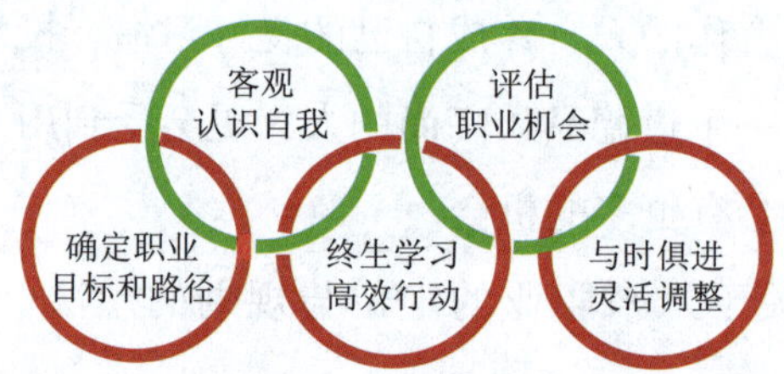

图 8-5　择己所爱，择己所长，择世所需

职业意识是一个不断深化的过程。我们未必现在就能做出正确决定，但一定要能在不断的探索领悟中学会该怎样做决定。如果拥有良好的职业素养，那么工作对于我们就多了一些乐趣。

实践与思考　职业素养的后天素养培养途径

小组活动：熟悉本主题内容介绍的诸多概念并讨论。

（1）请通过课文阅读和网络搜索，熟悉职业素养的概念与内涵。

（2）熟悉职业素养中的后天素养，探索其有效的培养和提升的途径。

记录：请记录小组讨论的主要观点，推选代表在课堂上简单阐述你们的观点。

评分规则：若小组汇报得5分，则小组汇报代表得5分，其余同学得4分，余类推。

____

____

____

____

实训评价（教师）：____________________________

____

主题九　劳动者的工匠精神

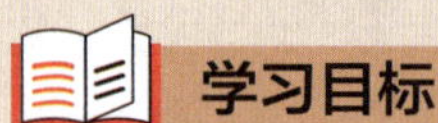

学习目标

知识目标

（1）熟悉工匠精神的定义、内涵和现实意义。

（2）理解工匠精神是劳模精神的核心要素。

（3）准确把握劳模精神、劳动精神、工匠精神的关系。

能力目标

（1）明确自身劳动知识、劳动技能的提升目标。

（2）结合所学专业或个人专长，明确切实可行的工匠成长理想。

素质目标

（1）崇尚工匠精神，践行劳动最光荣实践。

（2）坚守职业道德，立志做大国工匠。

学习难点

（1）工匠精神的定义和内含。

（2）劳模精神的核心要素——工匠精神。

项目一　体会工匠精神的概念

连续多年，“工匠精神”都被写入我国的《政府工作报告》中。2016年的《政府工作报告》中提出：“鼓励企业开展个性化定制、柔性化生产，培育精益求精的工匠精神，增品种、提品质、创品牌。”习近平总书记在十九大报告上强调：“建设知识型、技能型、创新型劳动者大军，弘扬劳模精神和工匠精神，营造劳动光荣的社会风尚和精益求精的敬业风气。”又在二十大报告中指出：“加快建设国家战略人才力量，努力培养造就更多大师、战略科学家、一流科技领军人才和创新团队、青年科技人才、卓越工程师、大国工匠、高技能人才。”

任务一　理解工匠精神的定义

所谓“工匠”，即有工艺专长的匠人。自手工业生产以来，工匠们以自己的独具匠心和真诚劳作，创造出一件件经典的作品（图9-1），赋予了中华民族灿烂文明以实体形态。“工匠精神”最早用来指代手工业劳动者精益求精的一种精神追求。春秋时期孔子就曾教导弟子“事思敬，执事敬”，至今在我国已发展延续数千年。新时代的劳动者所处的行业、从事的工种不同，但他们都具有共同的特点和职业精神——工匠精神，这是不同行业劳动者在劳动过程中形成的行为习惯、价值信念和精神表达，蕴含着爱国敬业、专注求精与传承创新等丰富的精神内涵，是当代职业人孜孜追求的精神品质。可以说工匠精神是指在制作或工作中追求精益求精的态度与品质，是职业道德、能力、品质的体现，是从业者的一种职业价值取向和行为表现。

图9-1　中国玉雕

任务二 了解工匠精神的内涵

工匠们喜欢不断雕琢自己的产品，不断改善自己的工艺，享受着产品在双手中升华的过程（图9-2）。工匠们对细节有很高要求，追求完美和极致，对精品有着执着的坚持和追求。把品质从0提高到1，其利虽微，却长久造福于世。

图 9-2 工匠精神

爱国敬业体现了工匠精神的情感内涵。无论是大国重器的打造者，还是普通岗位的劳作者，爱国敬业是每一位工匠最根本、最深层、最强劲的动力来源。为了更好地满足人民群众的生产生活需要，工匠们在各自岗位上兢兢业业、勇挑重担。"职业"在他们眼中不只是一个赖以谋生的手段，更是一个承载着人生价值与社会价值的重要使命和值得坚守的价值目标。怀着爱国的热忱，工匠们为促进人民生活水平的提升和国家经济、社会的发展做出了不可磨灭的贡献。

"执着专注、精益求精"是工匠精神的灵魂。俗语说"冰冻三尺非一日之寒""艺痴者，技必良"，工匠们精湛的技艺不是经过短期训练就可以轻松练就的，而是需要一遍遍不厌其烦地反复磨练，需要吃常人难以忍受的训练之苦，只有这样，才能使手上的每一根神经都形成匠作记忆，从而通过改良技术的方式来获得质量更佳的成品，使已有的工艺、技术实现从"有"到"优"的飞跃。特别是在我国制造业转型升级、经济高质量发展的时代背景下，专注求精的工匠精神与创新精神不断融合，创新产品生产的技术、工艺流程，不断满足消费者个性化和对高质量的需求。

"道技合一、传承创新"是工匠精神体现在发展层面的内涵，也是工匠精神得以传承、历久弥新的重要原因。工匠们练技修心、道技合一，其中，工匠的"技"是指其所掌握的技能手艺，而"道"则是高于"技"并已内化到工匠们精神世界中的对人生的领悟与透视。“技”是“道”的基础，“道”是“技”的升华。大国工匠都是穷其一生、持之以恒在自己的领域耕耘，不断改良技术、创新方法。工匠精神的传承不只是技术的继承，更是匠人们经日复一日磨练所得的精神感悟的传承，更强调技术发扬过程中的突破常规、别出心裁、与时俱进和改革创新。因此“道技合一、传承创新”的精神内涵促使工匠精神能够经受住岁月的洗礼，不断焕发出新的魅力与光彩。

“中国制造”的崛起离不开大国工匠。工匠精神作为一种精神指引，对广大劳动者具有很强的引领和示范作用。职业教育和普通高校的大学生是支撑我国未来经济社会持续发展的中坚力量，在学生中培养和树立工匠精神对于增强其劳动认同感、树立正确的劳动价值观、提升创造力水平都有积极意义。要让这些中坚力量成为“中国制造”和“中国智造”的主力军，需要榜样领航，尤其需要劳模工匠来帮助他们认识到肩负的使命。

许多具备了“工匠精神”的企业往往是行业里的奢侈品牌，因为要做到完美必须耗时长，成本高，因此价格也会更高。“一切手工技艺，皆由口传心授。”传授手艺的同时，也传递了耐心、专注、坚持的精神，这是一切手工匠人所必须具备的特质。这种特质的培养，只能依赖于人与人的情感交流和行为感染，这是现代的大工业的组织制度与操作流程无法承载的。“工匠精神”的传承，依靠言传身教的自然传承，无法以文字记录、以程序指引，它体现了旧时代师徒制度与家族传承的历史价值。

任务三 体会工匠精神的现实意义

社会上有些人心浮气躁，追求“短、平、快”（投资少、周期短、见效快）带来的即时利益，因而忽略了产品的品质灵魂。因此，“工匠精神”在当今社会有着重要的学习价值，企业需要工匠精神，才能在长期竞争中获得成功。坚持“工匠精神”的企业，依靠信念、信仰，看着产品不断改进、不断完善，最终，通过高标准要求历练之后，成为众多用户的骄傲，无论成功与否，这个过程，他们的精神是完完全全地享受，是脱俗的，也是正面积极的。

某些企业的产品质量为什么搞不好？原因虽然很多，但最终可以归结到一个方面，就是缺乏严谨的工匠精神。

任务四 展望工匠精神的发展

工匠曾经是一个老百姓日常生活须臾不可离的职业，木匠、铜匠、铁匠、石匠、篾匠等，各类手工匠人用他们精湛的技艺为传统生活定下底色。随着农耕时代结束，社会进入后工业时代，一些与现代生活不相适应的老手艺、老工匠逐渐淡出日常生活，但工匠精神永不过时。

工匠精神是工业经济时代的一种产物，它是一种精致化生产的要求，它对农业生产同样适用。从农业生产来讲，实际上就是从源头保证食品安全，从种植开始，原料、化肥、土地等要保证安全、品质和质量，这里也需要工匠精神。

工匠精神要求企业如同一个工匠一样，琢磨自己的产品，精益求精，经得起市场考验和推敲。工匠精神的核心是企业要追求科技创新，技术进步。如果说企业是国家的经济命脉所在，那么一个以科技创新、技术进步为主体的企业，就是民族振兴的动力源泉，是国家财富增加的源泉所在。工匠精神不仅体现了对产品精心打造、精工制作的理念和追求，更是要不断吸收最前沿的技术，创造出新成果。

工匠精神落在个人层面，就是一种认真、敬业的精神。其核心是：不仅仅把工作当作赚钱养家糊口的工具，而是树立起对职业敬畏、对工作执着、对产品负责的态度，极度注重细节，不断追求完美和极致，给客户无可挑剔的体验。将一丝不苟、精益求精的工匠精神融入每一个环节，做出打动人心的一流产品。

工匠精神落在企业家层面，可以认为是企业家精神。具体而言，表现在几个方面：

第一，创新是企业家精神的内核。企业家通过从产品创新到技术创新、市场创新、组织形式创新等，从创新中寻找新的商业机会，在获得创新红利之后，继续投入，形成良性循环。

第二，敬业是企业家精神的动力。具备敬业的精神，企业家才会有将全身心投入到企业中的不竭动力，才能够把创新当作自己的使命，才能使产品、企业拥有竞争力。

第三，执着是企业家精神的底色。在经济处于低谷时，其他人也许选择退出，企业家却不会轻易退出。改革开放以来，我国涌现出大批有胆有识、有工匠精神的企业家。

项目二　劳动精神概念

劳动是发生在人与自然界之间的活动，其实质是通过人的有意识的、有一定目的的自身活动来调整和控制自然界，使之发生物质变换，即改变自然物的形态或性质，为人类的生活和自己的需要服务。

精神主要是指人的情感、意志等生命体征和一般心理状态。劳动精神是劳动的本质属性，是对普通劳动者工作状态的基本要求，是人们在劳动过程中所表现出来的一种积极状态。对人们在劳动过程中所表现出来的这种积极状态按照时代的要求加以科学总结、高度凝练和理论提升，就成为这个时代的劳动精神。

任务一　体会劳动精神的要义

劳动有广义和狭义之分，广义的劳动是“人以自身的活动来引起、调整和控制人与自然之间的物质变换的过程”，既包括动物性本能的最初劳动形式，即“维持生存所需要的手段”，同时也涵盖了狭义劳动的内涵，即一般情况下讨论的劳动。狭义的劳动具体指“将自己的生命活动本身变成自己的意志和意识的对象”。因此，劳动作为人类自由的自觉活动，既是人作为类存在物的应有之义，也是维持自己生存的必要手段。

劳动精神是劳动者在劳动实践中形成的劳动认知、价值理念和实践智慧的总和，是推动社会进步的精神动力。劳动精神是建立在劳动基础上的精神信仰，概括了劳动的本质特征，我国的劳动精神被概括为“勤俭、奋斗、创新、奉献”。

我国的劳动精神是社会主义核心价值观在劳动者身上的具体体现，主要包括爱岗敬业、勤奋务实、艰苦奋斗、创新创造、拼搏进取、淡泊名利、无私奉献等在劳动者身上体现出来的优秀品质和精神风貌。从外延上看，一切符合时代要求、创造各种价值的勤奋劳动、诚实劳动、合法劳动和创造性劳动所体现出来的积极状态和优秀品质都属于劳动精神的范畴。

“劳动精神”的提出，是党中央对广大劳动者伟大实践所做出的高度凝练和本质概括，是全体劳动者实现中国梦的一笔巨大的精神财富。研究和把握“劳动精神”的重要内涵，对于营造劳动光荣、劳动伟大的时代风尚，增强适应经济发展新常态下的内生动力，早日实现中华民族伟大复兴的中国梦，都具有十分重大的理论意义和实践意义。

2020年3月20日，中共中央、国务院向全国发布文件《关于全面加强新时代大中小学劳动教育的意见》，明确提出要坚持新时代劳动精神，做新时代的合格劳动者。新时代劳动精神内涵丰富，坚持劳动精神的培育，对于学生成才具有十分重要的现实意义。

任务二 体会勤俭精神

劳动精神首先强调的是勤俭，即勤劳、俭朴（图9–3）。勤劳是中华民族几千年来积淀的优良传统和美德，更是新时代青年奋斗的立身之本和成功保证。特别是在百年未有之大变局的时代背景下，广大劳动者必须坚定不移地保持和弘扬劳动精神，这样才能实现我国经济发展由量变到质变的飞跃。

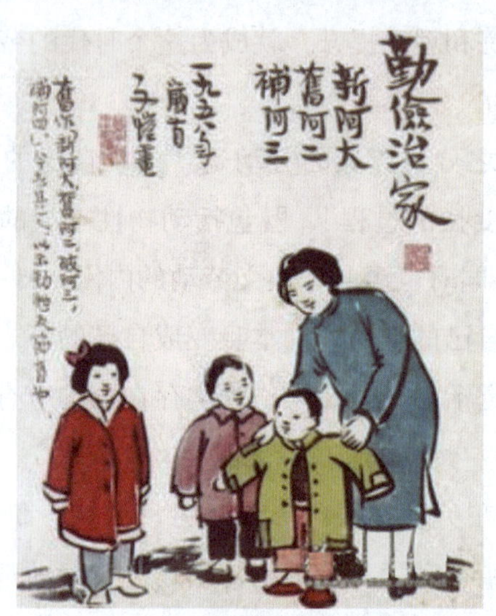

图 9–3 勤俭

俭朴是中华民族优秀的道德基因，崇俭戒奢的民族文化包含着独具特色的道德规范和思想观念，并以其强大的感染力约束着人们日常的一言一行。新时代的青年成长于经济迅猛发展的时代，物质财富的爆发式增长为他们提供了优渥的生活条件。由于没有切身经历过困难时期，他们很容易从思想上受到享乐主义的腐蚀。因此，勤俭更应成为当代青年砥砺品德的保证。新时代的青年只有清醒地认识到我国的现实国情，继续保持勤劳的工作作风和俭朴的生活作风，才能托起新时代的中国梦。

任务三 体会奋斗精神

劳动精神强调“劳动者通过奋斗创造价值”。习近平总书记指出：“民族复兴的使命要靠奋斗来实现，人生理想的风帆要靠奋斗来扬起。”奋斗体现了劳动者的伟大，体现了以人民为中心的价值取向。各行各业的劳动者将奋斗的劳动精神具体化为“铁人精神”“红旗渠精神”（图9–4）“载人航天精神”（图9–5）等，中华儿女通过不懈奋斗，用劳动创造历史、铸就辉煌。职业教育与普通高校学生步入社会后将肩负起建设社会主义现代化强国、实现民族复兴伟业的重任，要以辛勤劳动为荣、以好逸恶劳为耻，爱劳动、会劳动，在做好每一件小事中培育和践行艰苦奋斗的精神。

图 9-4　红旗渠

图 9-5　中国航天事业

任务四　体会创新精神

发扬劳动精神就是要提高劳动者的创造性劳动能力。科技化、智能化成为时代的鲜明特征，面对日新月异的科技进步和繁重复杂的发展任务，劳动形态也发生了巨大变化。新时代劳动者不仅要爱劳动、会劳动，还要懂技术、会创新，要摒弃简单模仿的惯性思维，主动适应科技发展与产业变革带来的新挑战，抓住新机遇。当前，在新技术革命和国际复杂形势的冲击下，只有不断提高劳动者的创造性劳动能力，才能为完成新时代历史任务提供强有力的保障。劳动者应在不同形态的劳动中培养创新精神，实现创造性劳动及劳动成果的创造性转化，通过创新科技、创新方法、创新思路等实现高效、节能、环保、利民的价值目标，通过创新劳动创造财富，引领新时代飞速前进的步伐，从而实现自我价值。作为新时代的劳动者，更应正确理解新时代劳动教育的内涵，适应劳动教育的特点，有意识地培养自身的创新意识，积极主动尝试，勇于打破陈规，不断增强自身的创新创造能力。

任务五　体会奉献精神

奉献是具有鲜明社会主义特征的劳动精神。在实现中华民族伟大复兴的征途上，事不避难、义不逃责的决心和以身许国、无私奉献的精神，支撑着中华儿女为夺取胜利而奋勇前行（图9-6）。

图 9-6　志愿军黄继光烈士

习近平总书记指出："青年的人生目标会有不同，职业选择也有差异，但只有把自己的小我融入祖国的大我、人民的大我之中，与时代同步伐、与人民共命运，才能更好实现人生价值、升华人生境界。"每一位劳动者都要始终牢记革命传统，弘扬革命精神，警惕和防止价值观念扭曲、利益取舍失衡，在劳动中乐于付出、甘于奉献。

热爱劳动是中华民族的传统美德。在实现中华民族伟大复兴的关键历史时期，我们更需要各行各业的劳动者弘扬劳动精神、付出辛勤的劳动。特别是对于大学生群体而言，他们是我国未来经济建设的中坚力量，应有意识地引领其形成正确的劳动认知和价值理念，崇尚劳动、热爱劳动，并结合自身专业或技能特长自觉参与劳动实践，自觉树立和弘扬勤俭、奋斗、创新、奉献的劳动精神，为新时代实现中华民族复兴伟业贡献自己的一份力量。

项目三　劳动模范及其品格

习近平总书记指出，"劳动模范是劳动群众的杰出代表，是最美的劳动者。劳动模范身上体现的'爱岗敬业、争创一流，艰苦奋斗、勇于创新，淡泊名利、甘于奉献'的劳模精神，是伟大时代精神的生动体现。"

中华人民共和国成立以来，广大劳动者用汗水和智慧为国家发展做出巨大贡献，他们当中不断涌现的劳动模范和先进人物所创造的劳模精神，成为推动时代前行的精神动力。中国精神的承载、时代精神的引领，靠的是在各行各业勤勤恳恳努力工作的德艺双馨的“劳动模范”和“先进工作者”。惟有发扬劳模精神，可以维护社会稳定、促进社会发展，构建和谐的劳动关系。

任务一　劳模的评选

劳动模范简称劳模，是在社会主义建设事业中成绩卓著的劳动者，是人民的楷模，是劳动精神的最高承载者。劳动模范是经职工评选，有关部门审核和政府审批后被授予的荣誉称号。

劳动模范分为全国劳动模范与省、部委级劳动模范，有些市、县和大企业也评选劳动模范。中共中央、国务院授予的劳动模范为“全国劳动模范”，是中国劳动者最高的荣誉称号。与此同级的还有“全国先进生产者”“全国先进工作者”称号。从20世纪90年代开始，全国劳模表彰大会一般每五年召开一次。

成为劳动模范的基本条件是：

（1）模范执行党的路线、方针、政策，坚持四项基本原则，坚持改革开放；具有强烈的社会主义事业心、责任感、创业精神和奉献精神；遵纪守法，有良好的思想道德素质，在本职工作中建功立业，在群众中有较高威信的。

（2）在各行各业中创造性地劳动或工作，成绩突出，为经济建设或社会事业的发展作出重要贡献的。

（3）在保卫国家财产和人民生命财产安全、维护社会安定、增进民族团结、维护国家尊严等方面有突出贡献的。

任务二　领悟劳模的品格

劳模的品格是劳模的基本素质，其伟大品格表现为信念坚定、立场鲜明，艰苦奋斗、勇于奉献，胸怀大局、纪律严明，开拓创新、自强不息。“信念坚定、立场鲜明”指劳模所秉持的政治本色和理想信念；“艰苦奋斗、勇于奉献”指劳模作为最有觉悟性的群体以富国强民、民族复兴为己任，继承光荣传统，不怕艰难困苦，不畏风险挑战，勤劳坚韧、勇于担当，为国家发展进步作出巨大贡献；“胸怀大局、纪律严明”指的是劳模作为最有组织性的群体所继承的优良作风和博大胸襟；“开拓创新、自强不息”指的是劳模作为最有自觉性的群体所拥有的与时俱进、奋力拼搏的时代特征。

一、劳模品格体现中国精神

劳动模范，是广大劳动者的先进代表，是最美的劳动者，是人民的楷模、时代的标杆。他们为人民事业埋头苦干、任劳任怨以及兢兢业业、一丝不苟的模范行动，为全国人民树立了光辉的榜样。

新时代劳模应该满足四个条件：一是要有新思想；二是掌握新技能；三是拥有精益求精的工匠精神；四是要有民族和家国情怀，只有充满民族和家国情怀，把民族的振兴和国家的强大作为个人的奋斗目标和人生追求，个人的智慧才会迸发出来。

二、劳模品格凝聚中国力量

“品格清于竹，诗家景最幽。”劳模的伟大品格，既反映了中国劳动人民的政治本色、价值取向、光荣传统和进取精神，又凸显着中国劳动人民的时代特征，是对中华民族精神的继承和发展，是凝聚广大劳动者智慧力量、鼓舞全国各族人民团结奋斗的重要精神力量。这也是他们的政治品格。

任务三 领悟劳模是时代的领跑者

劳动模范是承载着共和国特殊记忆的群体，是推进我国先进生产力发展和先进文化发展的代表，是当之无愧的时代领跑者。他们在不同的发展阶段，始终走在改革开放和社会主义现代化建设的最前线，以忘我的献身精神，激励着一代又一代劳动者为祖国的繁荣富强而拼搏。社会学家艾君在《劳模永远是时代的领跑者》一文中解释：劳模是中国劳动人民的优秀代表，是国家栋梁、社会中坚、人民楷模，劳模是时代的永远领跑者。他在谈到劳模到底意味着什么时指出：劳模是一种饱含感情的符号；是一种能照亮人生、温暖人心的希望之光；是一种人理之伦、人生之道的“人文”；是一个时代的追寻脚步，是人生道德观念和价值取向；是一个时代精神符号和力量的体现。

一、劳模精神是时代的人文精神

一个国家的非凡成就，总是由点点滴滴的平凡人物汇集而成。在社会主义建设的各个时期，以劳模为代表的广大中国劳动人民始终不忘初心、牢记使命，用平凡的双手创造不平凡的梦想。

劳模精神实际上折射出一个时代的人文精神，反映出一个民族在某一个时代的人生价值和道德取向。它简洁而深刻地展示着一个时代的人之精神的演进与发展；它凝重而浪漫地体现着一个民族的思想与情愫。穿越时代变迁，每一个时期的劳模都具有不同的内容和特点，但他们又有共同点，那就是主人翁责任感、艰苦创业精神、忘我的劳动热情和无私奉献精神、良好的职业道德和爱岗敬业精神，这些集中体现了中国劳动人民的先进思想和精神风貌，过去是、现在也仍然是不变的劳模精神。劳模精神是引领时代的精神，劳模价值创造社会价值。每一个时代的劳模都有其特点，但无论时代如何变迁，永远不变的是劳模精神的本质。

二、劳模的时代特色

适应时代发展的潮流，必须要有一批高素质的人才。培养一支有觉悟又掌握现代先进技能的劳动者队伍的任务，历史性地摆在了中国劳动人民的面前。具有优良传统的以劳动模范为代表的中国劳动人民用科学知识武装自己，做科技型、知识型劳动者，成了当代中国人民的追求。

随着社会的发展，劳模也由新中国成立初期以苦干实干为主，转向今天的高科技、高知识等多成分并重发展。新一代劳模不仅继承了无私奉献、恪尽职守等优秀品德，而且爱岗敬业，扎实工作，赶超先进，在促进经济发展的同时，又展示了进取创新、追求卓越、做先进生产力的推动者的风采。

三、劳模精神的价值

时代需要更多劳模，社会需要弘扬劳模精神。劳模在工作中表现出来的职业精神、工作创新精神、高尚品德的传播，其价值远远超过了他们取得成绩的本身，这就是劳模精神的社会价值。

榜样的力量是无穷的。一个劳模就是一面旗帜，一个劳模就能影响周围一群人。在给这些做出巨大贡献的劳模们以精神奖励的同时，也要给劳模更多的物质关爱。多为劳模办实事，关心劳模、爱护劳模，正在成为全社会的共识和人们的自觉行动。政府对劳模的关心与爱护，社会对劳模精神的倡导与弘扬，大家向劳模学习，以劳模为榜样，同时又以能为劳模尽一份力而感到光荣，劳模精神不断发扬光大，社会主义建设事业就会更加欣欣向荣！

任务四　体会劳模精神的教育体系

劳模精神的教育体系主要包括以下内容：

（1）把弘扬劳模精神与思想政治教育相结合。将劳模精神融入大学生思想政治教育全过程，充分发挥高校思想政治理论课主渠道、主阵地作用。在“三全育人”中实现弘扬劳模精神与思想政治教育相协调、相衔接、相一致，特别是用好思想政治理论课教学这个主渠道、主阵地，让马克思主义劳动观进课堂、进头脑、进心灵；在课堂教学中，注意讲劳模、劳模讲，思想政治理论课教师要在学理层面深度研究和阐释新时代劳模精神，聘请全国著名劳动模范进课堂讲劳动、讲劳动模范、讲劳模精神，让受教育者对劳动、劳模、劳模精神产生敬意。让青少年有机会近距离接触劳动模范、聆听劳模故事、感受劳模精神，切实提升高校思想政治理论课的实际效果。

（2）把弘扬劳模精神与专业教育相结合。严格地讲，弘扬劳模精神与专业教育在过程和目标上都具有内在统一性。要在专业课程中自觉强化价值导向，自觉融入劳模精神的要素，构建具有本专业特色的劳动教育价值体系。同时，注意加强专业教育中劳动知识的传授和劳动技能的训练，培养劳模精神，在专业教育中体悟劳模精神，感受劳模精神，实现与课程思政双向同构。

（3）把弘扬劳模精神与实习、创新创业教育相结合。创新实践育人机制，统筹校内和校外、课堂和实践两种教学方式、教学环节，搭建受教育者在实习、实训、考察、双创中同劳模交流的平台，通过创新实践活动拓展劳动知识，在磨炼意志和增长才干中感受劳动的乐趣和收获，从而培育辛勤劳动、诚实劳动、创造性劳动的精神气质。提升劳动技能，养成劳动自觉；引导新时代大学生了解劳动模范、学习劳模精神、践行劳模精神，培育大学生的团队合作和奉献精神，实现育人效果。

项目四　劳模精神的核心要素

实现我们的发展目标，不仅要在物质上强大起来，而且要在精神上强大起来。劳模精神、劳动精神、工匠精神是鼓舞人民风雨无阻、勇敢前进的强大精神动力，要大力弘扬劳模精神、劳动精神、工匠精神。

新时代是崇尚大国重器的时代，需要劳模以“新的劳动态度对待新的劳动”，推进建设创新型国家。可以说，工匠精神是劳模精神的重要构成要素，也是劳模精神当代品格的核心体现，工匠精神为当代劳模注入新内涵。我们应该理解工匠精神的科学内涵，认识到工匠精神与劳模精神的内在关系和所体现出的时代特色。

任务一　体会工匠精神与劳模精神本色相融

从本质上讲，工匠精神是一种基于技能导向的职业精神，它源于劳动者对劳动对象品质的极致追求，它具有精益求精、专注执着、严谨慎独、创新创造、爱岗敬业以及情感浸透、自我融入的基本内涵，既表现了极致之美的品质追求，又体现了敬业之美的精神原色，更展现了创造之美的价值升华。劳模精神与工匠精神的共同特质，就是干一行、爱一行、专一行、精一行。这是劳动模范和先进工作者的本色与优势。

新时代劳模精神的主体是劳模，新时代工匠精神的主体是每一位不甘于平庸的劳动者，二者都充分凸显了新时代劳模精神爱岗敬业、精益求精、追求卓越的精神品质和价值导向，可以说工匠精神是对劳模精神的重要深化和丰富发展，也是劳模精神当代品格的核心体现。

在劳动模范和先进工作者身上，劳模精神与工匠精神是高度契合的。大力弘扬劳模精神与工匠精神是我国在新时代的一项重大政治任务和战略任务，也是造就世界一流企业的核心竞争力。建设强大的国家必须以建设强大的劳动者大军为前提，这就是弘扬劳模精神和工匠精神的战略价值和政治意义所在。

无论是劳模，还是工匠，都是我国劳动阶层千百年来形成的职业精神的生动体现。弘扬新时代劳模精神和工匠精神，不仅需要正确认识新时代劳模精神和工匠精神的科学内涵，而且需要正确处理二者之间的关系，更重要的是要把弘扬劳模精神和工匠精神落实到各项工作中，有力推动新时代各项工作。

任务二　体会劳模精神与工匠精神的关系

新时代劳模精神和工匠精神的内涵既有着不同的要求，又有着密切的联系。

一、劳模精神与工匠精神相通相融

劳模精神和工匠精神都是以爱国主义为核心的民族精神和以改革创新为核心的时代精神的生动体现，两种精神互相融合、相得益彰。工匠的职业操守、精益求精、敬业奉献精神与劳模的辛勤劳动、诚实劳动、创造性劳动精神交相辉映，以劳动光荣的社会风尚和精益求精的敬业风气为核心，共同体现了社会主义核心价值观的内在要求，体现了“富强”“文明”的国家价值目标和“敬业”“诚信”的个人价值准则。

从历史发展看，劳模精神和工匠精神相得益彰，在融合中共同体现了社会主义核心价值观的内在要求，体现了本土性与普适性、先进性与广泛性的辩证统一。从文化渊源看，劳模精神和工匠精神都继承了中华优秀传统文化中劳动文化的精髓，具有共同的文化底蕴；都立足于职业岗位，取得了突出业绩，做出了重要贡献，具有共同的价值导向。从服务社会的实践看，都是用个人的劳动实践阐释了劳动的境界，练就了卓越技能，具有共同的价值实现。

二、劳模精神和工匠精神是内外之合力

劳模精神和工匠精神的关系是外力和内力的关系。相较于劳模精神的本土性而言，工匠精神所植根的人类历史更长，语境也更丰富。在人类漫长的历史长河中，从农业文明刀耕火种到工业文明机械加工，人类对工匠精神的追求永不止步。

劳模精神是所有劳动者都应该学习的精神，是影响和引领每一位劳动者从平凡走向不平凡的外力；劳模精神是照亮了别人的生命、超越别人的精神，它从外部影响每一位劳动者学先进、做先进，让劳动者成为别人的模范。

工匠精神则是每一位劳动者都应该具有的精神，是激发和激励每一位劳动者不断自我挑战和自我超越的内力；工匠精神是点亮自己的生命、超越自己的精神，从内部唤醒每一位劳动者不断成为最好的自己的自觉，是让劳动者成为自己的劳模。

新时代工匠精神是对劳模精神的新诠释，也是新时代劳模精神的集中体现。事实上，我们比历史上任何一个时期都更呼唤工匠精神，它所凸显的精益求精、追求卓越的精神品质，完全契合当前提升劳动者素质和职业技能的客观要求，是全社会必须补齐的短板。

三、工匠精神孕育劳模精神

工匠精神揭示了不甘于平庸的劳动者的个性，是成就优秀劳动者的必要条件。没有工匠精神的劳动者很难有出色的成就和骄人的业绩。精益求精、追求极致是践行工匠精神的核心，也是成就杰出劳动者的根源（图9–7）。

图 9–7　工匠精神

工匠精神孕育劳模精神，经历“尚巧”“尚精”“道技合一”三个阶段。“尚巧”，是追求技艺之巧；“尚精”，是追求技艺的精湛；“道技合一”，则需通过技艺

领悟“道”的真谛，从而实现创造之美的升华。工匠精神有三个层次：第一个层次是“工”，处于学徒阶段；第二个层次是“匠”，是可以做到精益求精的大师级别；第三个层次是“良匠”，这是顶级的工匠。既要追求速度也要追求质量，只有良匠才能达到既快又好。

中国制造正向中国创造转轨，适应新常态呼唤创新驱动，为建设知识型、技能型、创新型劳动者大军，为我国向制造强国转变、推动经济转型升级提供强大人才支撑，都需要我们的劳动者追求品质提升，都需要我们的“匠心独具”。拥有一流的心性，才有一流的技术；用心追求极致，才能收获创造之美。因此，弘扬践行劳模那种实干、创新、专注、执着、精益求精的工匠精神成为新时代的硬核要求。

任务三　体会劳模精神、劳动精神、工匠精神的关系

在长期的社会主义建设实践中，我们培育形成了爱岗敬业、争创一流、艰苦奋斗、勇于创新、淡泊名利、甘于奉献的劳模精神，崇尚劳动、热爱劳动、辛勤劳动、诚实劳动的劳动精神，执着专注、精益求精、一丝不苟、追求卓越的工匠精神。劳模精神、劳动精神、工匠精神是以爱国主义为核心的民族精神和以改革创新为核心的时代精神的生动体现。大力弘扬劳模精神、劳动精神、工匠精神，对于鼓舞和激励人民具有重大意义。

劳模精神和工匠精神的关系是外力和内力的关系。劳模精神是所有劳动者都应该学习的精神，影响和引领每一位劳动者从平凡走向不平凡。劳模精神从外部影响每一位劳动者学先进、做先进。工匠精神则是每一位劳动者都应该具有的精神，是激发和激励每一位劳动者不断自我挑战和自我超越的内力。工匠精神从内部唤醒每一位劳动者不断成为最好的自己。劳模精神是超越别人的精神，因为他们就是因为超越了很多劳动者脱颖而出。工匠精神是超越自己的精神，世上最大的对手不是别人，而是自己。工匠精神是让劳动者成为自己的“劳模”，劳模精神是让劳动者成为别人的“模范”。工匠精神点亮了自己的生命，劳模精神则照亮了别人的生命。

劳动精神和工匠精神是共性和个性的关系。劳动精神是所有劳动者的共性，每一位劳动者都应该有劳动精神。工匠精神则揭示了不甘于平庸的劳动者的个性，是成就优秀劳动者的必要条件。个性不仅是产品和企业的核心竞争力，也是劳动者的核心竞争力。这里所说的个性，主要是指劳动者在自我超越过程中彰显出的个人优势及精神状态，也就是工匠精神。换句话讲，没有工匠精神的劳动者难有出色成就和骄人业绩。

精益求精、追求极致是践行工匠精神的核心，也是成就杰出劳动者的根源。

劳动精神是成为人的精神，工匠精神是成为更加优秀的人的精神，劳模精神则是成为影响别人的人的精神。成为人、成为更加优秀的人、成为影响别人的人，就是一种逐步递进的关系。党和国家现在大力呼吁弘扬劳动精神、工匠精神、劳模精神，目的就在于让每一个人都热爱劳动，成为自食其力的劳动者，更要成为优秀的劳动者，甚至成为广大劳动者群体中的佼佼者和大家学习的榜样。

实现中国梦，创造全体人民更加美好的生活，任重而道远，需要我们每一个人继续付出辛勤劳动和艰苦努力。我们要以劳动模范和先进工作者为榜样，大力弘扬劳模精神、劳动精神、工匠精神，爱岗敬业、勤奋工作，锐意进取、勇于创造，不断谱写新时代的劳动者之歌！

项目五　立志做大国工匠

精于工、匠于心、品于行，人们从未像今天这样热切地呼唤工匠精神。什么是真正的工匠精神？热爱自己的工作，绝无高低贵贱之虑；每临工作现场，必有庄敬之意；长期探寻此业之精髓，力求达到更高之境界；产品和服务讲究品质，质量是生命，也是道德和人品；以业为生，但不为钱而放弃标准；一旦结识高手，必敬慕之、学习之；祈望自己的所为对后人有所裨益，作品能比自己的寿命更长。

纪录片《舌尖上的中国》第三季带红了一口传奇的章丘铁锅（图9-8），力透工匠精神，每一口锅都必须历经12道工序、再过18遍火候、1 000 ℃高温锤炼、经过三万六千次捶打。章丘铁锅走红，在于它是纯手工锅，是匠人一锤锤敲打出来的。章丘铁锅上凝聚着匠人身上一丝不苟、精业敬业的精神。一分钟120次的锻打，每一锤都代表着匠人的心血，也正是因为这每一锤的锻打才赋予了铁锅以人文情怀，才能受得起大家的追捧。

工匠精神强调的不仅仅是对作品的精雕细琢、精益求精，更是一种坚守，是对材料、工艺、造型以及背后承载的文化与精神的敬畏、坚守与传承。爆红之下的章丘铁锅，已不仅是厨具，而是传统手艺载体，是观念认知容器，装填着工匠精神，炒制着社会百态，让浮躁蒸发，将本原沉淀。锃亮的章丘铁锅，更是一面明镜，光可鉴人，照出匠心，也照出初心。

图 9-8　章丘铁锅

坚守技艺很难，坚守初心更难。成为网红之后的章丘铁锅，不但将拥有几百年历史的章丘铁匠技艺传承复活，更将上千年中国人心中的义利抉择反复锻造锤炼。多少人守住了枯燥，却迷失于热闹；多少人于夜路中直行，却在阳光下失足。相形之下，铁锅店一纸“限购声明”，一份“下架通知”，其冷静殊为难得。

铁锅锻造费时费力，需一锤一锤敲打；人和社会的发展，也如锻造一口铁锅，进步需要一锤一锤地砸实，成长需要一步一步地踩实。与浮躁为伍，易沾染投机；与冷静同行，则收获理智。不被利欲熏心，坚持自己初心，是为匠人，是为匠心。很多人认为工匠是机械重复的工作者，但其实“工匠”意味深远，代表着一个时代的气质，与坚定、踏实、精益求精相连，把做的事看成有灵气的生命体。

不精不诚，不能动人。工匠精神，是“中国制造”向新高地冲锋时高高举起的旗帜，是中国工商业文明向新境界进发时必不可少的引擎，以创新作灵魂，以匠心去筑梦，才有立国之根，立梦之柱。重拾工匠心，重塑工匠魂，是助推时代进步的先决条件，唯有以一己之力不断践行工匠精神，才能无愧于心，无愧于时代，在未来希望的田野上耕耘出一片芬芳的美丽。

实践与思考　讨论“劳动精神、劳模精神”

活动1：小组成员分别收集各行各业劳动模范人物先进事迹（每人至少三例），并简单记录：

劳模1：____________________________________

劳模2：____________________________________

劳模3:______________________________

小组讨论

（1）结合自身的见闻、经验或体会，谈一谈你对劳动精神、劳模精神的理解。

（2）如何理解新时代劳模精神的内涵?

（3）大学生应如何身体力行践行劳动精神?

讨论记录：本次讨论中，小组同学一共收集了________位不同劳模的事迹。

活动2：在网络上找到中央电视台录制的《大国工匠》电视节目（图9-9），认真观看，积极思考。

图 9-9 《大国工匠》

在观影活动的基础上，请完成一页纸小论文：

（1）结合自身的见闻、经验或体会，谈一谈你对劳动精神、劳模精神、工匠精神的理解。

（2）什么是真正的工匠精神？新时代工匠精神的内涵是什么？请从国家层面、社会层面和个人层面进行解读。

（3）请结合身边例子，谈谈对工匠精神的理解和运用。

------------------ 请将你的一页 A4 纸小论文粘贴于此 ------------------

实训评价（教师）:______________________________

____

____

主题十　大国智匠——创新思维

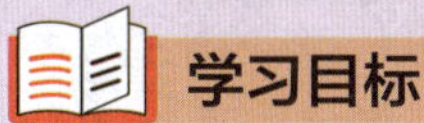

学习目标

知识目标

（1）梳理、熟悉传统创新方法。

（2）理解创新是新时代劳动精神的鲜明特征。在数字文明新时代，劳动形态发生巨大变化，要适应时代特点，在劳动形态中培养创新精神，实现创造性劳动及劳动成果的创造性转化。

（3）掌握创造性思维方式，通过创新科技方法实现高效、节能、环保、利民等价值目标。

能力目标

（1）克服思维定式，通过创新思维与创新方法的学习、运用，提升自身的创新能力。

（2）理解创新劳动创造财富、创造辉煌，跟上步伐，实现自我价值。

素质目标

对照传统创新方法和创造性思维方式，审视自身对创新思维认识，激发自身的创新素质。

学习难点

（1）熟悉创新思维的基本概念。

（2）掌握创新思维方式。

项目一　认识劳动的创新发展

创新是具有鲜明新时代特征的劳动精神。在新时代的历史坐标上，社会及科技的发展日新月异，智能化、电子化、机械化、高科技化成为时代的鲜明特征，与此相应，劳动形态也发生了巨大变化。新时代的青年需要适应新时代劳动教育的特点，正确理解劳动教育的新意蕴，在不同形态的劳动中培养创新精神，实现创造性劳动及劳动成果的创造性转化，通过创新科技、创新方法、创新思路等实现高效、节能、环保、利民等价值目标，通过创新劳动创造财富、创造辉煌，不仅能够跟上而且能够引领新时代飞速前进的步伐，从而实现自我价值。

任务一　认识发现和发明

我国是一个文明古国，也是一个发明大国。在绵延数千年的历史长河中，我们的祖先创造了灿烂的科技文化，为推动人类的进步与发展做出了不可磨灭的贡献。从公元前4000年算起，截至明代末年，世界科技史上的100项重大发明的前27项中，有18项是属于中国人的发明。活字印刷（图10-1）、指南针、造纸术和火药这四大发明曾在世界文明史上写下了一页页光辉的篇章。富有创新精神的中华民族对人类的科技、经济发展起着巨大的推动作用。

图 10-1　活字印刷

所谓发现，是对客观世界中前所未知的事物、现象及其规律的一种认识活动。发现的结果本身是客观存在的，是不以人的意志为转移的。无论人类是否对其有所认识，它都按照自身的规律存在于客观世界中，对这种结果进行认识的活动过程就是发现。例如，物质的本质、现象、规律等，不管人类是否发现了它们，它们本来都是客观存在的。后来被人类认识到了，就是发现。科学研究的目的就是发现这些客观存在的、还没有被人类认识到的规律。发现也称为科学发现。

发明是指具有独创性、新颖性、实用性和时间性的技术成果，通常指人类得出的前所未有的成果。这种成果包括有形的物品和无形的方法，在被发明出来之前客观上是不存在的。通过技术研究而得到的新成果多属发明。发明最注重的是独创性和时间性（或称为首创性）。

简单说，发现和发明的区别主要是：发现是认识世界；发明是改造世界。发现要回答“是什么”“为什么”“能不能”等问题，主要属于非物质形态财富；发明要回答“做什么”“怎么做”“做出来有什么用”等问题，是知识的物化，能够直接创造物质财富。科学发现在我国是不授予专利权的。对于那些具有新颖性、创造性和实用性的发明，发明人可以申请专利，利用法律的手段来保护自己的合法权益。

任务二　认识创造与创新

“创造”一词是对创造活动的综合概括。在《现代汉语词典》里，“创造”被解释为“想出新方法、建立新理论、做出新的成绩或东西”，它是人们应用已知信息，产生某种新颖而独特的、具有社会价值或个人价值的产品的过程，是“破旧立新”，打破世界上已有的，创立世界上尚未有的精神或物质的活动。作为创造的成果，这种产品可以是新概念、新设想、新理论，也可以指新技术、新工艺、新产品。其特征是新颖、独特、具有一定的社会价值或个人价值。

创新的具体含义是引进新概念、新东西和革新。创新理论最早是由奥地利经济学家熊彼特（1883—1950）于1912年提出来的。按照他的观点，“创新”是指新技术、新发明在生产中的首次应用，是在生产体系中引进一种生产要素和生产条件的新组合。

熊彼特认为创新包括五个方面的内容：

（1）采用一种新的产品或产品的一种新的特性。

（2）开辟新的市场。

（3）获得一种原料或半成品的新的供给来源。

（4）采用新的生产方法（主要是工艺）。

（5）实现新的组织形式。

从一般意义上讲，创造强调的是新颖性和独特性，而创新强调的则是创造的某种具体实现。创造与创新在概念上的差别体现在以下几个方面：

（1）创造比较强调过程，创新比较强调结果。例如，可以说“他创造了一种新方法，这种方法具有创新价值”。

（2）创造强调“首创”“第一”“无中生有”“破旧立新”，主要是指自身的新颖性；创新是建立在已经创造出的既有概念、想法、做法等基础之上，其着眼点在于“由旧到新”，强调与原有事物相比较。因此，在某种程度上，可以将创新看作是创造的目的和结果。例如，蒸汽机的出现是一种创造（图10–2），而将它应用到其他工业领域，则是创新（图10–3）。

图 10–2　创造：瓦特改良的蒸汽机

图 10–3　创新：蒸汽机火车头

（3）在思维过程上，创造应是独到的，其思维始终站在新异的尖端；创新则是在已经创造出的既有概念、想法和做法等基础上，将一些原始想法组织起来，应用到自己的思维活动中。

（4）在范畴上，创造一般指的多是知识、概念、理论、艺术等方面；创新一般指的多是技术、方法、产品等。

（5）在目的上，创造注重的是科学性和探索性；创新更注重经济性和社会性。

任务三　认识科技创新体系

很多哲学家认为，只有在面对问题的时候，人才会开始思考，且思考过程是以问题为起点进行的。当我们看到了问题的现状，并设想了问题被解决后应该实现什么样的状态，接下来我们就会想办法改变问题的现状。

苏联的根里奇·阿奇舒勒通过对大量专利的研究、分析和总结，发现了隐藏在专利背后的规律，提出了发明问题解决理论，该理论的主要作用，就是解决技术创新问题。

创新理论和实践都证明，创新是人人都具有的一种潜在的能力，而且这种能力可以通过一定的学习和训练得到激发和提升。同时，创新是有规律可循的。人类在解决工程技术问题时所采用的方法都是有规律的，并且这些规律可以通过总结和学习加以掌握和应用。

科技创新是原创性科学研究和技术创新的总称，是指创造和应用新知识和新技术、新工艺，采用新的生产方式和经营管理模式，开发新产品，提高产品质量，提供新服务的过程。图10-4所示为国家创新体系。

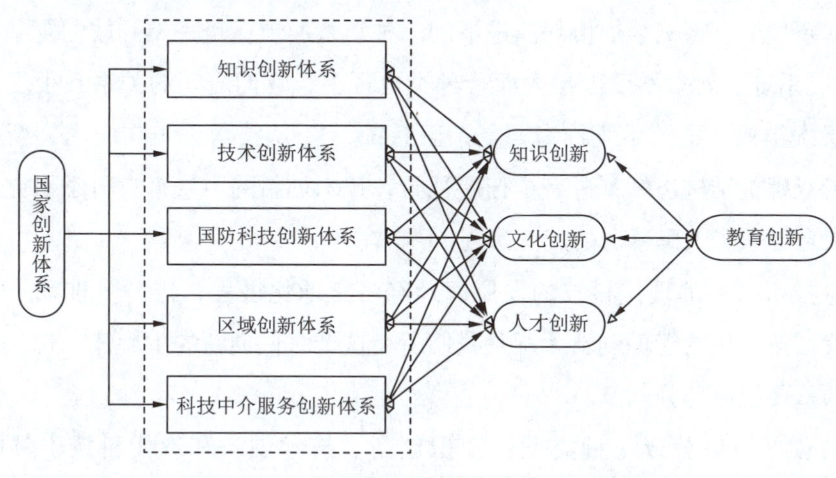

图 10-4　国家创新体系

原创性的科学研究或知识创新是提出新观点（包括新概念、新思想、新理论、新方法、新发现和新假设）的科学研究活动，并涵盖开辟新的研究领域、以新的视角来重新认识已知事物等。原创性的知识创新与技术创新结合在一起，使人类知识系统不断丰富和完善，认识能力不断提高，产品不断更新。信息通信技术发展引领的管理创新作为信息时代和知识社会科技创新的主题，也是当今科技创新的重要组成部分。

科技创新体系由以科学研究为先导的知识创新、以标准化为轴心的技术创新和以信息化为载体的现代科技引领的管理创新三大体系构成（图10-5），知识社会新环境下三个体系相互渗透，互为支撑，互为动力，推动着科学研究、技术研发、管理与制度创新的新形态。

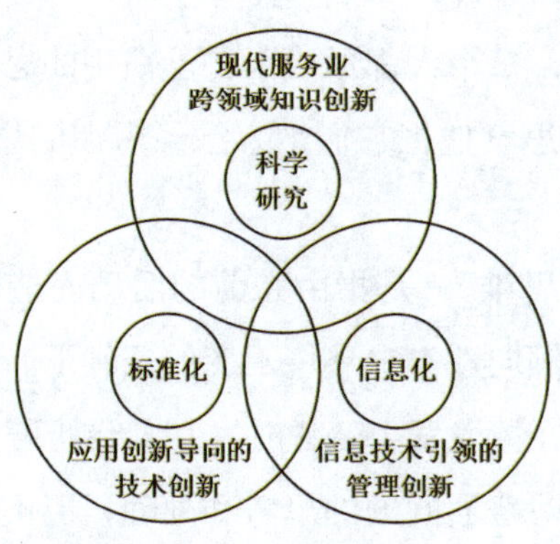

图 10-5　科技创新体系

科技创新涉及政府、企业、科研院所、高等院校、国际组织、中介服务机构、社会公众等多个主体，包括人才、资金、科技基础、知识产权、制度建设、创新氛围等多个要素，是在各创新主体、创新要素交互复杂作用下，科学研究、技术进步与应用创新这个三螺旋结构协同演进下的一种复杂涌现，是一类开放的复杂巨系统（如果组成系统的元素不仅数量大而且种类也很多，它们之间的关系又很复杂，并有多种层次结构，这类系统称为“复杂巨系统”）。从技术进步与应用创新构成的技术创新双螺旋结构出发，进一步拓展视野，技术创新的力量来自科学研究与知识创新，来自专家和人民群众的广泛参与。

信息技术引领的现代科技的发展以及经济全球化进程，进一步推动了管理创新。现代科技引领的管理创新无疑是我们所在这个时代创新的主旋律，也是科技创新体系的重要组成部分。

科技创新可以分成三种类型：知识创新、技术创新和现代科技引领的管理创新。

项目二　探索传统创新方法

在长期的自然与社会实践中，人们已经创造和发展了很多解决发明问题的方法，例如人们习惯使用的试错法、头脑风暴法等。单独使用这些传统的创新方法曾经收到过较好的发明创新效果。这些创新方法往往要求使用者具有较高的技巧、比较丰富的经验和较大的知识积累量，因此，使用这些方法进行创新的效率普遍不高，仅仅依赖“灵机一动”很难解决问题。

任务一　克服思维定式

在长期的思维活动中，每个人都形成了自己惯用的思维模式，当面临某个事物或现实问题时，便会不假思索地把它们纳入已经习惯的思想框架进行思考和处理，即思维定式。

思维定式也称“惯性思维”，是指由先前的活动而造成的一种对活动的特殊的心理准备状态，或活动的倾向性。在环境不变的条件下，定式使人能够应用已掌握的方法迅速解决问题，而在情境发生变化时，它则会妨碍人们采用新的方法。

思维定式有益于日常对普通问题的思考和处理，但不利于创造性思维，它阻碍新思想、新观点、新技术和新形象的产生。因此，在创造性思维过程中需要突破思维定式。思维定式多种多样，不同的人有不同的思维定式。常见的思维定式有从众型、书本型、经验型和权威型。

（1）从众型思维定式。指没有或不敢坚持自己的主见，总是顺从多数人意志的一种广泛存在的心理现象，例如“羊群效应”（图10-6）。羊群是一种很散乱的组织，平时都是盲目地左冲右撞，但一旦头羊动起来，其他的羊会不假思索地一哄而上，全然不顾旁边可能有的狼和不远处更好的青草。羊群效应就是比喻人们的从众心理，容易盲从，而盲从往往会陷入骗局或遭到失败。

图 10-6 羊群效应

类似于羊群效应的从众型思维定式更多带来的是盲目上马的项目和没有经过充分的市场调研而导致的模糊的前景，甚至会分散一个公司的精力。破除从众型思维定式，需要在思维过程中不盲目跟随，具备心理抗压能力；在科学研究和发明过程中，要有独立的思维意识。

（2）书本型思维定式。书本知识对人类所起的积极作用是显而易见的，它是人类的宝贵财富。我们需要掌握书本知识的精神实质，不能当作教条死记硬背。当社会不断发展，而书本知识未得到及时和有效地更新时，书本上的知识与客观事实之间会存在一定程度的滞后性。如果一味地认为书本知识都是正确的或严格按照书本知识指导实践，将严重束缚、禁锢创造性思维的发挥，将形成书本型思维定式。

（3）经验型思维定式。经验是人类在实践中获得的主观体验和感受，是通过感官对个别事物的表面现象、外部联系的认识，是理性认识的基础，在人类的认识与实践中发挥着重要作用。经验型思维定式是指人们处理问题时按照以往的经验去办的一种思维习惯，照搬经验，忽略了经验的相对性和片面性，制约了创造性思维的发挥。经验型思维有助于人们在处理常规事务时提高办事效率。我们要把经验与经验型思维定式区分开来，破除经验型思维定式，提高思维灵活变通的能力。

（4）权威型思维定式。在思维领域，不少人习惯引证权威的观点，甚至以此作为判定事物是非的唯一标准，一旦发现与权威相违背的观点，就唯权威是瞻，这种思维习惯或程式就是权威型思维定式。在科学研究中，要破除权威型思维定式，坚持“实践是检验真理的唯一标准”。

任务二 尝试试错法

传统的创新方法基本上都是以心理机制为基础的，它们的程序、步骤、措施大都是为人们克服发明创新的心理障碍而设计，在运用中受到使用者经验、技巧和知识积累水平的制约。

试错法是指人们通过反复尝试运用各式各样的方法或理论，使错误（或不可行的方案）逐渐减少，最终获得能够正确解决问题的方法的一种创新方法。千百年来，人们一直在使用试错法求解发明问题。在尝试利用一种方法、物质、装置或工艺来求解某一问题时，如果找不到问题的解决方法，就进行第二次尝试，如果还没找到问题的解决方法，则进行第三次尝试，依此类推。这就是试错法解决问题的思路和过程。

当用尽了所有常规方法后，就会尝试去猜想是否有正确的解决方法。这样，经过一个漫长的寻找过程，也可能碰巧走对路子并解决问题，但取得这种结果的概率很小。多数情况下，对所想到的可能方案均进行了尝试之后仍不能解决问题，甚至因条件限制，尝试无法继续进行，只能精疲力竭地宣告终止。

苏联的创新专家尤里•萨拉马托夫对试错法做过这样的评价：“人类在试错法中损失的时间和精力，远比在自然灾害中遭受的损失要惨重得多。”

对解决简单的发明问题，试错法效果明显，此时可能的解决方案的数目不超过10个或20个，找到正确的解决方案并不困难。而对于较复杂的发明问题，由于可能存在成百上千个可能的解决方案，试错法的效率就非常低，解决发明问题的周期较长，所付出的代价很高。

任务三 实践头脑风暴法

头脑风暴法是指一群人开动脑筋，进行自由地、创造性地思考与联想，各抒己见，在短时间内提出解决问题的大量构想的一种方法，是最具实用性的一种集体创造性地解决问题的方法。从创造思考的启导与引发的目标来看，摆脱旧观念的束缚，期望构想能无拘无束地涌现，还是有必要的，这正是头脑风暴法的精义所在。

从形式上来看，头脑风暴法是将少数人召集在一起，以会议的形式，对某一问题进行自由思考和联想，提出各自的设想和提案。与会者可以在没有任何约束的情况下发表个人的想法，提出自己的创意。参与的人甚至可以提出看起来异想天开的想法。

现代发明创新课题涉及技术领域广泛，靠个别发明家单枪匹马式的冥思苦想变得收效甚微。相比之下，类似头脑风暴法这种群体式的发明战术则会取得良好效果。

实施头脑风暴法要组织由5～10个人参加的小型会议。头脑风暴法会议之所以会导致大量新创意的诞生，主要有以下原因：一是在轻松、融洽的气氛中，每个人都能敞开想象，自由联想，各抒己见；二是能够产生互相激励、互相启发的效果，每个人的创意会引起他人的联想，引起连锁反应，形成有利于解决问题的多种创意；三是在会议讨论时更能激发人的热情，激活思维，开阔思路，易于突破思维定式和旧观念的束缚；四是竞争意识的使然，争强好胜的天性会使与会者积极开动脑筋，发表独到见解和新奇观念。

为了减少群体内的社交抑制因素，激励新想法的产生，提高群体的创造力，使用头脑风暴法解决问题时必须遵守以下基本规则：

（1）暂缓评价。在头脑风暴会议上，会议主持人和会议参与者对各种意见、方案的正确与否不要当场做出评价或批评指责。对观点的批评不仅会占用宝贵时间和脑力资源，而且容易使与会者发言谨慎保守，从而遏制了新观点的诞生。因为所有的想法都有潜力成为好观点、好方法，或者能够启发他人产生新的想法。参与者着重于对想法进行丰富和拓展。将评论放在后面的“评价阶段”进行的“延迟评判”策略，可以产生积极氛围，有助于参与者提出更多的想法。

（2）鼓励提出独特的想法。与会者在轻松的氛围下各抒己见，避免人云亦云、随波逐流，有利于提出独特的见解，这样便可能提供比常规想法更好的解决方案。可以反过来看问题，也可以换一个角度考虑问题等。

（3）追求数量。追求方案的质量，容易将时间和精力集中在对该方案的完善和补充上，从而影响其他方案的提出和思路的开拓，也不利于调动所有成员的积极性。如果头脑风暴会议结束时有大量的方案，那就极可能发现一个非常好的方案。因此，头脑风暴法强调所有的活动应该以在给定的时间内获得尽可能多的方案为原则。为此，与会者应该解放思想，独立思考，畅所欲言，而不必顾虑自己的想法是否荒唐可笑。

（4）重视对想法的组合和改进。对好的想法进行组合、取长补短，以形成一个更好的想法。与单纯提出新想法相比，对想法进行组合和改进可以产生出更好、更完整的想法。所以，头脑风暴法能更好地体现集体智慧。

项目三　创造性思维方式

创新思维是指以新颖独创的方法解决问题的思维过程，以求突破常规思维的界限，以超常规甚至反常规的方法、视角去思考问题，提出与众不同的解决方案，从而产生新颖的、独到的、有意义的思维成果。创新思维的本质在于将创新意识的感性愿望提升到理性的探索上，实现创新活动由感性认识到理性思考的飞跃。

任务一　探索发散思维与收敛思维

科学革命时期发散思维占优势，常规科学时期收敛思维占优势，一个好的探索者要在发散思维和收敛思维之间保持必要的张力。

（1）发散思维。发散思维是对同一问题从不同层次、不同角度、不同方向进行探索，从而提供新结构、新点子、新思路或新发现的思维过程。

发散思维具有流畅性、灵活性和独特性的特点。

流畅性是思想的自由发挥，指在尽可能短的时间内生成并表达出尽可能多的思维观念以及较快地适应、消化新的思想观念，是发散思维量的指标。例如，在思考“取暖”有哪些方法时，可以从取暖方法的各个方向发散，有晒太阳、烤火、开空调、电暖气、电热毯、剧烈运动、多穿衣等，这些都是同一方向上数量的扩大，方向较为单一。

灵活性是指克服人们头脑中僵化的思维框架，按照某一新的方向来思索问题的特点。常常借助横向类比、跨域转化、触类旁通等方法，使发散思维沿着不同的方面和方向扩散，以呈现多样性和多面性。

独特性表现为发散的“新异”、“奇特”和“独到”，即从前所未有的新角度认识事物，提出超乎寻常的新想法，使人们获得创造性成果。

【例10-1】发散思维的应用——“孔”（图10-7）。

图 10-7 桥孔

“孔”结构在工程实例中广泛应用，利用发散思维，可用“孔”结构解决很多问题，例如:

① 钢笔尖上有一条导墨水的缝，缝的一端是笔尖，另一端是一个小孔，而最早生产的笔尖是没有这个小孔的，既不利于存储墨水，也不利于在生产过程中开缝隙。

② 钢笔、圆珠笔之类的商品常常是成打（12支）平放在纸盒里的，批发时不便一盒一盒拆封点数和查看笔杆颜色，有人想出在每盒盒底对应每一支笔的下面开一个较大的孔，查验时只要翻过来一看，就可知道够不够数，是什么颜色，省时又省力。

③ 弹子锁最怕钥匙断在里面或被塞纸屑、火柴梗进去，很难勾取出来。如果在制造锁时，在钥匙口对面预留一个小孔，再出现上述情况，用细铁丝一捅就出来了。

④ 防盗门上有小孔，装上“猫眼”能观察门外来人。

（2）收敛思维。是将各种信息从不同的角度和层面聚集在一起，尽可能利用已有的知识和经验，将各种信息重新进行组织、整合，实现从开放的自由状态向封闭的点进行思考，从不同的角度和层面，把众多的信息和解题的可能性逐步引导到条理化的逻辑序列中，以产生新的想法，寻求相同目标和结果的思维方法，形成一个合理的方案。

在收敛思维过程中，要想准确地发现最佳的方法或方案，必须综合考察各种发散思维成果，并对其进行归纳、分析比较。收敛式综合并不是简单的排列组合，而是具有创新性的整合，即以目标为核心，对原有的知识从内容到结构上进行有目的地评价、选择和重组。

发散思维所产生的设想或方案，通常多数都是不成熟或者不切实际的。因此，必须借助收敛思维对发散思维的结果进行筛选，得出最终合理可行的方案或结果。

【例10-2】隐形飞机。

隐形飞机（图10-8）的制造是一种多目标聚焦的结果。要制造一种使敌方的雷达探测不到，红外及热辐射仪等追踪不到的飞机，需要分别实现对雷达、红外、可见光、声波等隐身四个目标，每个目标中有一些具体小目标，通过解决一个个小目标，最终制造出了隐形飞机。

图 10-8 隐形飞机

任务二 探索横向思维与纵向思维

横向思维是截取历史的某一横断面，研究同一事物在不同环境中的发展状况，并通过同周围事物的相互联系和相互比较中，找出该事物在不同环境中的异同。纵向思维是从事物自身的过去、现在和未来的分析对比中，发现事物在不同时期的特点及前后联系而把握事物本质的思维过程。横向思维与纵向思维的综合应用能够对事物有更全面的了解和判断，是重要的创造性思维技巧之一。

（1）横向思维。横向思维从多个角度入手，改变解决问题的常规思路，拓宽解决问题的视野，从而使难题得到解决，在创造活动中发挥着巨大作用。

在横向思维的过程中，首先把时间概念上的范围确定下来，然后在这个范围内研究各方面的相互关系，使横向比较和研究具有更强的针对性。横向思维对事物进行横向比较，即把研究的客体放到事物的相互联系中去考察，可以充分考虑事物各方面的相互关系，从而揭示出不易觉察的问题。

（2）纵向思维。它被广泛应用于科学和实践之中。事物发展的过程性是纵向思维得以形成的客观基础，任何一个事物都要经历一个萌芽、成长、壮大、发展、衰老和死亡的过程，并且在这个发展过程中可捕捉到事物发展的规律性，纵向思维就是对事物发展过程的反映。纵向思维按照由过去到现在、由现在到将来的时间先后顺序来考察事物。

纵向思维对未来的推断具有预测性，纵向思维的预测结果可能符合事物发展的趋势。在现实社会中，通过对事物现有规律的分析预测未知的情况相当普遍，纵向思维方法在气象预测、地质灾害预测等领域广泛应用，对于指导人们的行为、决策和规划起着较大作用。

任务三　实践正向思维与逆向思维

正向思维是按常规思路，以时间发展的自然过程、事物的常见特征、一般趋势为标准的思维方式，是一种从已知到未知来揭示事物本质的思维方法。与正向思维相反，逆向思维在思考问题时，为了实现创造过程中设定的目标，跳出常规，改变思考对象的空间排列顺序，是从反方向寻找解决办法的一种思维方法。正向思维与逆向思维相互补充、相互转化。

（1）正向思维。是人们最常用到的思维方式。正向思维法是在对事物的过去、现在充分分析的基础上，推知事物的未知部分，提出解决方案。

正向思维具有如下特点：在时间维度上是与时间的方向一致的，随着时间的推进，符合事物的自然发展过程和人类认识的过程；认识具有统计规律的现象，能够发现和认识符合正态分布规律的新事物及其本质；面对生产生活中的常规问题时，正向思维具有较高的处理效率，能取得很好的效果。

（2）逆向思维。利用事物的可逆性，从反方向进行推断，寻找常规的岔道，并沿着岔道继续思考，运用逻辑推理去寻找新的方法和方案。

逆向性思维在各种领域、活动中都有适用性。不论哪种方式，只要从一个方面想到与之对立的另一方面，都是逆向思维。

任务四　实践求同思维与求异思维

求同思维是指在创造活动中，把两个或两个以上的事物，根据实际的需要联系在一起进行“求同”思考，寻求它们的结合点，然后从这些结合点中产生新创意的思维活动。

求异思维是指对某一现象或问题，进行多起点、多方向、多角度、多原则、多层次、多结果的分析和思考，捕捉事物内部的矛盾，揭示表象下的事物本质，从而选择富有创造性的观点、看法或思想的一种思维方法。

（1）求同思维。是从已知的事实或者已知的命题出发，通过沿着单一的方向一步步推导，来获得满意的答案。获得客观事物共同本质和规律的基本方法是归纳法，把归纳出的共同本质和规律进行推广的方法是演绎法。这些过程中，肯定性的推断是正面求同，否定性的推断是反面求同。

求同思维是沿着单一的思维方向，追求秩序和思维缜密性，能够以严谨的逻辑性环环相扣，以实事求是的态度，从客观实际出发，来揭示事物内部存在的规律和联系，并且要通过大量的实验或实践来对结论进行验证和检验。

求同思维进行的是异中求同，只要能在事物间找出它们的结合点，基本就能产生意想不到的结果。组合后的事物所产生的功能和效益，并不等于原先几种事物的简单相加，而是整个事物出现了新的性质和功能。

（2）求异思维。在遇到重大难题时，采用求异思维，常常能突破思维定式，打破传统规则，寻找到与原来不同的方法和途径。求异思维在经济、军事、创造发明、生产生活等领域广泛应用。求异思维的客观依据是任何事物都有的特殊本质和规律，即特殊矛盾表现出的差异性。要进行求异思维，必须积极思考和调动长期积累的社会感受，给人们带来新颖的、独创的、具有社会价值的思维成果。

实践与思考　头脑风暴：践行智匠教育，我们该有何作为？

头脑风暴会议的讨论议题是：________________________________

____

头脑风暴会议的与会者分别是：

①____________，专业背景：____________________

②____________，专业背景：____________________

③____________，专业背景：____________________

④____________，专业背景：____________________

⑤____________，专业背景：____________________

⑥____________，专业背景：____________________

⑦____________，专业背景：____________________

其中，主持人是：________________________________

头脑风暴会上，收集的创意数量是：______________个。

请具体描述本次头脑风暴会的情况：

请评价：你认为此次头脑风暴会成功吗？

□很成功　　□成功　　□一般　　□不成功

实验总结：

实训评价（教师）：

主题十一　大国智匠——创新技能

学习目标

知识目标

（1）了解技术创新、管理创新的基础知识。

（2）初步了解发明问题解决理论（TRIZ）技术创新方法的来源和基本内容。

（3）了解左右脑分工的基础知识，重视右脑开发。

能力目标

（1）通过创新思维与创新方法的学习与运用，提升自身的创新能力。

（2）理解通过创新劳动创造财富、创造辉煌，跟上且能够引领新时代飞速前进的步伐，从而实现自我价值。

素质目标

对照创造性思维方式，审视自身对创新思维的认识，激发自身的创新素质。

学习难点

（1）技术创新方法、管理创新方法基础知识。

（2）大脑的分工与开发。

（3）整体思考法、多屏幕法和金鱼法等创新思维技法的知识和应用。

项目一　了解创新方法的概念

对创新思维的内在规律加以总结归纳，形成有助于方案产生或问题解决的策略，即为创造性思维技法。在具体的问题解决和方案生成中，对创造性思维技法的系统化应用以及辅助工具的支持也是非常关键的。创造性思维技法是有效、成熟的思维的规律化总结与结构化表达。常用的创造性思维技法有整体思考法、多屏幕法、金鱼法、小人法等。

2008年，国家科学技术部、发展和改革委员会、教育部、中国科学技术协会联合发布了《关于加强创新方法工作的若干意见》，明确创新方法工作的指导思想、工作思路、重点任务及其保障措施等。此后，全国范围内前后分别开展了多轮以TRIZ理论体系为主的创新方法的推广应用工作，已经持续了十多年，取得了显著的推广和应用成效。

任务一　认识技术创新

技术创新是指生产技术的创新，是以创造新技术为目的的创新或以科学技术知识及其创造的资源为基础的创新。前者如创造一种新的激光技术，后者如以现有的激光技术为基础开发一种新产品或新服务，是企业竞争优势的重要来源，是企业可持续发展的重要保障。认识技术创新本质、特点和规律，是技术创新有效管理的重要前提。

技术创新以现有的知识和物质为基础，在特定的环境中，改进或创造新的事物（包括但不限于各种方法、元素、路径、环境等），并能获得一定有益效果的行为。重大的技术创新会导致社会经济系统的根本性转变。技术创新包括新产品和新工艺，以及原有产品和工艺的显著技术变化。

技术创新和产品创新有密切关系，又有所区别。技术的创新可能带来但未必带来产品的创新，产品的创新可能需要但未必需要技术的创新。一般来说，运用同样的技术可以生产不同的产品，生产同样的产品可以采用不同的技术。产品创新侧重于商业和设计行为，具有成果的特征，因而具有更外在的表现；技术创新具有过程的特征，往往表现得更加内在。产品创新可能包含技术创新的成分，还可能包含商业创新和设计创新的成分。技术创新可能并不带来产品的改变，而仅仅带来成本的降低、效率的提高，例如改善生产工艺、优化作业过程从而减少资源消耗、能源消耗、人工耗费或者提高作业速度。另一方面，新技术的诞生，往往可以带来全新的产品，技术研发往往对应于产品或者着眼于产品创新；而新的产品构想，往往需要新的技术才能实现。

任务二 认识管理创新

管理创新，是指组织形成一种创造性思想并将其转换为有用的产品、服务或作业方法的过程。也即，富有创造力的组织能够不断地将创造性思想转变为某种有用的结果。当管理者说到要将组织变得更富有创造性的时候，他们通常指的就是要激发创新。在管理创新活动中，企业把新的管理要素（如新的管理方法、新的管理手段、新的管理模式等）或要素组合引入企业管理系统，以更有效地实现组织目标的活动。

管理创新包括管理思想、管理理论、管理知识、管理方法、管理工具等的创新。按功能，可将管理创新分解为目标、计划、实行、检馈、控制、调整、领导、组织、人力九项管理职能的创新。按业务组织的系统，将创新分为战略创新、模式创新、流程创新、标准创新、观念创新、风气创新、结构创新、制度创新。以企业职能部门的管理而言，企业管理创新包括研发管理创新、生产管理创新、市场营销和销售管理创新、采购和供应链管理创新、人力资源管理创新、财务管理创新、信息管理创新等类创新。

管理创新的内容也可以分为三个方面，三者从低到高，相互联系、相互作用：

（1）管理思想理论上的创新。

（2）管理制度上的创新。

（3）管理具体技术方法上的创新。

有三类因素将有利于组织的管理创新，它们是组织的结构、文化和人力资源实践。

（1）从组织结构因素看，有机式结构对创新有正面影响，拥有富足的资源能为创新提供重要保证，单位间密切的沟通有利于克服创新的潜在障碍。

（2）从文化因素看，充满创新精神的组织文化通常有如下特征：接受模棱两可，容忍不切实际，外部控制少，接受风险，容忍冲突，注重结果甚于手段，强调开放系统。

（3）在人力资源因素中，有创造力的组织对其员工积极开展培训，使其保持知识的更新；同时还给员工提供高工作保障，减少担心因犯错误而遭解雇的顾虑，组织也鼓励员工成为革新能手，一旦产生新思想，革新能手会主动而热情地将思想予以深化、提供支持并克服阻力。

任务三　TRIZ 创新方法

阿奇舒勒从不同角度，利用不同的分析方法对专利进行分析，总结出了多种规律。如果按照抽象程度由高到低进行划分，可以将经典TRIZ中的这些规律表示为一个金字塔结构（图11-1）。随着TRIZ的不断发展和完善，TRIZ不仅增加了很多新发现的规律和方法，还从其他学科和领域中引入了很多新的内容，从而极大地丰富和完善了TRIZ的理论体系（图11-2）。

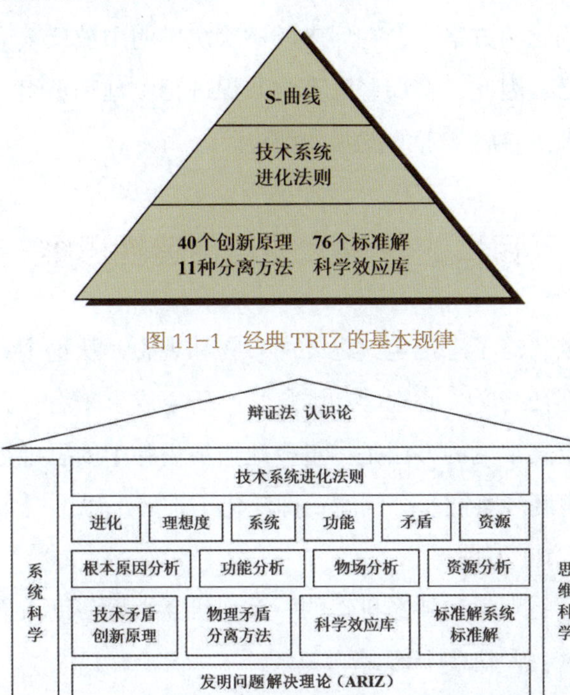

图 11-1　经典 TRIZ 的基本规律

图 11-2　经典 TRIZ 的理论体系结构

（1）TRIZ的理论基础是自然科学、系统科学和思维科学。

（2）TRIZ的哲学范畴是辩证法和认识论。

（3）TRIZ来源于对海量专利的分析和总结。

（4）TRIZ的理论核心是技术系统进化法则。

（5）TRIZ的基本概念——进化、理想度、系统、功能、矛盾和资源。

（6）TRIZ的创新问题分析工具包括：根本原因分析、功能分析、物–场分析、资源分析和创新思维方法。

（7）TRIZ的创新问题求解工具包括：创新思维方法、发明原理、分离方法、科学效应库和标准解系统等。

（8）TRIZ的创新问题通用求解算法是发明问题求解算法（ARIZ）。

在阿奇舒勒看来，人们在解决发明问题过程中，所遵循的科学原理和技术进化法则是一种客观存在。大量发明所面临的基本问题是相同的，其所需要解决的矛盾（在TRIZ 中称为技术矛盾和物理矛盾），从本质上说也是相同的。同样的技术创新原理和相应的解决问题的方案，会在后来的一次次发明中被反复应用，只是被使用的技术领域不同而已。因此，将那些已有的知识进行整理和重组，形成一套系统化的理论，就可以用来指导后来者的发明和创造。

项目二　探讨大脑与创造性思维

思维定式使大脑忽略了思维定式之外的事物和观念，从这个意义上讲，它是一种消极因素。而根据社会学、心理学和脑科学的研究成果来看，思维定式又是难以避免的。解决思维定式常见的方法是尽量多地增加头脑中的思维视角，拓宽思维的广度，学会从多种角度观察同一个问题，即泛化（扩展）思维视角。

任务一　认识左右脑分工理论

多年来，医学、心理学和神经科学的一系列研究结果帮助人们深入了解当人类在进行创造性活动时，大脑在干什么。

一个人的思维可分为两类：左脑思维和右脑思维，每个脑半球控制着不同类型的思维，如图11–3所示。

人类大脑的两个半球由胼胝体（联络左右大脑半球的纤维构成的纤维束板）连接沟通，构成一个完整的统一体。虽然有一些任务需要左脑或右脑独立解决，但对一个健康人而言，左右脑之间关系密切，大脑作为一个整体来工作。来自外界的信息，经胼胝体传递，左、右两个半球的信息可在瞬间进行交流，人的每种活动都是两半球信息交换和综合的结果。大脑两半球在机能上有分工，左半球感受并控制右边的身体，右半球感受并控制左边的身体。

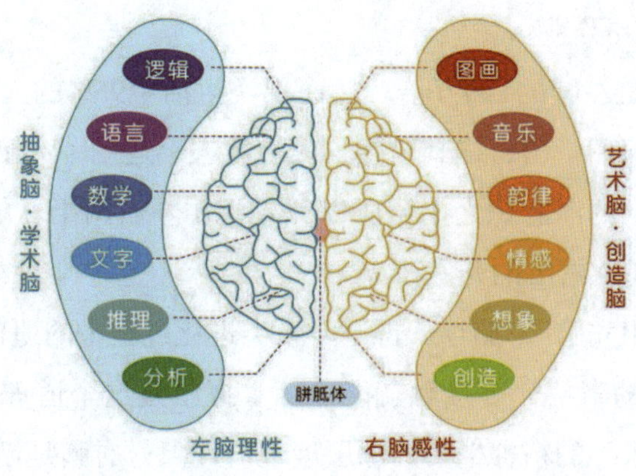

图 11-3　左右脑功能图

所谓割裂脑实验就是将大脑左、右两个半球之间的胼胝体割断，使外界信息传至大脑半球皮层的某一部分后，不能同时又将此信息通过横向胼胝体纤维传至对侧皮层相对应的部分，每个半球各自独立地进行活动，彼此不能知道对侧半球的活动情况。

人的左半脑主要从事逻辑思维、记忆、时间、语言、判断、排列、分类、逻辑、分析、书写、推理、抑制、五感（视、听、嗅、触、味觉）等，思维方式具有连续性、延续性和分析性。因此左脑可以称作“意识脑”“学术脑”“语言脑”。左脑是人的“本生脑”，记载着人出生以来的知识，管理的是近期的和即时的信息。

右半脑主要从事形象思维，负责空间形象记忆、直觉、情感、身体协调、视知觉、美术、音乐节奏、想象、灵感、顿悟等，思维方式具有无序性、跳跃性、直觉性等。右脑的机能：图像化机能，如企划力、创造力、想象力；与宇宙共振共鸣机能，如第六感、透视力、直觉力、灵感、梦境等；超高速自动演算机能，如心算、数学；超高速大量记忆，如速读、记忆力。右脑像万能博士，善于找出多种解决问题的办法，许多高级思维功能取决于右脑。把右脑潜力充分挖掘出来，能表现出人类无穷的创造才能。所以右脑又可以称作“本能脑”“潜意识脑”“创造脑”“音乐脑”“艺术脑”。

对于正常人来说，大脑左右两半球的功能是均衡和协调发展的，既各司其职又密切配合，二者相辅相成，构成一个统一的控制系统。若没有左脑功能的开发，右脑功能也不可能完全开发，反之亦然，无论是左脑开发还是右脑开发，最终目的是促进左右脑的均衡和协调发展，从整体上开发大脑。

任务二 认识右脑的开发

右脑的存储量是左脑的100万倍。然而现实生活中95%的人，仅仅只是使用了自己的左脑。科学家们指出，终其一生，大多数人只运用了大脑的3%～4%，其余的97%都蕴藏在右脑的潜意识之中。所以深入挖掘左右两半球的智能区非常重要，而大脑潜能的开发重在右脑的开发。

右脑是人的“祖先脑”，储存从古至今人类进化过程中的遗传因子的全部信息，很多本人没有经历的事情，一接触就能熟练掌握就是这个道理。右脑是潜能激发区，右脑会突然在人类的精神生活的深层展现出迹象；右脑是创造力爆发区，有神奇的记忆能力，也有高速信息处理能力，右脑发达的人会突然爆发出一种幻想、一项创新、一项发明等。右脑是低耗高效工作区，不需要很多能量就可以高速计算复杂的数学题，高速、高质量记忆，具有过目不忘的本领，人的大量情绪行为也被右脑所控制。

右脑开发的目的并不是以右脑思维代替左脑思维，而是为了充分发挥右脑的优势，更好地将左右脑结合起来，进行人类左右脑的第二次协同，充分调动起人脑的潜能。

如今，左脑功能的大部分，例如计算、书写、绘图、设计等许多工作正在被计算机所代替。在这种情况下，人若不能在那些计算机无能为力的领域，如产生新的设想、进行直观综合判断等方面使用右脑，那就会成为无用的人。然而，由于接受过统一的、规范的学校教育，所以有一种左脑使用过度，而创造力源泉的右脑使用不足的倾向。如果能够适当地减少左脑的兴奋程度，开发平时很少用的右脑，让左右脑协同均衡活动，全脑的总能力和总效应将增大到原来那个较强的左脑的5～10倍甚至更多，于是人的学习能力和创造能力将有一个极大的提高，将变成一个更加聪明的人。随着年龄的增长，会有大脑衰退的表现，其实那只是单纯的脑细胞数量的减少，而脑的机能特别是右脑机能并没有任何变化。年龄越大，就越要求具备能够驱动右脑的出色的“软件系统”，所以从现在开始着手开发右脑一点也不算晚。

任务三 探讨提高创造性的方法

人类可以通过训练把左脑和右脑都调动起来，当你能够整合左右大脑的时候，就更具有创造性了。大脑是一个可以进化的器官，就像定期锻炼可以让你的肌肉更加发达一样，大脑也可以接受类似的训练。

【例11-1】事实上，我们在日常生活中进行的许多活动都在驱使大脑变得消极而不是积极。例如，许多人喜欢看电视或上网，这些活动并不会促使大脑积极参与创造性活动。此外，许多人经常什么也不做，让思维漫无目的地游荡。

想一想：你在一天里通常会做些什么，有多少时间花在了消极活动上。

大脑总想变得高效起来，并积极寻找容易的出口。这意味着，它总是基于过去的经验寻找简单而类似的答案。这就是为什么迫使大脑改掉旧的习惯、抛弃旧的思维模式、产生新的想法会这么困难。

许多人很难有时间思考真正的创意，这种创意在很大程度上取决于大脑通过眼睛获得的信号，然后通过过去积累的经验来解释这些模糊的信号。当你第一次接触某种东西的时候，你的大脑会调动整个神经元网络去破译它。而在接触熟悉的事物时，只有1/6的神经元在工作，因为你的大脑可以更有效地解释这一事物。因此，如果人们多次接触到某一事物并对其进行描述，他们就不太可能使用自己的想象力了。但如果是他们所不熟悉的事物，就必须给予更具原创性的解释，因为他们可以依赖的经验几乎为零。因此，为了更富创造性地思考，一个人需要开发新的神经线路，打破依赖经验的循环过程。如果大脑很难预测下一步会发生什么，那么，人们更倾向于使用自己的想象力，进行更富创造性的思考。这项研究是鼓舞人心的，因为它表明，任何人都可以通过接触新环境和进行新体验来触发新思考。这个变化越彻底，人们产生新见解的可能性就越大。激发想象最可靠的方法，就是寻找自己没有体验过的环境。

任何人都可以成为创造性人才，只需用你的大脑以新的方式进行思考，让自己适应新经验和新情况。创造性的关键就是让大脑去联想你从没有去过的地方。如果你的大脑中储存了很多不同的信息，那你可能会创造出唯一的关联性。最好的发明家就是那些积极寻找“不同经验”的人，这个道理适用于许多事情。例如，你可以去做一些你完全未知的事情，或者用不同的方法与他人互动，从别人那里收集有益于自己工作的信息。

孩子和年轻人往往更容易萌发创意，这是因为他们的思想不受限制，大脑自由奔放。他们不会对失败产生恐惧，而那种恐惧往往会摧毁成人的思维。作为孩子，他们有梦想和想象的能力。他们没有太多的经验，但仍然努力去了解周围的世界。因此，他们更倾向于想象一些事情。

我们可以通过一些简单的事情来提高自己的创造性，比如可以沿一条新的路径走回自己家，或者在喜欢的餐馆里品尝新的菜肴。

【例11-2】提高创造性的10种简单方法。

（1）随时记录，因为你永远不知道灵感会在何时何地出现。

（2）限制看电视的时间，因为看电视会让大脑进入断电和被动状态。研究表明，看电视的人大脑中的α波会增加，这会明显抑制人的意识活动的脑波。换句话说，看电视时大脑的反应能力跟静坐在黑暗的房间里几乎是一样的。记住，要让你的大脑时刻保持活跃，这是创造性的关键。

（3）找几个大笑的理由。一项研究表明，人们在接触一些有趣的事情之后，能够更好地回答一些为评估创造性思维而设计的测试题。

（4）多阅读，多接触优美的创造性作品。

（5）做一些不寻常的事情，走出你的安乐窝。或者说，以一种你不常用的方式去做某一件事情。工作的时候，采用一种新方法。执行某项你定期执行的任务时，打乱原有的顺序。

（6）学习一门新的语言，开发一种新的爱好。让你的大脑忙着处理这些活动，以促进血液循环，并加强大脑中神经细胞之间的结合。

（7）当你的思维遇到障碍时，先分散自己的注意力，然后再回头重新思考。遇到瓶颈时，分散精力去做一些与任务无关的事情是相当有效的。例如，你在解一道数学题时遇到了困难，不要转而解另一道数学题，而是起身去给花草浇水，这种分散注意力的方法更有效。

（8）跳出专业范畴，以外行的眼光看问题，这样可以帮助你想出更多的创造性解决方案。

（9）打破传统思维方法，对一些事物的用途进行挑战性开拓。

（10）多接触社交圈之外不同背景的人。

项目三　实践整体思考法

创新思维是在客观需要的推动下，以新获得的信息和已储存的知识为基础，综合运用各种思维形态或思维方式，克服思维定式，经过对各种信息、知识的匹配、组合，或者从中选出解决问题的最优方案，或者系统地加以综合，或者借助于类比、直觉等创造出新办法、新概念、新形象、新观点，从而使认识或实践取得突破性进展的思维活动。对创新思维的内在规律加以总结归纳，形成有助于方案产生或问题解决的策略，即为创新思维技法。在具体的问题解决和方案生成中，对创新思维技法的系统化应用以及辅助工具的支持也是非常关键的。

主要的创新思维技法包括整体思考法、多屏幕法、金鱼法和最终理想解方法等。所谓创新思维技法，就是为了打破思维定式，让我们多角度地看待问题，协助我们的思维进行有规律的、多维度的发散，最终让许多看似很困难、无从下手的问题，变得非常简便，易于解决。

整体思考法是一种全面思考问题的模型，它提供了“横向思维”的工具，避免把时间浪费在相互争执上。这种方法将思维方式分为六类，而每次思考时思考者只采用一种方式，以有效地避免思维混杂。整体思考法的不同思维角度如图11-4所示。

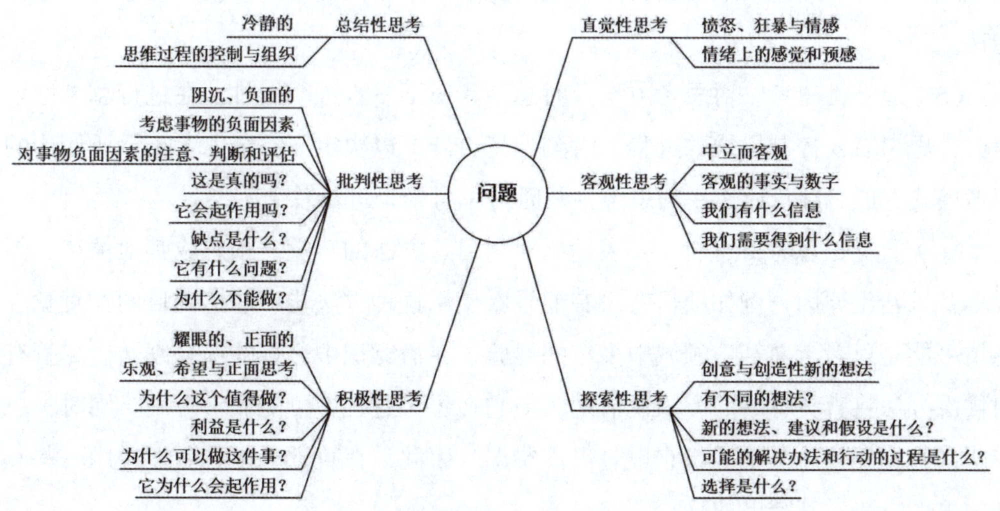

图 11-4　整体思考法的不同思维角度

任务一　探讨整体思考法的内涵

整体思考法是一种集问题分析、方案生成、方案评价于一体的创造性思考过程的集合。

（1）客观性思考：当进行客观思考时，思考者要撇开所有建议与辩论，而仅对事实、数字和信息进行思考。通过提问和回答，罗列出已有信息和需求信息：已得到什么信息？缺少什么信息？想得到什么信息？怎样得到这些信息？

（2）探索性思考：是尽可能多地提出各类新奇建议，创造出新观念、新选择。探索性思考在创造性思维中是极其重要且最有价值的思考方式。尽管获得的思考结果有些不一定立即可行，但其中所包含的价值通过其他思考方式加工处理后，可逐步变成切实可行的方案。

（3）积极性思考：是以一种积极的态度和看法思考事物的优点，基于逻辑寻找事物发展的可能性。例如：它为什么有利？它为什么能做？为什么它是一件要努力做好的事情？其中包含了什么潜在价值？有时一些概念所包含的优势一开始并不是十分明显，需要刻意地去寻找。

（4）批判性思考：思考者要在事实的基础上对问题提出质疑、判断、检验，甚至否定，并批判性地找到方案不可行的原因。例如：它起作用吗？它安全吗？它与事实相吻合吗？批判性思考可以纠正事物中存在的错误和问题，是非常有价值的思考。同时需要注意的是，不要过度使用批判性思考，并下意识地将其带入其他的思考方式中，对事物过早地做出否定，从而扼杀一些看似荒谬实则很有价值的创造性想法。

（5）总结性思考：对思考方案及时总结，对下一步进行安排。在进行总结性思考时，思考者要控制思维的进程，时刻保持冷静，以决定下一个思考步骤所使用的思考模式，或者评价所运用的思维并及时对思考结果进行总结。

（6）直觉性思考：这时，要表达出对项目、方法的感觉、预感或其他情绪，但并不要求给出原因。例如项目有没有前景？使用这种方法能不能达到目的？直觉与感情可能是思考者在某一领域中多年的经验，在潜意识中进行的综合判断。尽管有时候没办法将直觉背后的原因说清楚，但它在思考过程中可能非常有用。同时，也应明白直觉并不总是正确，它也会出现错误。因此，在直觉思维之后还应用一些其他的思考方法对其结果加以验证。

任务二 实施整体思考法

应用整体思考法的关键在于使用者用何种方式去排列思考模式，也就是组织思考的流程。这几种思考方式并不存在唯一正确的序列，因为序列会随着思考内容的具体性质而改变。

下面是整体思考法的一个一般性的思考顺序：

（1）客观性思考：收集可加以利用的有用信息。

（2）探索性思考：对进一步探索和想出可供选择的信息进行考虑。

（3）积极性思考：对每一种选择的可行性和利益做出评估。

（4）批判性思考：对每一种选择的危险性和弱点做出评估。

（5）探索性思考：对最富有前景的选择进行进一步拓展，并做出决策。

（6）总结性思考：对目前为止已经取得的成果进行总结与评估。

（7）批判性思考：对所作选择做出最后的评判。

（8）直觉性思考：找出对结果的感受。

在实际运用时，应针对不同的问题性质，结合思考方式自身的思维特点来安排其顺序。

项目四　实践金鱼法

在创新过程中，有时候产生的想法看起来并不可行甚至不现实，但是，此种想法却绝对令人称奇。如何才能克服对“虚幻”想法的自然排斥心理呢？

金鱼法（图11–5）可帮助我们解决此问题。金鱼法的基础，是将一个异想天开的想法分为两个部分：现实部分及非现实（幻想）部分。接着，把非现实部分再分为两部分：现实部分及非现实部分，继续划分，直到余下的非现实部分有时会变得微不足道，而想法看起来却愈加可行为止。

金鱼算法具体做法是：

（1）将不现实的想法分为两个部分：现实部分与非现实部分。精确界定什么样的想法是现实的，什么样的想法看起来是不现实的。

（2）解释为什么非现实部分是不可行的。尽力对此进行严密而准确的解释，否则最后可能又得到一个不可行的想法。

（3）找出在哪些条件下想法的非现实部分可变为现实的。

（4）检查系统、超系统或子系统中的资源能否提供此类条件。

（5）如果能，则可定义相关想法，即应怎样对情境加以改变才能实现想法的看似不可行的部分。将这一新想法与初始想法的可行部分组合为可行的解决方案构想。

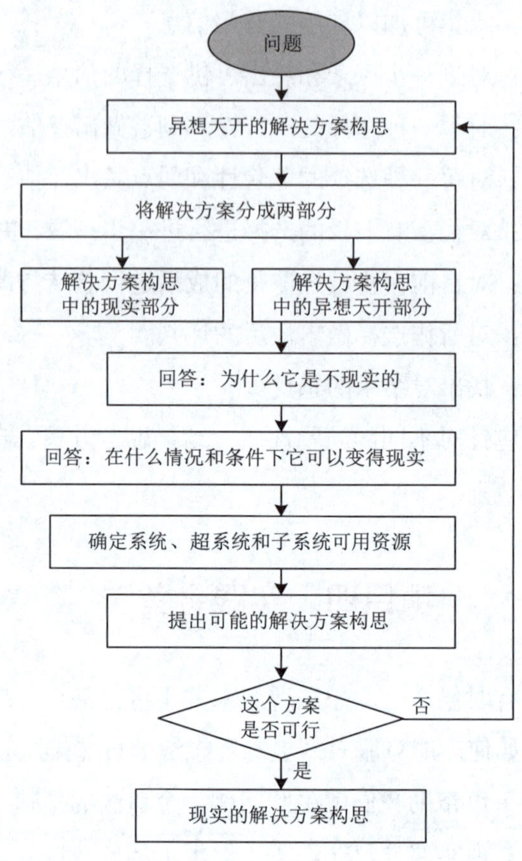

图 11-5　金鱼法流程

（6）如果无法通过可行途径来利用现有资源，为看起来不现实的部分提供实现条件，则可将这一“看起来不现实的部分”再次分解为现实与非现实部分。然后，重复步骤（1）～（5），直到得出可行的解决方案构想。金鱼法是一个反复迭代的分解过程。

【例11-3】让毛毯飞起来。

步骤1：将问题分为现实部分（毯子是存在的）和幻想部分（毯子能飞起来）。

步骤2：幻想部分为什么不现实？毯子比空气重，而且它没有克服地球重力的作用力。

步骤3：在什么情况下，幻想部分可变为现实？施加到毯子向上的力超过毯子自身重力，或者毯子的重量小于空气的重量。

步骤4：列出所有可利用资源。

- 超系统资源：空气；风（高能粒子流）；地球引力；阳光和重力。

- 系统资源：毯子的形状和重量。
- 子系统资源：毯子中交织的纤维。

步骤5：利用已有资源，基于之前的构想（步骤3）考虑可能的方案。

- 毯子的纤维与太阳释放的粒子流相互作用可使毯子飞翔。
- 毯子比空气轻。
- 毯子在不受地球引力的宇宙空间。
- 毯子上安装了提供反向作用力的发动机。
- 毯子由于下面的压力增加而悬在空中（气垫毯）。
- 磁悬浮。

……

步骤6：分析构想中的不现实方案（例如毯子比空气轻），再回到第一步。

步骤1：分为现实部分（存在重量轻的毯子，但它们比空气重）和幻想部分（毯子比空气轻）。

步骤2：为什么毯子比空气轻是不现实的？制作毯子的材料比空气重。

步骤3：在什么条件下，毯子会比空气轻？制作毯子的材料比空气轻；毯子像尘埃微粒一样大小；作用于毯子的重力被抵消。

步骤4：考虑可利用资源。

- 超系统资源：空气；风（高能粒子流）；地球引力；阳光和重力。
- 系统资源：毯子的形状和重量。
- 子系统资源：毯子中交织的纤维。

步骤5：结合可利用资源，考虑可行的方案。

- 采用比空气轻的材料制作毯子。
- 使毯子与尘埃微粒的大小一样，其密度等于空气密度。
- 毯子由于空气分子的布朗运动而移动；在飞行器内使毯子飞翔，飞行器以相当于自由落体的加速度向上运动，以抵消重力。

步骤6：构想中的不现实方案，再次回到第一步。

选择不现实的构想之一：采用比空气轻的材料制作毯子。继续回到第一步进行分析，直到找到切实可行的解决方案。

实践与思考　智匠利器：实践创新技法

1. 学习应用整体思考法

水上快速性是两栖汽车（图11-6）的重要性能之一，现有汽车需要通过减少阻力来保证其快速性。请运用整体思考法对其进行创造性思考。

图 11-6　两栖汽车

（1）客观性思考：收集可加以利用的有用信息。

答：

（2）探索性思考：对进一步探索可供选择的信息进行考虑。

答：

（3）积极性思考：对每一种选择的可行性和利益做出评估。

答：

（4）批判性思考：对每一种选择的危险性和弱点做出评估。

答：

（5）探索性思考：对最富有前景的选择进行进一步拓展，并做出决策。

答：

（6）总结性思考：对目前为止已经取得的成果进行总结与评估。

答：

（7）批判性思考：对所作选择做出最后的评判。

答：

（8）直觉性思考：找出对结果的感受。

答：

2．学习应用金鱼法

设想“用空气来赚钱”。请应用金鱼法来分析此创意。

步骤1：将不现实的想法分为两个部分：

现实部分：

不现实部分：

步骤2：解释为什么非现实部分是不可行的。

答：

步骤3：找出在哪些条件下想法的非现实部分可变为现实的。

答：

步骤4：检查系统、超系统或子系统中的资源能否提供此类条件。

答：

步骤5：如果能，则可定义相关想法，即应怎样对情境加以改变才能实现想法的看似不可行的部分。将这一新想法与初始想法的可行部分组合为可行的解决方案构想。

答：

步骤6：如果我们无法通过可行途径来利用现有资源为看起来不现实的部分提供实现条件，则可将这一“看起来不现实的部分”再次分解为现实与非现实部分。然后，重复步骤1～步骤5，直到得出可行的解决方案构想。

答：____

____

请记录：对于这个例子，我们还可以继续考虑（如果有的话）：

答：____

____

通过上述分析，请在图11-7中填空：

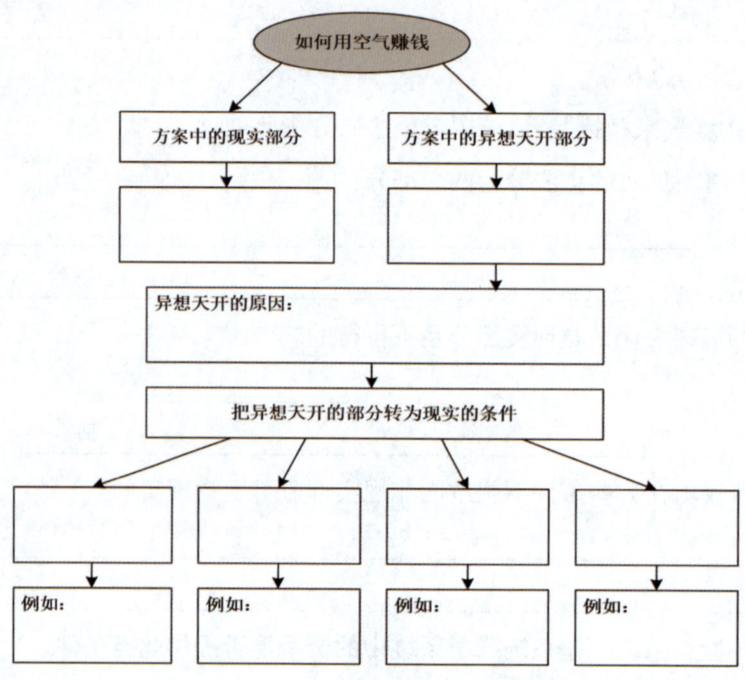

图 11-7　金鱼法：用空气赚钱

解决方案：____

____

____

实验总结：____

____

____

实训评价（教师）：____

____

主题十二　大国智匠——创新愿景

学习目标

知识目标

（1）了解数字文明时代下劳动认知的变化，重塑 AI 背景下的劳动情感和劳动品德，适应符合现代生活方式的劳动技能传播途径，培养符合社会科技发展的劳动习惯。

（2）学习科技革命背景下创新劳动的新内涵、新特征，以及对劳动者提出的新要求。

（3）了解 AI 与人类劳动的区别，关注自身数字技能的培养与提升。

素质目标

（1）审视自身劳动情感、态度和劳动价值观，塑造良好的劳动品德。

（2）反思自身劳动习惯的不足之处，培养积极进取的劳动习惯。

能力目标

（1）分析个人特点，明确自身劳动知识、劳动技能的提升目标及具体任务。

（2）结合专业或个人专长，重视创新劳动，制订切实可行的学习规划和职业生涯规划。

学习难点

（1）数字技术对社会劳动的影响，科技革命背景下创新劳动的新内涵、新特征、新要求。

（2）厘清 AI 与人类劳动的发展关系及人类劳动活动的一般分类。

项目一　了解数字劳动推动数字文明

生产资料是人类文明的核心。农业时代生产资料是土地，工业时代生产资料是机器，数字时代生产资料是数据。劳动方式是人类文明的重要表征。渔猎农耕时代形成的是以手工劳动为主要方式的“手工文明”，工业时代发展为以机器劳动为主要方式的“机器文明”，智能时代则基于数字劳动而不断推动和丰富着“数字文明”（图12-1）。

图 12-1　艺术家用大数据展现艺术

2021年9月26日，国家主席习近平在向2021年世界互联网大会乌镇峰会致贺信时指出：“中国愿同世界各国一道，共同担起为人类谋进步的历史责任，激发数字经济活力，增强数字政府效能，优化数字社会环境，构建数字合作格局，筑牢数字安全屏障，让数字文明造福各国人民，推动构建人类命运共同体。”

这里，“数字文明”折射出以大数据、人工智能等为代表的数字技术对世界和人类的影响，在广度和深度上有了质的飞跃，到了塑造一种人类文明新形态的高度。

习近平主席在贺信中对此有高屋建瓴地解读：“数字技术正以新理念、新业态、新模式全面融入人类经济、政治、文化、社会、生态文明建设各领域和全过程，给人类生产生活带来广泛而深刻的影响。”以数字技术为基座的互联网，促进交流、提高效率，也在催生变革，更影响社会思潮和人类文明进程。这是不可逆转的时代趋势。

顺势而为、共建共治，是各国应有的眼光和抉择。特别是世界百年变局交织叠加，不确定不稳定因素增多，人类需要以数字文明为桅，升起网络空间命运共同体之帆，助力人类命运共同体的巨轮乘风破浪驶向彼岸。事实证明，以信息化、数字化、网络化、智能化为发力点，加强国际交流合作，是应对经济复苏的重要抓手，也是符合和促进全人类福祉的强大武器。

建设数字文明这条路，不能只靠单个企业的自觉，也不能靠某个国家单打独斗，而是需要越来越多的志同道合者参与进来，共建共治共享，走出一条互惠互利共赢的康庄大道。目标在前，我们不应踌躇迟疑，而要以“志之所趋，无远弗届”的魄力，尽早伸出合作之手、大步迈出坚实步伐。

项目二 思考创新劳动的发展

在人类社会发展历程中，石器被青铜器替代，又被工业机械替代，木版印术被铅字印术替代，又被计算机胶印印术替代等，进步现象表明了创新劳动在人类社会发展中的价值和意义。倡导创新劳动，是因为创新劳动能够创造满足人们需要的新的使用价值，在于它能带来劳动者自我素质的提高。换言之，劳动者素质提高的标志，应该就在于具有自我劳动素质的创造。

任务一 了解创新劳动的定义

所谓“创新劳动”，是指突破劳动的惯性思维，突破原有的生产方式、组织方式，创造和运用全新的思维观念、科技知识、工艺设计及方式方法所进行的创造性劳动，即通过人的脑力劳动萌发出技术、知识、思维的革新，从而提升劳动效率、生产出超值社会财富或成果的劳动。

社会的发展表明，创新劳动在不同领域为人类进步发挥着作用。创新的社会化促进了整体社会生产力的进步。社会各阶层的劳动者都有能力从事创新劳动，他们的创新劳动对社会的经济发展产生着重要影响。人类社会是在劳动中积累经验，提供物质准备以创造剩余劳动财富，又是在创新劳动中获取更多的剩余价值，在创新劳动中得到发展，走向未来。

创新劳动是社会进步、社会文明的标志。只有倡导创新劳动，才能使我们的民族更加具有文明智慧，才能促使人类社会为美好的明天而奋斗。一个社会，只有弘扬创新劳动光荣的良好风气，才能实现体面劳动的愉悦，才能实现社会财富的不断增长。社会在发展，劳动方式在变，创新劳动所体现出的社会价值及内涵会更加深刻。

新时代劳动价值的体现标准，正在从传统的“出大力，流大汗”“苦干加实干”，向“知识型、技术型、创新型”，并能为国家创造社会效益和经济效益方向转变。这种变化是与新中国初期的农业社会向工业化、现代化，并逐步向世界开放的转变过程相适应的。

光荣属于伟大的劳动者。在我国内外环境、增长机制发生重大变化的条件下，以创新劳动加快转变经济发展方式、建设创新型国家，是时代赋予中国劳动人民的崇高使命。具有光荣传统的中国劳动人民一定能够与时俱进、锐意进取，更好地发挥改革主力、发展动力、稳定基石的作用。

任务二 了解创新劳动的特点

创新劳动具有阶段性发展、对于同质劳动的超越等特点。创新劳动生产的是知识商品，这些知识商品表现为新理论、新观点、新创意、新技能等，它们大多是无形产品，可能看不见摸不着，但这些知识商品的出现意味着新的发现、新的变革，这种变革从根本上影响着社会前进的步伐和速度。

创新劳动创造价值的能力更强。探索新知识的劳动是一种艰苦的创造性劳动，掌握了科技知识的劳动者进行的劳动是复杂劳动。创新劳动是生产劳动，它也具有二重性：具体劳动和抽象劳动。具体劳动创造出商品（知识）的使用价值，研究、创新形成有益于人类进步的各种知识，推动人类社会知识的进展；或运用各种知识生产出产品和劳务，能够满足人类的物质、文化生活需要。抽象劳动形成商品的价值，这种劳动创造的价值远远高于一般人类劳动。

创新劳动是以脑力为主的劳动，所形成的知识商品的价值构成主要包括：

（1）生产知识的各种费用；各项科研费用，各类器材及实验设备的费用。这些费用是过去价值的投入，比较容易计量。

（2）劳动者的脑力和体力支出的新创造的价值，是人的创造性劳动的凝结，其价值较难度量，但通过其价格也可以相对地反映出其价值量的大小。比如，一项专利值多少钱，一项技术值多少钱。通过价格比较可以看出，知识产权的价格可以数倍、数十倍甚至数百倍于一般产品，也就可以大致推断知识产品的价值远远高于一般产品。创新劳动之所以能创造出较高的价值，主要原因是创新劳动是一种极其复杂的劳动，它等于许多倍简单劳动。

（3）在知识经济时代之前的简单商品经济中，知识对经济发展的贡献不很明显，创新劳动蕴涵在其他劳动之中。在资本主义大生产中，创新劳动对经济的贡献日渐突出，创新劳动逐渐从其他劳动中分离出来。

在社会化大生产中，创新劳动对经济发展的促进作用更为明显。随着社会生产力的迅猛发展，创新劳动在其中越来越重要，并且正在占据主导地位，它具有作为一种专门的劳动被独立出来的条件。创新劳动的独立化使其可以在更大的时空中发挥作用。在知识经济时代，创意、策划、咨询、信息等新兴行业层出不穷，有一些就是由于创新劳动的独立化而产生的新行业。

（4）创新劳动对社会生产力发展有更大的推动作用。知识经济时代，知识成了生产力发展的主要的、直接的推动力，新知识的涌现及其在经济上的运用，加速了经济发展的进程。生产知识、运用知识的创新劳动对经济发展有更大的促进作用。在工业经济时代，社会财富以算术级数增加；在知识经济时代，社会财富以几何级数增加。其增加的动力源泉在于创新劳动推动了知识的加速更新，新知识的运用又推动了生产力的巨大发展，使社会财富在创新劳动的催化下大量涌现，满足了人们物质文化生活需要，提高了人们的生活质量，增强了国家经济实力。

任务三 思考创新劳动的形式

创新劳动的表现形式是技术、知识、思维的革新，也就是进行有目的的创造性劳动。通常我们所讲的，人们的自主劳动、高科技含量劳动和成果回归等劳动，都应该属于创新劳动的范畴。一些劳动形式和内容的进步与变化，表明了创新劳动在时代发展中的进步价值。社会在发展，劳动方式在变，创新劳动所体现出的社会价值及内涵会更加深刻。

一、科研劳动

科学研究人员不直接参与企业生产、经营过程，但他们的劳动成果——创新性的知识，能极大地改进企业的生产经营状况，提高企业的生产劳动效率（图12-2）。马克思说：“随着大工业的发展，现实财富的创造较少地取决于劳动时间和已耗费的劳动量，较多地取决于在劳动时间内所运用的动因自身——它们的巨大效率——又和生产它们所花费的直接劳动时间不成比例，相反地却取决于一般科学水平和技术进步，或者说取决于科学在生产上的应用。”

图 12-2 科研劳动

科学技术是第一生产力，而且是先进生产力的集中体现和主要标志，科学技术的突飞猛进，给世界生产力和人类经济、社会的发展带来了极大的推动。未来的科技发展还将产生新的重大飞跃。我们必须敏锐地把握这个客观趋势，始终注意把发挥社会主义制度的优越性同掌握、运用和发展先进的科学技术紧密地结合起来，大力推动科技进步和创新，不断用先进科技改造和提高国民经济，努力实现生产力发展的跨越，重视科研人员在社会经济中的作用。

科研劳动作为具体劳动主要表现在提出新思想、发明出新产品、研制出新技术等。他们能使已有的生产更加富有效率或产生新的生产方式。科研劳动作为抽象劳动将科研工作者的智慧物化在知识商品中，使知识商品成为价值不菲的商品。现代各国的生产力水平都直接取决于科学技术水平的高低和创新能力的强弱，而科技水平和创新能力又直接取决于科研劳动者的科研劳动的质量和水平。以知识为基础的高科技的创新、传播和应用，成为经济发展的主要动力，教育和科研部门成为促进经济发展的主要部门。如今，以计算机、网络、数码、光纤、多媒体、大数据、人工智能为主要标志的信息产业成为经济中最具有活力的产业。

二、经营管理劳动

企业管理人员的劳动是运用经营管理知识和技术，把生产中所需要的各种生产要素组织、配置、协调起来，发挥总体功能。它是构成企业总体劳动的有机组成部分，是创造使用价值的联合劳动的重要内容之一，是社会化大生产所要求的劳动形式。

企业的管理劳动能激发各方面的积极性和能动性，为实现企业的整体目标而协同努力。管理劳动作为具体劳动是管理者组织、协调、指挥和监督生产的活动，作为抽象劳动是管理者作为全体生产者的一员，与直接生产工人的劳动一起形成新价值，将自身的劳动凝结于新商品之中。管理活动是一种复杂劳动，它要求管理者具有较高的智商和较丰富的知识，要有预见能力和承担风险能力，要懂技术，要有实践经验和经营决策能力。管理者的经营决策能力对企业的生产经营有着至关重要的作用。管理者的决策正确与否、能否承担风险和把握机遇，是决定企业经营成败的关键。

任务四　思考创新劳动的分类

创新劳动可以包括以下几种：

第一类是为进一步认识客观事物而获得新知识的创造性劳动。这类劳动也可称为科学创新劳动。

第二类是为节约时间和空间，节约体力和精力，节约资源和能源而探索更简便的思想、方法和手段的创造性劳动。这种劳动也可称为技术创新劳动。比如集装箱的发明就是一个明显的例子。这里面并没有发现新知识的科学创新，但却是一个能给社会带来巨大效益的技术创新。从产业发展的历史来看，在许多重要产业，包括高新技术产业，关键的不是科学创新劳动，却是技术创新劳动。比如要做出0.5 μm的集成电路技术产品，其科学原理并不复杂，也早已为人们掌握，所以并不需要科学创新劳动，但却需要复杂的技术创新劳动才能完成（图12-3）。

图 12-3　中国的光刻机

第三类是为满足社会与个人的新需要而设计与创造新的使用价值的创造性劳动，这类劳动又可称为产品创新劳动。

第四类是发展人自身的劳动，又称人力创新劳动，它包括学习劳动和部分教育劳动。学习劳动和教育劳动都是塑造和培养劳动者新的能力和素质的劳动。由于人具有思想和个性，所以教育劳动并没有一个统一的模式，往往要因人而异，因材施教，处处实现创新。

任务五 认识创新劳动的主体

创新劳动归根结底是一种创造性的工作，是知识的创新及知识的创造性应用，因而我们把知识的创新者及知识的创造性应用者作为创新劳动的主体，主要包括以下几类：

一、大学和研究机构

大学和研究机构是知识、技术和造就人才的主要阵地，是创造知识和人才的主要力量。研究开发活动的制度化以及大学和研究机构的迅猛发展使它们在产业技术进步中的作用日益增强。

大学和研究机构在研究开发活动方面的优势在于：它们集中有最优秀的科技人才，拥有最先进的科研仪器和设备，良好的学术环境有利于进行创造性的思维。由于政府的资助，它们可以从事本学科处于前沿阵地领域的研究开发工作，不断开拓新的领域和取得新的研究成果。

二、企业

企业往往被认为是创新知识的创造性应用者。企业的研究开发活动越来越被认为是企业技术创新活动最直接最重要的源泉，这是因为，同大学和研究机构相比，企业的研究开发机构更了解企业的实际情况，也更了解市场的需求，研究开发活动易于与生产、销售活动联系在一起并形成整体，其科技成果一般也与市场结合比较紧密。本企业的科技成果产业化也不存在组织上和经济上的障碍，因而科技成果也能够较为容易地变成创新。同时，企业的研究开发活动在改善企业的生产技术、培养和锻炼企业所需要的技术人才、提高企业的整体技术水平方面有着重要的作用。按照经济学家的看法，企业研究与试验经费的发展，有着一定的经济必然性，因为它减少了技术市场交易的费用。日益激烈的竞争是企业研究开发越来越受到重视的另一个重要原因。人们对企业研究开发的收益及其未来的影响抱有较高的期望。许多企业开始把加强研究开发看作是维持企业生存的条件。“现在不搞研究的企业迟早要陷入破产的境地”已经成为大多数企业领导人的共识。

三、创新家和企业家

创新家可能是企业家，但不是所有的创新家都是企业家，企业家是最重要的创新家，但不是唯一的创新家。

创新家是指直接从事创新活动，把新设想变成商品化的人。但是，从创新过程的整体考虑，对创新过程做过重要贡献的人都应看作是创新者，这样，发明家、企业家、开发者等都是创新家。事实上，发明家和创新家在很多情况下是同样的人。由于创新家在推动创新成功时做了大量的组织和创业工作，创新成功后，使事业得到发展，他又变成了企业家。“发明家—创新家—企业家”这种三位一体的人物，历史上不少，如今更是频繁出现。

发明家的贡献早已为人们所熟知，企业家也广为人们所钦佩、敬仰，然而，对创新做出最大直接贡献的创新家，其功绩却鲜为人知，除非他们就是发明家或企业家。我们可以列出一大批发明家，也可以说出一些企业家，然而我们却难以列出许多创新家的名单。这是因为创新者常常不是一个人，而是一群人、一支队伍，甚至整个企业或整个机构。其中虽然有起主要作用的，然而这种主要作用仍然不足以把创新仅仅和他个人的名字联系起来。

企业家是最重要的创新家，这是因为他们在把发明转变为创新的过程中所起的卓越的组织和管理作用。企业家在技术创新中主要担任创新的推动和启动者、风险承担者和协调管理者的角色，首先是企业家认识到技术和市场方面的机会，做出推动技术创新的决策，然后企业家寻求资源，启动创新项目。而创新的成功与失败与企业家的利益直接相关。所以没有敢于创新和敢于冒险的素质和精神是不可能有创新活动的。另外，企业家还要保证创新过程中各种活动之间的联系与协调，保证各个阶段资源和信息投入。要采用必要的激励措施，调动创新过程中各类人员的积极性。要取得成功还必须在组织上进行创新，所以说企业家是最重要的创新家。

四、用户

用户作为创新主体，主要不是指其知识和技术的来源，而是指创新产品的来源及其产生的动力机制。

任务六　认识创新劳动成果存在形态

创新劳动的成果相应地有四种存在形态：

第一类是知识形态，它可以是原理、公式、发明、图纸等。

第二类为设备形态，也就是知识形态的科学技术被固化在生产设备中。

第三类为最终产品形态，它具有弥补新的使用价值的性质，包括给人创造新的知识、新的感觉、改善健康的需要。

第四类是人的创新形态，也就是武装了新知识、新能力的人，他们可能掌握了技术诀窍，积累了生产经验，可以在接触知识形态、设备形态和最终产品形态的产品后进行创新，再生产出新的知识形态、设备形态和最终产品形态的产品来，从而使创新劳动不断积累、应用和再展。

项目三　认识人工智能引发的劳动迭代

人工智能的出现（图12–4），引发了劳动就业迭代的现象，通俗来讲，就是人工智能的出现导致一部分职业被替代。那么，在这些被替代的岗位中的劳动者将面临怎样的再就业，则是当代劳动教育需要思考的问题。

图 12–4　人工智能时代

人类劳动活动一般划分为四类：规则性体能劳动、规则性智能劳动、非规则性智能劳动和非规则性体能劳动。

（1）规则性体能劳动，主要指一般的体力劳动，其工作内容程序化、固定化、重复性强，主要聚集在农业、建筑业、制造业流水线和部分服务业。

（2）规则性智能劳动，主要是一般性的事务性工作，其工作内容具有一定专业性，程序化和规律性较高，包括文员、会计、人力资源专员、程序员等。

（3）非规则性智能劳动，一般是指需要高知识、高技能的脑力劳动，其工作内容复杂，具有较高专业性，专注于对未知领域的探索，需要具有创造性思维方式，如科学家、企业家、艺术家等。

（4）非规则性体能劳动，一般特指从事体育运动、极限运动、野外救援等特殊领域中的工作，这一类劳动者数量少、工作危险性高，在劳动力总数中占比最小。

因规则性体能劳动具有较高程序化和重复性的特征，此类劳动最易被人工智能替代；规则性智能劳动虽然也强调专业性，但因其呈现的程序化和规律性，未来仍然可能被人工智能替代。而非规则性智能劳动则因其复杂性、不规律性和创造性是人类劳动所特有的优势，支撑着一个社会的创新，难以被人工智能所替代。

人工智能对规则性体能劳动和规则性智能劳动的替代是基于社会科技进步，而劳动者向着更高智能劳动领域发展，一定要借助人力资本投资才能实现，主要是指国家为了经济发展，在教育和技术等方面所进行的投资。教育上的投资是最有效的投资。

虽然完全替代人类劳动为时尚远，但人工智能的智能机器、智慧制造、产业机器人和服务机器人正在逐渐渗透人类的工作领域，代表着高强度、高效率的生产能力正威胁着人类的劳动机会，这是当前的教育必须高度重视的问题。

项目四　探讨未来劳动教育新焦点

在人工智能时代，劳动教育必须焕发出新的生机，才能够有效帮助劳动者应对人工智能带来的挑战，同时劳动教育应在那些容易被忽略的或者是不容易将教育实践落地实施的方面做好有力的补充和融合，协调社会需求和人才培养方案的结构性失衡的问题。未来的劳动教育应该着力关注以下方面的培养。

任务一　培养软技能

人工智能在人类生产劳动中逐渐渗透，将过去人工执行的若干任务在极大程度上实现了自动化或半自动化，致使多岗位的劳动者都面临工作组织方式、工作内容和性质的重大转变，因此对劳动者的技能需求也发生了相应变化。其中，对软技能的需求成为变化的重点。

软技能用社会学术语来解释，就是我们常说的“情商”，它由一系列能够反映个人特质的要素组成，比如劳动者个体的价值取向、性格特点、社交能力、语言表达能力、情绪控制力、行为习惯等。软技能是具有调动自己或他人的情绪、技术、知识等资源解决问题的能力。因此，软技能越高，处理事情的能力就越强，它是衡量一个人处理事情能力的量表。在生活中，一个软技能较为充分的人，会表现出待人友善、积极乐观、易于相处等特点。可以说，它是一种不易看见的技能，是一个人激发自己潜能和通过赢得他人认可和合作，放大自己的资源，以获得超越自身独立能力的更大成功的技能的总和，软技能与那些作为一份工作硬性要求并能够部分反映一个人智商的硬技能是互补的。

目前，我国的职业结构正在分化，体力劳动逐渐减少，各类需要智能的社会服务工作不断增加，其中最明显的是越来越多的社会岗位需要销售与服务能力。大部分高等教育毕生具备一定的商业素养，能够对商务语言信息进行处理，包括阅读、书写以及编制财务报表等，这属于智力维度可以处理的硬技能，而销售与服务的能力则来自社会维度的软技能。因为销售类、服务类的工作对象通常具有很强的随机性、多样性，面对不同工作对象，工作方式和工作效果是不能够采用单一性指标进行衡量的，如幼教、法律咨询服务、心理咨询服务、健康理疗师等。即使是在人工智能背景下，酒店、餐饮、医疗和其他社会服务类工作对这一类软技能的需求也会越来越大。这些能力几乎在所有国家都是缺乏的，并且机器人对此很难复制。除此之外，对管理、自主决策、独立安排工作、协作和组织等软技能的需求也在不断上升。在这些无法被人工智能替代的软技能中，以情绪控制力、领导力、适应能力为代表的软实力成为社会选择优秀劳动者的新焦点。

任务二　培养数字技能

更值得注意的是，在数字文明时代（图12-5），数字技能的重要性正在逐步凸显。今天，运用计算机处理数字的技能已经发展成通用技能，如使用通信设备、信息搜索、各类办公软件、解读网络语言的能力。研究表明，社会对数字信息技能的需求和供给之间存在明显的不匹配。除最基本的数字技能以外，其他相关技能也同样存在显著不足，如大数据分析、演绎推理、信息筛选或信息排序的能力。

图 12-5　数字文明时代

信息科技飞速发展，数字创新正在融入劳动生产各领域中，促使企业更加青睐那些具备数字信息技能和其他相关知识的劳动者。这就要求开展劳动教育的时候做好技术保障，旨在为促进劳动教育现代化、为教学和科研提供技术支撑。因此，做好技术保障工作对于学科发展有着极其重要的作用。

当前劳动教育技术保障内容主要包括建设劳动教育师资资源库、数字化教学资源建设、网络教学环境的建设、多媒体设备管理等。一方面，运用现代信息技术，创建区域性高校共享型劳动教育教师资源库，构筑开放式资源环境，搭建开放型、共享型公共服务平台，整合区域院校劳动教育教师资源以及各种社会人才资源，为教师更新知识结构、丰富教学经验、增强业务能力提供有力支撑。另一方面，无论是数字化教学资源还是网络教学环境的建设，都需要依托成熟的网络平台，通过网络技术解决当前教育发展中面临的诸多问题。

任务三　培养人文技能

当前的人工智能在类似文学创作这样的劳动领域还很缺乏人类所具备的人文素养。当今社会生活中，人们的很多生产劳动、社会服务可以被人工智能替代，但是也对人类喜好社交的天性做出了规避，当生活中到处充斥着不具备情感、情绪的机器设备时，人类对于人文情趣、人文素养的需求则会更加凸显。类似的态度也会反映在生产劳动上，例如：各类设计师职业的需求增大，越来越多的消费者希望个性化定制服务，以及对服务人员是否能够提供人性关怀的需求也越来越强烈。因此对人文知识的掌握成为社会劳动技能需求的新亮点。

任务四　培养可迁移技能

随着我国城镇化进程的加快，人口地域变动、迁徙的频率高于历史上任何一个阶段。因此，现代的劳动者在工作选择上也会出现一系列的岗位变更、供职企业变更甚至行业变更。除此之外，婚姻、教育和新旧行业更替等因素也是加速劳动者职业流动的主要原因。各部门技能需求因分工不同，往往存在较大的差异，即使是同一部门同一岗位，在不同的企业中也会存在“隔行如隔山”的情况。因此，培养劳动者具备可迁移技能，有利于帮助劳动者因生活需要或社会发展需要面临职业变动时，更好地适应新岗位、新工作。

可迁移技能就是指那些能够从一份工作中转移运用到另一份工作中的、可以用来完成许多类型工作的技能，包括乐观力、目标发现力、解决问题的能力、持续学习力、专业构筑力。

首先，当一个人遭遇工作压力、瓶颈期时，无论选择直面压力还是回避压力，拥有乐观力，静心思考，把经历变成经验，变成战略性的管理压力，这就是乐观力在生产劳动中的应用。其次，目标发现力是指善于发现问题，主动寻求解决之道，能够在工作中发现任务并制定目标的能力。然后，在执行任务的过程中还有一项非常重要的能力，就是解决问题的能力，有时也把它称为“填坑”能力。遇到“坑洼”不可怕，可怕的是跳不出来，停滞不前。任何工作在开始的时候都不可能制订完美策略，因此更重要的是如何跨越难点、推进任务。再次，在现代劳动生产中，相比完成既定劳动任务，劳动者更应该重视任务之外的学习，此时的学习是自主自发的学习，需要较强的自学能力和自律能力，从而拓展自身的知识，拓展自身的认知边界，将所学知识碰撞重组，实现更多可能性。最后，专业构筑力是一种有计划地构建自身强项的能力，这是我们工作中不断追求的事情。这里的专业是指既能做到将理论运用到实际，又能从理论上说明实践经验。构建专业性能带来两个优势：其一是想要有真正创新的想法，先进入最前沿的领域，才能有所突破；其二是专注精进，做到专业顶端，能让我们在工作中找到成就感。无论工作、行业或部门的具体任务是什么，这种可迁移技能在当今劳动力市场的需求都十分强烈。

项目五　畅享未来劳动教育新方向

由于人工智能逐渐融入人类生产劳动领域，导致部分劳动力因难以适应新兴产业和其他产业的需求而陷入结构性失业，从而引发人力资本存量贬损。不只是信息科技领域，任何一项新技术、新技能的出现，都可能带来类似的结构性失业，并通过劳动岗位的迭代影响更多劳动者。在实现产业转型升级战略的视角下，劳动教育应该由过去的以院校为主体，以在校课程为教育主场，转变为政府、社会组织等作为教育主体，院校只是教育环节中的一个必不可少的组成部分，并不能承担全部的教育任务。

任务一　思考政府层面

政府有责任建构人力资本投资的社会合作制度体系，重点关注人力资本高低两端：一方面引导市场资源流向高端产业领域，满足高端产业发展对人力资本的需求；另一方面通过扶助弱势群体顺利实现就业迁移解决民生问题。

一、制定技能形成规划

政府根据产业发展需求制定宏观的技能形成规划，该规划主要着眼于三个方面：

其一，针对弱势群体的职业培训规划。在技术进步中，弱势群体因人力资本水平最低而受到的冲击最大，是一个要经历频繁失业的群体，且常要面对跨行业的就业迁移。从改善民生、扶助弱势群体的视角，基于社会收益最大化的政府决策原则，该群体跨行业就业迁移所需的人力资本可由政府主导提供，比如依托地方人力资源和社会保障部门开展针对性强的短期培训。

其二，委托行业开展行业通用性职业培训规划。通用性职业培训可由市场提供，政府介入的应该是国家产业转型战略中亟待发展的部分，将劳动力引导到相应产业领域，用通用性培训为产业发展储备基础性和中端人才。

其三，依托市场主体制定高端特殊性职业培训规划。高端特殊性职业技能可由包括企业和培训机构在内的市场主体提供，通常不需要政府介入，但为了占据世界产业体系高端，推动中国从“制造大国”向“制造强国”转变，需要制定高端特殊性职业培训规划，由政府为市场主体提供配套资金和政策，旨在通过示范效应引导市场资源流向高端产业。

二、推行技能使用制度

技能使用制度主要涵盖技能人才福利制度和技能人才成长晋升制度。根据技能人才的分类分级推行技能人才福利制度，将工资增长、工作福利改进制度化，为重点产业培养稳定的劳动大军。通过技能人才成长晋升制度，引导劳动者根据行业企业技能需求轨迹进行职业生涯规划，推进技能人才主动成长，以提高人才供需的匹配度。

三、推进技能内部形成制度

打破当前由高等院校供给技能人才的外部技能人才形成现状，充分利用企业内部技能形成的优势。一是打造校企合作典范，依托行业遴选高端产业领域的优秀企业，形成校企合作的典范；二是打造企业大学典范，依靠政策激励高端产业领域的优秀企业办学，除了在企业内部推进技能形成，还可为行业供给技能；三是激励企业提供技能培训，强化企业的社会责任。

任务二　思考行业层面

行业层面，主要指通过规范和引导有条件的企业和合格的劳动者优先进入高端产业领域，通过示范效应将市场资源导向高端产业领域，从而促进国家的产业转型升级。

（1）制定企业优先进入高端产业领域制度。为贯彻实施国家的产业转型升级战略，推进现代产业体系中的高端元素融入行业企业，可依托重点行业率先打造高端产业元素，由行业牵头制定高端产业的企业优先进入制度。要考虑到新技术研发与科技成果转化应用的高投入性和投资回收期长的特点，避免企业因为“短视”重引进而忽视自主创新。

（2）制定技能评价制度。充分发挥行业在技能供给中的作用，主张技能评价主要依托行业进行，由行业依据岗位工作特征制定劳动者职业资格准入的条件，为企业的人才需求把关。

任务三 思考企业层面

企业层面的主体包括用人单位和市场的培训机构，市场主体的行为遵循市场机制的要求。各行业通用的职业核心能力的培养主要为产业发展储备基础性人才，这类能力往往是弱势群体最亟需的，从扶助弱势群体的视角，更为了引导劳动力进入国家战略性产业领域。

任务四 思考院校层面

政府、行业、企业三个层面的思考都是基于技术革新和产业转型升级，针对补偿和防范存量劳动力的人力资本存量贬损设计的人力资本投资路径，院校层面的制度则主要针对增加劳动力的职业能力获得。院校育人的外部技能形成路径的劣势是容易脱离产业需求，即院校人才培养滞后于产业发展的客观现实需求。

一、完善校企合作制度

为摆脱人才培养供需两层皮的困境，在当前以高等院校为主培养技能人才的制度设计下，结合院校育人的专业优势，充分引进内部技能形成的优势元素，完善校企合作制度，引导企业肩负起人才培养的社会责任，为产业发展培养匹配的人才。职业教育产教融合亟待通过制度创新促进教育与产业的合作，系统地构建产教融合制度模型。分别为：个人层面——工学结合的教学组织制度；组织层面——校企合作的技术技能人才共育制度；区域跨组织层面——以“集群合作”为基础的职业教育“专业-产业双集群”的产教融合协调发展制度；国家层面——国家主导、行业指导、工会参与、学校和企业双主体育人的“政府-行业-企业-院校”合作办学制度框架。在组织层面的校企合作制度中分别依据校企合作的参与主体、企业所依赖的人力资本类型、企业的生产方式、学校的专业类别提出了校企双方的政策诉求。

校企合作制度对人才培养的关注点主要有三：一是与企业需求相匹配的职业

技能，确保新增劳动力从学校毕业后能够尽快获得一份职业；二是能够实现就业迁移的职业技能，确保在未来劳动力市场上受到外在冲击时能够相对顺利实现职业转换；三是创新能力，来自经济发展一线的创新是最接地气的创新，不论院校培养的人才处于人才金字塔的哪一层次，创新能力的培养都至关重要，更是创新驱动发展战略得以实施不可或缺的关键要素。

二、完善学历与职业资格衔接制度

学历证书并不适合用来评价学生的职业技能，考虑在行业指导下，基于岗位工作分析设置专业培养方案，以校企合作的方式吸引企业参与到人才培养的过程中，通过工学结合的学习方式，确保院校的专业人才培养能够顺应产业发展需求。以此为基础，在学历教育过程中引进对应的职业资格内容，并在制度上打通学历和职业资格等级的对应关系，确保学生毕业时能够达到职业资格准入的条件，通过学历与职业资格衔接的制度安排，促进学生毕业后能顺利进入对应的产业领域，缩短职业适应期，最终使教育的人才供给与产业的人才需求相适应。在国家重点发展的产业领域，学历证书与资格证书的有效衔接和政府干预是助力产业发展的有效措施。

实践与思考　讨论：人工智能时代的劳动者画像

小组讨论：俗话说：人无远虑，必有近忧。进入人工智能时代，已经引发了劳动就业迭代的现象。通俗来讲，就是人工智能技术的出现和发展导致了一部分职业被替代。那么，这些被替代岗位中的劳动者将面临再就业，那些新入职的甚至会面临知识更新——这是当代劳动者需要认真思考的问题。

请讨论：在人工智能新时代，如何学习新知识，更新旧知识，不断保持和增强自己的职场竞争能力，适应时代的快速发展？

活动总结：____________________

实训评价（教师）：____________________

主题十三　劳动者的权益

学习目标

知识目标

（1）熟悉劳动者的相关权益，懂得保护劳动者的权益。

（2）熟悉学生在兼职、实习、就业中的劳动权益与权益保护。

（3）了解劳动的法律知识，注重合法劳动的意识培养。

能力目标

熟悉劳动权益的内涵，在兼职、实习和就业中，能维护合法权益，具有合法劳动的基本素养。

素质目标

（1）懂得关心、爱护劳动者及其劳动权益。

（2）了解劳动的法律知识，具有合法劳动的意识素养。

学习难点

（1）劳动者和学生的劳动权益。

（2）劳动相关的法律知识，注重合法劳动的意识培养。

项目一　理解劳动权益的内容

维护劳动者合法权益既能够保护劳动者合法劳动行为，形成尊重劳动的文化氛围，也有助于企业人力资源的积累，保障企业可持续发展，是我国构建和谐社会、实现中华民族伟大复兴的中国梦不可或缺的重要组成部分。

任务一　理解劳动权益的基本内涵

劳动权益是劳动者享有的权利与利益的简称，指的是劳动者作为人力资源的所有者，在劳动关系中，凭借从事劳动或从事过劳动这一客观存在而获得的应享有的权益。

（1）平等就业和选择职业的权益。凡是有劳动能力的公民，均应当获得参加社会劳动的权利，并能够不受歧视地自主选择相应的职业。

（2）获得劳动报酬的权益。劳动者在合法履行劳动义务之后，有权获得与其劳动力价值对等的报酬。

（3）依法休息休假的权益。过度劳动或透支式劳动都不利于劳动者身心健康，对于可持续劳动过程会带来负面影响，因而依照法律相关规定，劳动者享有休息的权利，包括法定节假日、病假、产假等。

（4）获得劳动安全卫生保护的权益。劳动者在劳动的过程中有权获得安全的工作环境以及必要的劳动保护用品，以保障本人的安全和健康的权利，对于一些特殊的公众还应当配备专门的保护设施设备。

（5）获得社会保险和福利的权益。用人单位和劳动者必须依法参加社会保险并缴纳社会保险费，劳动者在满足对应条件时有获得社会福利的权利。

（6）接受职业技能培训的权益。从事技术工种的劳动者在上岗前必须经过培训，这既是技能提升和工作效率改进的需要，也是保护劳动者身心健康的需要。

任务二　理解学生劳动权益的特殊性

当前，职业教育和普通高校学生在校兼职及入职前实习的现象已非常普遍，在完成课业的同时他们主动且自愿地为他人或机构提供脑力劳动或体力劳动，既能够在一定程度上增加自身的收入，同时也有助于提升其综合素质、增强就业竞争力。然而，学生兼职或实习毕竟不同于正规的劳动就业，这导致对学生劳动者身份的不同认识，进而增加了学生在兼职与实习过程中劳动权益界定的难度。

要客观考察学生劳动权益的特殊内涵，需要从其兼职与实习过程中的“劳动者”身份说起。从就业年龄来看，我国法律规定的劳动者最低就业年龄为16周岁。由于通常学生兼职、实习阶段多从事低附加值的劳动，其所学的知识与技能足以支撑兼职或实习任务。

可见，学生的确从事了与普通劳动者类似的劳动过程，理应享有相应的劳动权益。但学生劳动者身份的特殊性，又使得其在劳动方式、劳动时长、劳动合同签订等方面无法与一般劳动者完全等同，特别是兼职劳动在法律意义上很难确切界定，时常出现劳动报酬被压低、休息保障不充分、其他福利待遇难以兑现等合法权益被侵害现象，从而造成学生劳动权益保护的困难。

任务三 理解学生劳动权益保护

据国家统计局2023年末统计数据显示，全国16～59岁劳动年龄人口为86 481万人，占全国总人口的61.3%。一般情况下，现实劳动关系中的主体地位是不平衡的，劳动者往往处于弱势，用人单位则处于相对强势。为保障广大劳动者的合法权益，各国劳动法律体系中对劳动者的就业年龄、劳动者应享有的权利、劳动者最低工资标准以及特殊群体的劳动权益保障都会做出明确规定。

一、学生劳动权益保护的特殊性

与一般意义上的劳动者相比，从事兼职或实习活动的学生身兼“在校学生”与“劳动者”双重身份，很难与用人单位形成持久而稳固的劳动关系，这既成为一些用人单位逃避相关责任的借口，也是学生自身维权意识不足的重要原因。

首先，学生“特殊劳动者”的身份增加了将其充分纳入法律保护的难度。大多数情况下，学生需要边完成学业边参加劳动，这就使得他们很难提供连续且稳定的劳动，这种非持续性或非全日制劳动的形式为劳动合同签订带来了困难，即使签订劳动合同，其条款往往也只是一些原则性说明，进而成为其劳动权益维护的重要障碍。

其次，用人单位对于学生兼职劳动的预期不稳定，用对待普通劳动者的方式为学生提供必要劳动培训或保障的动力不足。在校学生能否顺利毕业、毕业后是否会继续留下来工作、正式录用后是否会安心上班等，都是用人单位雇佣学生时所担心的问题。因而，大多数学生在兼职或实习中只能从事一些可替代性强的简单劳动，用人单位出于节约成本考虑，不太可能对其进行必要的技能培训，在法律层面也较少为其缴纳相关劳动保险。

最后，学生与用人单位双方合同缔约能力不对等。在兼职或实习劳动关系中，学生明显处于弱势地位，使得他们在兼职与实习过程中不敢主张自己的合法权益，当自身合法权益受到侵害时也不会像普通劳动者那样主动寻求法律保护。此外，部分学生法律意识淡薄，对自身劳动义务认知不到位，认为与用人单位签订的就业协议不具备法律效力而肆意违约。对自身权益、应尽法律义务的不明晰既不利于学生维护自身合法权益，同时也损害了用人方的利益，不利于维护社会公共秩序。因此，培养学生合法劳动意识，既要积极履行自身劳动义务，又要善于运用法治思维保护自身的合法权益。

二、学生劳动权益的保护

目前，我国劳动权益保障体系中虽然尚未形成针对学生群体的劳动权益保障条款，但在已有法律法规中已体现出对学生群体合法劳动权益的重视。

《中华人民共和国劳动合同法实施条例》《职业学校学生实习管理规定》《关于加强和规范普通本科高校实习管理工作的意见》对职业院校、普通高校学生实习期间工作时间和休息休假权、获得实习报酬权以及对实习过程中发生疾病、伤亡等情况的处理等都作了规定与说明，如："接收学生顶岗实习的实习单位，应参考本单位相同岗位的报酬标准和顶岗实习学生的工作量、工作强度、工作时间等因素，合理确定顶岗实习报酬，原则上不低于本单位相同岗位试用期工资标准的80%，并按照实习协议约定，以货币形式及时、足额支付给学生。"

项目二　理解学生的劳动权益

学生具有"劳动者"身份，理应合法享有相应的劳动权益，但作为兼有"在校学生"与"劳动者"双重身份的学生，其劳动权益主要体现在劳动过程中，兼职打工、实习见习、毕业择业等不同劳动参与方式下的劳动权益内容也会有所差别，"分门别类"予以了解有助于针对性地维护自身合法劳动权益。

任务一　探讨兼职中的劳动权益

学生兼职是指学生利用业余时间自愿为企业等用人单位提供体力或脑力的劳动支出。学生兼职活动形式多样，在时间上也有很强的自由性，大多发生在寒暑假或节假日期间。对部分高校学生的调查结果显示，许多学生在兼职过程中遭遇权益侵害，如被故意延长工作时长、故意拖欠或克扣工资、被安排高强度工作等，甚至出现用人单位无视兼职学生劳动期间受伤的情况，学生兼职中的合法劳动权益保护不甚乐观。

根据学生兼职的法律性质可将学生兼职种类划分为非全日制用工与劳务关系用工两种。非全日制用工形式与企业正式员工的全日制工作形式相对应，一般为学生到企业兼职；劳务关系用工相比于非全日制用工形式更加灵活，劳动具有短时性的特点，如发传单、促销或家教等兼职活动。在两种用工关系的兼职中，兼职学生都享有自愿订立劳动合同、约定工时限制、获得工资保障以及享受特殊工伤赔偿的权益。

第一，学生与用人单位双方在平等协商的基础上应自愿订立劳动合同。劳动合同是劳动者与用人单位之间确立劳动关系、明确双方权利和义务的协议，具有法律约束力。合同订立后，学生本人应依照合同要求接受用人方的管理，根据相应工作安排付出劳动，同时享有合同规定内容的合法权益。

第二，学生在兼职时有权与用人方约定兼职期间工时限制。按照相关法律规定，非全日制用工，劳动者在同一用人单位一般平均日工作时间不得超过4小时；劳务关系性质的用工，单次工作时间虽然较长但对于劳动双方的权利、义务关系有明确的规定，用人方也应依劳动合同的规定足额支付劳动报酬。

第三，学生兼职有获得工资保障的权利。基于对劳动的尊重，同时为避免用人方将学生作为廉价劳动力甚至免费劳动力使用，我国劳动合同法规定非全日制用工小时计酬标准不得低于用人单位所在地政府规定的最低小时工资标准。

第四，学生兼职期间有权享有与工伤保险对等的工伤赔偿。由于兼职学生身份的特殊性，兼职期间的社会保险不能简单套用一般劳动者社会保险管理规定，但学生兼职仍有受工伤的风险，一旦发生，用人方应按照工伤事故处理并给予兼职学生一定的赔偿，保证因劳动关系产生的利益得到落实。

任务二　探讨实习中的劳动权益

学生就业实习，是指已修完学校规定学分即将毕业但尚未拿到毕业证的学生，以就业为目的提前进入工作岗位工作。与兼职的情况不同，学生就业实习的特点在于利用学习时间，着眼于提升自身的实践能力与就业能力，而不是单纯地利用课余时间赚取劳动报酬。一般而言，学生就业实习是基于学校的实践安排，而兼职则属于个人行为。随着劳动力市场就业压力增大，“实习”已成为学生择业就业的重要途径，通过实习既能够提升学生的实践能力，帮助其提前适应职场，同时有助于促进产教融合。然而由于实习生身份与人事关系的特殊性，许多企业为降低用工成本，在规章制度、岗位职责等方面往往按照本单位正式员工的要求管理实习生，而在享有对等的劳动权益方面却尽显苛刻。

学生在就业实习过程中除享有基本的签订劳动合同、获得劳动报酬等权益外，还应享有职业伤害保障权。这里的职业伤害保障权与兼职活动中的“特殊工伤赔偿”有所不同，属于社会保险的范畴，它是实习生在遭受职业伤害或疾病风险后获得救助的重要保障。对江苏高校实习生的大范围调查结果显示，仅有16%的实习生在实习中购买了工伤保险，其中实习单位提供的职业伤害保护仅占有保险人数的44%。学生实习过程中因职业伤害诉讼用人方赔偿的情况时有发生。

案例：实习生王某毕业前夕与某用人单位签订了实习协议书，协议书对实习时间和实习期月薪作了明确规定。实习于6月15日完成，同时双方口头达成协议：“实习期满后签订正式劳动合同，期间用人单位依法为王某购买工伤保险。”6月16日王某取得学校毕业证，6月20日王某因公事外出期间受伤，住院一个月，同时相关司法鉴定王某为八级伤残。就在王某住院治疗阶段，用人方单方面解除了劳动关系，期间发放的工资也未达到当地政府规定的最低工资标准。无奈，王某向当地法院提起诉讼。法院最终判定用人方侵害了实习生王某的权益，判决用人方：①足额支付王某实习期间的应得报酬；②支付王某解除劳动合同经济赔偿金三千元；③根据工伤鉴定结果予以赔偿；④案件受理费由用人方承担。最终双方自愿达成和解，用人方赔偿王某近八万元。

实习生在实习过程中通常发挥“顶岗”的作用，能够胜任一般工作的要求，但“实习工资”通常低于正式员工。鉴于实习生身份的特殊性，企业可以不为实习生缴纳养老保险、失业保险，但应强制、足额缴纳实习期间的工伤保险，切实保障实习生劳动权益，在实习中免受职业伤害。

任务三　探讨就业中的劳动权益

学生在毕业求职过程中一般更加重视简历的设计或求职技巧的提升，而对就业过程中个人合法权益保护的关注明显不足。毕业生法律维权意识的缺乏致使其在就业过程中自身权益受到不同程度的侵害，学生就业中的劳动权益保障问题已逐渐成为一个广受关注的社会性问题。

《中华人民共和国劳动合同法》（以下简称《劳动合同法》）是保障学生就业权益的基本法律条文，学生就业中的劳动权益主要包括劳动合同的签订、依法明确试用期限以及订立清晰的合同条款。

第一，劳动合同的签订。为降低用工成本，逃避雇佣法律责任，一些不良企业规避与劳动者签订劳动合同，特别是对于刚毕业步入职场的学生，由于他们本身社会经验不足、法律意识淡薄，这一现象更加普遍。《劳动合同法》明确规定“用人单位自用工之日起即与劳动者建立劳动关系”，并且“建立劳动关系，应当订立书面劳动合同”。一旦毕业生在就业阶段发生侵权纠纷，除劳动合同纸质证明外，任何口头协议都不利于学生维护自身的合法劳动权益。

第二，依法明确试用期限。试用期是学生入职之初与用人单位相互了解的过渡期。《劳动合同法》依据劳动合同的期限对试用期的期限有明确规定：“劳动合同期限三个月以上不满一年的，试用期不得超过一个月；劳动合同期限一年以上不满三年的，试用期不得超过二个月；三年以上固定期限和无固定期限的劳动合同，试用期不得超过六个月。”由于学生对试用期相关法律条款了解不够，一些用人单位随意延长试用期限，或者为降低用人成本，试用期满后随意解除已签订的劳动合同，致使学生劳动权益严重受损。

第三，订立清晰的合同条款。一般在签订劳动合同的过程中用人单位处于主导地位，即由用人单位提前依照相关法律规定拟好合同文本，双方在达成一致后签订。有些用人单位在拟定合同条款时倾向于过多规定“劳动者的义务”和“用人单位的权利”，而很少在合同条款中涉及“劳动者的权利”和“用人单位的义务”。由于学生初出校门，法律意识淡薄，他们对劳动合同中的不公平条款不够敏锐，甚至有些学生即使意识到条款中的问题，为了“保住工作”也会选择被动签约。用人单位对合同条款的不平等规定及其在签约过程中与学生地位的不平等为学生就业后劳动权益的保障埋下隐患，一旦发生权益纠纷，很多学生将处于被动状态。

项目三　培养合法劳动意识

《中华人民共和国劳动法》(以下简称《劳动法》)、《劳动合同法》规定了劳动者合法权益的基本内容，是学生在兼职、实习活动中维护自身合法权益的重要法律保障，因此学生应主动学习法律条文中劳动权益的有关内容，重视相关法律课程的学习。

任务一　学好相关法律法规知识

为培养学生的法律意识，通常职业院校和高校在一年级都开设了必修课程“思想道德与法律修养”，然而由于该课程并非专业课程，学生的学习热情不高，个别学生甚至将考试不挂科作为该课程学习的目标。学生在校期间应扭转自身认识，重视法律法规基础课程，明确课程的学习目标和培养方案，有的放矢进行学习，而不能只为获得学分应付学习。另外，除专业课和法律基础必修课外，还应当有意识地多方位摄取其他相关知识，如选择法规类选修课程，主动参加学校组织的普法教育活动等，要从认识上重视法律法规对自身的实际意义，注重相关知识摄取的实效，掌握基本劳动相关法律法规知识。

学好劳动法规知识是前提，用好劳动法规知识才是目的。学生在全面了解与兼职、实习、就业相关的法律条文，掌握基本的劳动法规知识后，当自身合法权益受到侵害时要主动寻求法律保护，而不能抱着“多一事不如少一事”的消极心态保持沉默，更不可在放弃使用法律武器的同时，选择采用“报复性”手段向用人单位“讨回公道”，这样既无法保护自己的劳动权益，还有可能因违法而导致更大的损失。正确的做法是运用劳动法规相关知识，自主辨别自身权益受侵害的情况，并学会对待和处理常见的侵权问题，如怎样获得兼职与实习工资保障、兼职或实习期间遇到工伤情况应如何处理、就业试用期应该多长以及期间可以获得哪些待遇等。

任务二　规避兼职实习前的风险

兼职是学生在校期间最早接触社会的活动之一。学生在兼职、实习与就业的过程中与用人方形成劳动关系，并受到《劳动法》和《劳动合同法》的保护，包括兼职中的劳动权益保护、实习中的双方责权，以及和毕业就业直接相关、关乎毕业生切身利益的有关劳动合同签订、试用期的确定以及试用期结束后转正的相关规定。为最大程度规避风险，学生在兼职前应首先对相关法律条文进行全面了解，掌握与自身相关的、常用的法律法规知识。此外，有必要多询问高年级同学或者通过网络了解“过来人”的兼职经历，这样一方面能够对兼职工作的种类有所了解，更重要的是可以通过他人的经历提前认识到兼职中可能存在的侵权行为，为个人实际兼职活动中的权益保护提前做好准备。确定兼职工作后，学生应当主动要求与用人方签订包含兼职时间、工作内容、工作时长、兼职待遇、兼职期间意外情况处理等内容的书面协议。

与兼职有所不同，学生在实习与就业的过程中应当对劳动合同的签订、试用期的确定以及转正手续办理的相关法律法规有更深刻的理解。要深刻地认识到实习或寻找工作是正式迈向劳动力市场的前奏，要用一个合格劳动者的标准要求自己，既要注重自身劳动权益的合法保护，也要清楚地认识自己在兼职与实习活动中应履行的义务，诚实劳动，辛勤劳动，用实际行动为自己争取更多权益。

任务三　维护合法权益

在兼职、实习与就业的过程中，当自身合法权益受到侵害后，学生应勇于面对被侵权的情况，运用已有的法律法规知识主动尝试与用人方进行沟通，明确双方的权责，尝试协调解决问题。当个人努力协调无果，学生还应积极寻求外在帮助。高校是学生进入社会前法律意识形成和培养的重要场所，也是学生合法权益受到侵害后的第一道保护阵地。高校大多设有法律指导援助机制，能及时为学生提供就业指导与维权服务。当自身合法权益受到侵害后，学生应积极求助于学校的法律援助中心，听取专业指导老师的意见，在学校的帮助下与用人方进行沟通协调。除学校外，社会媒体的报道、劳动权益部门的保护等都是学生在遭受侵权伤害后寻求权益保护的有效途径。

总之，学生在正式步入社会前可能会面临各种形式的劳动权益威胁，当自身合法权益受到侵害后，学生作为“弱势方”要做到既不一味退让，也不鲁莽冲动，要发挥自身内在作用，同时积极寻求学校与社会的外在帮助，借助多方力量共同维护自身的合法权益。

项目四　打好劳动的法律基础

与劳动相关的我国法律包括：《中华人民共和国劳动法》《中华人民共和国劳动

合同法》《中华人民共和国劳动争议调解仲裁法》《中华人民共和国公务员法》《中华人民共和国社会保险法》《劳动保障监察条例》《中华人民共和国民事诉讼法》《劳动人事争议仲裁办案规则》《劳动人事争议仲裁组织规则》《人事争议处理规定》《企业职工劳动争议协商调解规定》等。

任务一　认识劳动法与劳动合同法

案例：公司发出录用通知后是否可以反悔?

张某是北京某公司的财务科长。北京另一家公司招聘财务总监，张某经过慎重考虑后参加了该公司的笔试、面试，随后这家公司向张某发出了录用通知，通知其在“五一”节后来公司上班。张某为此很高兴，辞去了原来的工作。但是“五一”后张某就收到该公司撤回录用的通知，原因是该职位已经有更合适的人员。张某大为气愤，向劳动仲裁委员会提起仲裁，要求该公司履行与自己的劳动合同。公司发出录用通知后可以反悔吗?

一、劳动法

劳动法是调整劳动关系以及与劳动关系有密切联系的其他社会关系的法律规范的总和。广义的劳动法不仅包括狭义上的《劳动法》，还包括宪法、其他法律法规中涉及劳动关系的法律规范。

（一）劳动法的调整对象

劳动法的调整对象为劳动关系和与劳动关系有密切联系的其他社会关系。

我国劳动法调整的劳动关系的范围包括：企业、个体经济组织、民办非企业单位等组织的劳动关系；国家机关、事业单位、社会团体的劳动合同关系。国家机关、事业单位、社会团体的非劳动合同关系不由劳动法调整，而是由公务员法以及其他相关法律调整。

（二）劳动法的适用范围

《劳动法》第二条明确规定：“在中华人民共和国境内的企业、个体经济组织和与之形成劳动关系的劳动者，适用本法。国家机关、事业组织、社会团体和与之建立劳动合同关系的劳动者，依照本法执行。”具体的适用范围包括：

（1）中国境内的企业、个体经济组织和与之形成劳动关系的劳动者。

（2）国家机关、事业组织、社会团体内实行劳动合同制度的以及按规定实行劳动合同制度的工勤人员，其他通过劳动合同与国家机关、事业组织、社会团体建立劳动关系的劳动者。

（3）实行企业化管理的事业组织的人员。

（三）劳动法律关系

劳动法律关系是指劳动者与用人单位在劳动过程中基于劳动法律规范而形成的劳动权利和劳动义务关系。

（1）劳动法律关系的主体。劳动法律关系的主体是指在实现社会劳动过程中依照劳动法律规范享有权利并承担义务的当事人，包括劳动者、用人单位。

（2）劳动法律关系的内容。劳动法律关系的内容是指劳动法律关系主体双方依法享有的权利和承担的义务。

（3）劳动法律关系的客体。劳动法律关系的客体是指劳动者和用人单位的权利义务所共同指向的对象。劳动法律关系的基本客体是劳动行为，即劳动者为完成用人单位安排的任务而支出劳动力的活动。劳动法律关系的辅助客体主要是劳动条件。

二、劳动合同法

劳动合同法是为了完善劳动合同制度，明确劳动合同双方当事人的权利和义务，保护劳动者的合法权益，构建、发展和谐稳定的劳动关系而制定的法律。

劳动合同是劳动者与用人单位确立劳动关系、明确双方权利和义务的协议。劳动合同是合同的一种，它除具有合同的一般特征外，还有其自身的基本特征：

（1）劳动合同的主体是特定的。必须一方是用人单位，另一方是劳动者。

（2）劳动者和用人单位在履行劳动合同的过程中，存在着管理关系。

（3）劳动合同的性质决定了劳动合同的内容以法定为多、为主，以商定为少、为辅。

（4）在特定条件下，劳动合同往往涉及第三人的物质利益，如劳动者死亡后遗属待遇等。

（一）劳动合同的订立

劳动合同订立是指劳动者和用人单位经过相互选择和平等协商，就劳动合同条款达成协议，从而确立劳动关系和明确相互权利义务的法律行为。订立和变更劳动合同，应遵循平等自愿、协商一致的原则，不得违反法律、行政法规的规定。

依法订立劳动合同，必须符合以下几项要求：

（1）订立劳动合同的目的必须合法。当事人不得以订立劳动合同的合法形式掩盖非法意图和违法行为，以达到不良企图的目的。

（2）订立劳动合同的主体必须合法。作为用人单位，应是依法成立的企业、个体经济组织、国家机关、事业组织、社会团体等用人单位。作为劳动者必须年满16周岁，具有劳动行为能力。

（3）订立劳动合同的内容必须合法。双方当事人在劳动合同中所设定的权利、义务条款必须符合国家法律、法规和有关政策的规定。如有的劳动合同规定："发生工伤事故，单位概不负责""旷工3天予以除名""不享受星期天休假"等，均属于内容违法而无效的条款。对此，用人单位应承担由此而产生的法律责任。

（4）订立劳动合同的程序必须合法。

（5）订立劳动合同的行为必须合法。

（二）无效劳动合同

无效劳动合同是指当事人所订立的不符合法定条件，不能发生预期的法律后果的劳动合同。违反法律、行政法规的劳动合同和采取欺诈、威胁等手段订立的劳动合同无效。

（三）劳动合同的内容与条款

《劳动合同法》第十七条规定，劳动合同应具备以下条款：

（1）用人单位的名称、住所和法定代表人或者主要负责人。

（2）劳动者的姓名、住址和居民身份证或者其他有效身份证件号码。

（3）劳动合同期限。

（4）工作内容和工作地点。

（5）工作时间和休息休假。

（6）劳动报酬。

（7）社会保险。

（8）劳动保护、劳动条件和职业危害防护。

（9）法律、法规规定应当纳入劳动合同的其他事项。

劳动合同除上述必备条款外，用人单位与劳动者还可以约定试用期、培训、保守秘密、补充保险和福利待遇等其他事项。

（四）劳动合同的履行、变更与终止

用人单位与劳动者应当按照劳动合同的约定，全面履行各自的义务。无论是用

人单位还是劳动者，如果不履行自己的义务，按照《劳动合同法》的规定，都将受到相应的惩罚。

劳动合同变更的原因一般有以下三个方面：

（1）用人单位的变更。用人单位的生产经营方式发生变化，或者是单位内部结构的调整导致工作岗位需求发生变化，而这种岗位是劳动合同里约定的一个条款，这就需要变更相应的条款。

（2）劳动力价值的变更。随着时间的推移，员工的劳动力价值可能会提升，也可能会降低，那么用人单位就会根据劳动者劳动力价值的变化对其工资条款进行调整，双方协商后变更工资条款。

（3）社会经济的变更。受通货膨胀等社会经济因素的影响，劳动者薪酬福利水平也要相应地调整。这就涉及员工薪酬福利条款的变化，也要变更劳动合同。

无论何种原因变更合同，用人单位与劳动者必须协商一致，单方面变更劳动合同是无效的。

《劳动合同法》第四十四条规定，有下列情形之一的，劳动合同终止：

（1）劳动合同期满的。

（2）劳动者开始依法享受基本养老保险待遇的。

（3）劳动者死亡，或者被人民法院宣告死亡或者宣告失踪的。

（4）用人单位被依法宣告破产的。

（5）用人单位被吊销营业执照、责令关闭、撤销或者用人单位决定提前解散的。

（6）法律、行政法规规定的其他情形。

但是，在劳动合同期满时，有《劳动合同法》第四十二条规定的情形之一的，劳动合同应当延续至相应的情形消失时才能终止。

（五）劳动合同的解除

劳动合同的解除是指劳动合同订立生效后，履行完毕之前，一方或双方当事人提前消灭劳动法律关系的行为。劳动合同的解除分为双方协商解除、劳动者单方解除和用人单位单方解除。

（1）双方协商解除劳动合同。用人单位与劳动者协商一致，可以解除劳动合同。

（2）劳动者单方解除劳动合同。具备法律规定的条件时，劳动者享有单方解除权，无须双方协商达成一致意见，也无须征得用人单位的同意。

用人单位以暴力、威胁或者非法限制人身自由的手段强迫劳动者劳动的，或者用人单位违章指挥、强令冒险作业甚至危及劳动者人身安全的，劳动者可以立刻解除劳动合同，不需事先告知用人单位。这种属于即时解除中可以立即解除且不用事先告知用人单位的情形。

对于劳动者可即时解除劳动合同的上述情形，劳动者无须支付违约金，用人单位应当支付经济补偿。

（3）用人单位单方解除劳动合同。具备法律规定的条件时，用人单位享有单方解除权，无须双方协商达成一致意见。主要包括过错性辞退、非过错性辞退、经济性裁员三种情形。

（六）违反劳动合同的法律责任

（1）用人单位的法律责任。包括：用人单位“订立劳动合同”违法的法律责任、“履行劳动合同”违法的法律责任、“违法解除和终止劳动合同”的法律责任以及其他法律责任。

（2）劳动者的法律责任。劳动者违反劳动合同中约定的保密义务或者竞业限制；劳动者违反培训协议，未满服务期解除或者终止劳动合同的，或者因劳动者严重违纪，用人单位与劳动者解除约定服务期的劳动合同的，劳动者应当按照劳动合同的约定，向用人单位支付违约金，给用人单位造成损失的，应当承担赔偿责任。

三、学生在劳动实践中要注意的问题

学生即将走向社会，与用人单位建立劳动关系。在这过程中，需正确地维护自己的合法的劳动权益，认真地履行自身的劳动义务。学生应重点关注以下几个与《劳动法》《劳动合同法》有关的问题。

（一）注意区分劳动关系和劳务关系

劳务关系与劳动关系针对的都是劳动，关系主体一方为劳动者、另一方为用人单位时，非常容易混淆。劳动关系与劳务关系主要有四方面的不同：

（1）主体不同。劳动关系双方分别是用人单位与作为自然人的劳动者；劳务关系则不仅可以是单位与自然人之间，还可以是单位之间、自然人之间，并且可能是两个以上的主体。

（2）关系不同。劳务关系只有财产关系，劳动关系当事人双方之间有隶属关系，即提供劳动者是劳动需求者的单位成员。

（3）劳动主体的待遇不同。劳务关系中劳动者只有劳动报酬，劳动关系则还涉及保险、福利待遇。劳动合同的内容一般包括合同期限、工作内容、劳动保护和劳动条件、劳动报酬、社会保险、劳动纪律、劳动合同终止的条件、违反劳动合同的责任及试用期、培训、保守商业秘密、补充保险和福利待遇等内容。劳务合同则没有社会保险内容，一般也没有劳动保护和劳动条件、福利待遇，劳动报酬也不包括津贴、补贴。

（4）适用领域有所不同。对常年性的岗位，用人单位应与劳动者建立劳动关系。一次性或临时性的工作，或可发包的劳务事项，用人单位可与劳动者建立劳务关系。

（二）关于工作时间、休息休假

（1）工作时间。指法律规定的劳动者在一昼夜和一周内从事劳动的时间，包括每日工作的小时数、每周工作的小时数。劳动工时制度是每日工作八小时，每周工作四十小时，一周内工作五天。符合劳动法中每日工作不超过八小时，每周工作不超过四十四小时的规定。

（2）休息休假。劳动者的休息日一般为每周两天，不能实行国家标准工时制度的企事业组织，可以根据情况统筹安排，保证劳动者每周至少休息一天。《劳动法》第四十条规定，用人单位在元旦、春节、国际劳动节、国庆节等法律法规规定的休假节日期间应当依法安排劳动者休假。第四十五条规定，国家实行带薪年休假制度。劳动者连续工作一年以上的，享受带薪年休假。另外，劳动法和相关的法律法规还有产假、婚假、丧假和探亲假的规定。

（三）关于非全日制用工

非全日制用工是指以小时计酬为主，劳动者在同一用人单位，一般平均每日工作时间不超过四小时，一周累计工作时间不超过二十四小时的一种用工方式。

非全日制劳动合同允许员工同时和两个及以上的用人单位建立劳动合同关系，而全日制劳动合同则只允许员工同一家用人单位建立劳动合同关系。非全日制用工双方当事人，可以订立口头协议。也就是说，非全日制劳动合同，可以是书面形式的，也可以不是书面形式的。

另外，《劳动合同法》还规定：

（1）非全日制用工的双方当事人不得约定试用期。

（2）非全日制用工小时计酬标准不得低于用人单位所在地人民政府规定的最低小时工资标准。非全日制用工劳动报酬结算支付周期最长不得超过十五日。

任务二　认识合同法

合同是指作为平等主体的自然人、法人、其他组织之间设立、变更、终止民事权利义务关系的协议。

合同按照不同的标准，可以分为不同种类。常见的合同种类有：双务合同与单务合同、有偿合同与无偿合同、诺成合同与实践合同、要式合同与不要式合同、有名合同与无名合同、主合同与从合同、束己合同与涉他合同。

合同法是指调整平等当事人之间合同关系的法律规范的总称，它调整的主要内容包括合同的订立、效力、履行、担保、变更、解除、终止、违约责任等。我国于1999年颁布的《中华人民共和国合同法》[①]确立了平等原则、自愿原则、公平原则、诚实信用原则、遵守法律和社会公共秩序原则。合同的订立是指两方以上当事人通过协商而于互相之间建立合同关系的行为。它包括要约邀请、要约、反要约、承诺和合同生效等。

学生在合同实践中要注意的问题：

（1）关于合同法的适用范围的问题。我国合同法上的合同仅指当事人设立、变更和终止财产权的双方法律行为，就身份关系而达成的协议不适用合同法的规定。婚姻、收养、监护等有关身份关系的协议，适用其他法律的规定。

（2）关于定金与订金的问题。定金是一种担保形式。给付定金的一方不履行约定的债务的，无权要求返还定金；收受定金的一方不履行约定的债务的，应当双倍返还定金。订金在法律上没有明文规定，只是一个习惯性用语，仅具有预付款性质，不具有担保合同签订和合同履行的功能。如果合同当事人一方不想履行合同义务时，作为预付款的订金应当是做退还处理的。

（3）关于赠与合同的问题。赠与合同也是日常生活中常见的一种合同类型。赠与合同是赠与人将自己的财产无偿给予受赠人，受赠人表示接受赠与的合同。赠与合同自受赠人表示接受赠与时成立。同时允许赠与人在赠与财产的权利转移之前可以撤销赠与，以给赠与人一个反悔的机会。但是，对于救灾、扶贫等社会公益、道德义务性质的赠与合同或者经过公证的赠与合同，赠与人在赠与财产的权利转移之前不得撤销赠与。

---

① 2020年5月28日，十三届全国人大三次会议表决通过了《中华人民共和国民法典》，自2021年1月1日起施行。《中华人民共和国合同法》同时废止。

任务三 认识税法

税法即税收法律制度，是调整税收关系的法律、法规的总称。它是调整国家与社会成员在征纳税上的权利与义务关系、维护社会经济秩序和税收秩序、保障国家利益和纳税人合法权益的一种法律规范，是国家税务机关及一切纳税单位和个人依法征纳税的行为规则。

学生在实践活动中要注意的税务问题：

（1）学生兼职需要纳税吗？我国法律规定公民有纳税的义务。兼职是按个人所得税的劳务报酬来缴纳的，劳务报酬个人所得税的起征点是800元。

（2）劳务报酬所得包括哪些？劳务报酬所得包括个人从事设计、装潢、安装、制图、化验、测试、医疗、法律、会计、咨询、讲学、新闻、广播、翻译、审稿、书画、雕刻、影视、录音、录像、演出、表演、广告、展览、技术服务、介绍服务、经纪服务、代办服务以及其他劳务取得的所得。

（3）逃税有什么后果？逃税行为，达不到刑事立案标准的，按照税法予以行政处罚；达到刑事立案标准的，依法追究刑事责任。

《中华人民共和国刑法》二百零一条规定：纳税人采取欺骗、隐瞒手段进行虚假纳税申报或者不申报，逃避缴纳税款数额较大，并且占应纳税额百分之十以上的，处三年以下有期徒刑或者拘役，并处罚金；数额巨大并且占应纳税额百分之三十以上的，处三年以上七年以下有期徒刑，并处罚金。

实践与思考　诵读：纪念白求恩

劳动实践小组集体诵读。《纪念白求恩》是毛泽东同志为纪念来自加拿大的国际主义战士白求恩大夫，于1939年12月21日写的悼念文章，出自《毛泽东选集》。该文章概述了白求恩同志来华帮助中国人民进行抗日战争的经历，表达了对白求恩逝世的深切悼念，高度赞扬了他的国际主义精神、毫不利己专门利人的精神和对技术精益求精的精神。

请以劳动实践小组集体诵读的方式，认真学习毛泽东同志的这篇经典短文，之后，请大家分别撰写短文，谈谈学习这篇文章、学习白求恩精神的体会。

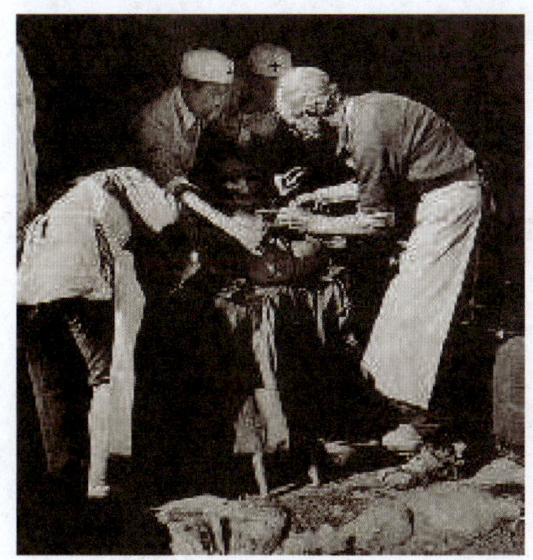

图 13-1　白求恩大夫在抢救伤员

------------------ 请将你的一页 A4 纸学习体会粘贴于此 ------------------

实训评价（教师）：____

____

主题十四　劳动教育评价

学习目标

知识目标

（1）熟悉劳动素养的评价载体，了解劳动评价的主体。

（2）掌握劳动评价的原则，熟悉劳动评价的内容及标准。

（3）掌握劳动评价方法，能灵活运用并获得劳动评价结果。

能力目标

运用劳动评价方法和尺度，提高劳动组织能力，提高劳动活动参与水平。

素质目标

自觉运用劳动评价方法，审视自身劳动活动，提高劳动参与水平。

学习难点

（1）熟悉劳动素养评价的载体。

（2）掌握劳动评价的内容及标准。

（3）掌握劳动评价的原则与方法。

项目一　明确劳动素养评价载体

作为人的内在素质，劳动素养具有充分的内生性、内在性、自主性的特点，必须在外化形态下才能得到准确评价与衡量。构建科学合理的劳动素养评价体系，要重视在评价载体上下功夫，给予劳动素养充分的外在表达空间与形式，这既是加强劳动教育的必然要求，也是实现劳动素养科学评价的重要方面。

依据学生管理的特点，结合劳动教育中对“服务”“创造”“躬行”等劳动价值的重点弘扬，劳动素养的评价载体与呈现形式应涵盖以下四个方面：

一、认识日常劳动行为

劳动是人类社会各项活动的基本形态之一，劳动素养的生成、塑造与展现都在日常行为中充分存在。学生学习、生活等各个方面都与劳动意识、劳动观念、劳动能力有着千丝万缕的联系。如在校内外各个公共场所中能否自觉维护环境卫生、充分尊重他人的劳动成果，在学生宿舍能否具备“一屋不扫，何以扫天下”的劳动意识和行动，在参与考试测验、学术研究和科研探索时能否自觉诚实守信、遵纪守法，严格遵从学术规范，能否从劳动成果的角度更加深刻和自觉地维护学术秩序。劳动素养在日常行为上的表现还可以外化为服务他人、奉献集体的意识与行动。对高校学生来讲，积极参与学生社团组织、为集体举办的文体活动贡献力量，都是以个人劳动与付出去服务他人的形式之一，在构建劳动素养评价体系中，应从劳动成果的维度予以适当体现。

二、认识志愿服务

志愿服务是劳动教育的重要载体之一，志愿服务的过程是学生实践能力、劳动精神、劳动素质全面锻炼与提升的过程。高等院校将劳动教育融入志愿服务中，让学生有意识、有目的地参与其中，在志愿服务过程中实践劳动精神、弘扬劳动精神。大量的学生志愿服务活动能够培养学生勇于实践、无私奉献的勤劳奋进精神，增强学生的劳动意识和劳动素质。

三、开展实习实训

实习实训（图14-1）是高等院校课堂教学的巩固和提升，是学生将理论应用于实践的必要途径，是培养学生吃苦耐劳、知行合一、乐于奉献等优秀品德及责任担当意识的重要基地。高等院校应结合自身专业特色，不断完善实习实训项目，为学生提供更多的劳动实践机会，加强校内外实习实训基地对学生劳动素养的引导与教育作用。一方面，深化校企合作，提升人才培养质量，通过校内外指导老师合力，使学生在实习实训中树立热爱劳动、劳动光荣的意识；另一方面，学生能够在实际工作岗位的实践锻炼中，立足本职，强化自己的劳动意识和劳动能力，形成个人的责任感和使命感，深刻体悟劳动的价值与意义。

四、开展社会实践

社会实践活动给学生提供了与社会的全方位体验和交流的真实场景，学生可以通过社会实践将知识转化为劳动成果，能够更加直观地感受到通过劳动实现目标、通过劳动创造价值的意义。同时，社会实践活动能够促进学生劳动能力的提高，塑造职业素养和道德品质，通过亲身实践理解劳动价值的内涵，形成尊重劳动、热爱劳动的真挚情感。

图 14-1　实习实训

项目二　认识劳动评价主体

教育评价对于教育活动具有很强的导向作用。因此，全面加强高校劳动教育，需要建立一套完善的、标准化、可执行的劳动教育评价机制，需要明确劳动评价的主体、明确劳动评价的主要内容、明确劳动评价的原则和方法，需要将劳动评价结果纳入学生综合素质评价中，制订评价标准，建立激励机制，组织开展劳动技能和劳动成果展示、劳动竞赛等活动，全面客观记录课内外劳动过程和结果，加强劳动技能的考核。并将评价结果作用于学生各项评优评先中。

劳动教育既是“五育”融合的起始点和凝结点，也是连通教育世界、生活世界和职业世界的桥梁。我们要开展劳动情况考核、评价和督导，发挥劳动教育的独特作用及功能，促进以劳树德、增智、强体、育美的“五育”并举的育人体系的完善，全面提升育人质量。劳动教育应建构多元主体的开放性的劳动评价系统，全方位、全过程对学生劳动效果进行评价，使劳动教育评价更加全面、客观、公平。

任务一　认识学校

学校是劳动教育评价的首要主体，在学生劳动评价中占据核心位置。学校进行劳动评价时应建立学生、教师、学工部门“三位一体”的评价体系，使劳动课程评价与劳动实践评价相结合，使劳动成果评价与劳动观念提升考核相结合，使劳动效果自我评估与他人考核相结合，从而使劳动教育评价更为全面、真实。

一、教师

教师须有明确的教育意图，理解其在劳动教育中所肩负的促进个体发展和社会发展的使命。在劳动教育评价中，教师是重要评价者，其必要性主要体现在以下两个方面：

第一，教师对课程有直接感知的优势，能够提出切实可行的改革建议。在高校中，教师既是专业教育课程的开发者和实施者，又是课程实践的主体。教师作为课程研制者有下几点特征：教师是知识的拥有者、使用者与生产者；教师是将课程具体化的自由个体；教师处于主动地位，他可以与学生协商课程，以满足学生需要，并达到课程标准规定的要求。教师拥有自我诠释、自我审视、自我修正、自我完善的责任与权力，对劳动实践课程有直接感知，对其优劣有最真切的体验，最清楚课程方案在实施过程中所出现的偏差。同时，教师对学生的学习状态及存在问题最为了解，熟知学生的个性差异和个体感受，在与学生互动的过程中扮演着重要角色。因此，教师通过获得课程实践的第一手资料，能突出劳动实践课程评价的真实性与情境性。在课程专家指导下，教师能够对课堂进行有效评价，因此也最有资格对课程改革提出建议。

第二，教师对课程的理解是影响课程实施质量的关键因素。课程评价是一种理解方式，是对课程价值的理解。教师只有对高校专业实践课程目标、课程内容有准确地理解，才能在实际教学过程中予以落实。教师对课程的理解程度会直接影响课程的实施质量。教师只有将劳动教育中所提倡的价值观内化为自己的价值观，才能以完全自觉的行为去执行课程的各组成要素。

若使教师成为合格的劳动教育评价主体，至少应具备以下三个条件：

（1）教师要树立正确的劳动评价理念。教师首先要明确劳动教育评价不是简单的课程评价，劳动教育评价是综合性评价，包括学生的劳动知识、劳动情感、劳动意志、劳动行为和劳动技能等方面。这就需要教师树立正确的劳动评价理念，不能单纯地依靠劳动成果或劳动成绩对学生进行评价，应注重对学生劳动过程的跟踪与评价，注重对学生劳动意识、劳动情感认识程度的量化与评价，注重评估学生劳动实践行为的转变程度。

在实际的课程评价过程中，教师应提高参与课程、创新课程乃至领导课程的能力，提升课程实践的理性化程度，从而实现自身的专业发展。总之，课程评价应成为教师课程实践的一种存在状态，并不断内化为其行为习惯，成为其对待课程实践的惯性思维。当教师能够将这种惯性思维融入课程实践中时，他将会以专业理性的标准重新审视课程的实施过程，并进行有效选择和具体行动，最终实现课程评价的一个重要功能——回归教师专业自主、追求教师专业自由、促进教师专业发展。

（2）教师要掌握与劳动教育基本特征相适应的评价方法和程序。能否在劳动评价中主动且有效地采取适当的方法是影响劳动实践课程改革成败的关键，也将影响“以评价为基础”的课程决策。高校教师应将课程评价方法与技术的掌握相结合，既要熟悉教学，又要熟悉课程评价，并能在教学实践中使二者互为依据、相互促进。国外研究表明，有效评价学生学业成就应成为教师新的教学任务，这将促使教师开发自己新的竞争力。

（3）教师应成为课程研究者。在劳动教育实施过程中，教师对其所处的情境和面临的问题具有深切感受和潜在认识，教师不仅处于最佳的研究位置，而且具有最佳的研究机会，他们完全可能成为研究者。教师成为研究者，将不再承担技术人员的角色，不再是手段与目的之间的中介人，而是应该对劳动教育实施情况和整体情境进行思考，能够利用来自多种渠道的信息连接理论与实践，能够从多重视角分析问题并进行反思，有意识地改变课程的实施方式，达到预期目的。

二、学生

劳动教育的主体是学生，劳动实践的主体也是学生，因此学生也应该成为劳动评价的主体。我们应深刻认识到学生作为劳动评价主体的重要性：劳动教育的根本目的就是使学生能够理解和形成马克思主义劳动观，牢固树立劳动最光荣、劳动最崇高、劳动最伟大、劳动最美丽的观念；体会劳动创造美好生活，认知劳动不分贵贱，热爱劳动，尊重普通劳动者，培养勤俭、奋斗、创新、奉献的劳动精神；具备满足生存发展所需要的基本劳动能力，形成良好的劳动习惯。学习的实质即为学生参与实践活动，与他人、环境等相互作用的过程，是形成参与实践活动能力、提高社会化水平的过程。学生作为评价主体，参与对其自身、对他人、对团队等有意义的评价过程，可以培养其判断力与责任感，提高其为团队做贡献的意识。

学生成为劳动评价主体，可以激活主体意识，增强学习动力。学生是自己学习责任和结果的最终承担者，学生参与评价可以获得自我调节的技能，有助于提高其终身学习的意识和能力。研究表明，学生参与评价能够促进其学习，降低甚至消除标准化考试使许多低分数学生放弃学习的负面效应，有效促进考试成绩低的学生提高学习水平，缩小他们与成绩优秀学生的差距。事实上，在主体性教育中，学生自我评价这一行为要素本身即构成了教育目标的重要组成部分，此评价能力发展直接推动了学生主体性的发展。在评价过程中，学生一方面可以认识到自己在学习中遇到的困难，并很快获得解决方法；另一方面，他们能够领会到作为学生必须作出关于学习水平和学习意义的评价和判断，这可以增强其学习的主观能动性。

学生成为劳动评价主体可以增强他们对自己行为的反省意识和反思能力，并接受评价结果。首先，学生参与课程评价，对自己的意识与行为不断进行元认知，即反思，其反思意识和能力得以不断发展。这种反思并非纯粹的意识活动，是指向具体行动的反思。其次，学生参与课程评价，可以使其发现自我，最大程度地接受他人的评价结果，实现对评价结果的认同，并在反思中变“结果”为新的起点，在更高水平上实现发展。事实上，外界评价只有被学生接受，才能成为学生自我评价的依据和参考，才能真正成为促进其发展的有效因素。

学生成为劳动评价主体可以提高学生自身的创造品质。参与劳动实践课程评价是学生能动获得价值的过程，评价将涉及观察、归纳、推理等多种思维过程。学生依据个体已有的经验，采用崭新的视角去重新体验专业实践课程并予以评判，在此过程中学生的问题敏感性、洞察力等多项品质得以提升。学生在劳动实践课程评价中，一方面可以发现个体已有经验的价值；另一方面可以表达基于个体已有经验的价值诉求，改造及完善个体已有经验，并在建构新经验的基础上创造新的价值。

三、学工部门

构建学生劳动评价体系中，不可忽视教学管理者的作用。高校教学管理者代表学校的利益诉求，关注教学效益的最大化。高校提供的是具有公共产品性质的教育服务，完成的是一项全社会的公益事业，具有公益性质。高校提供的教育功能具体体现在以下两个方面：一是在经济方面，高校培养经济社会所需要的高素质技术技能人才，提高人力资本，提升生产效率，推动社会经济的持续发展；二是在社会方面，高校发挥教育补偿功能，促进每个学生以职业角色为核心的社会化进程，提高个体生存能力及其生存质量，实现对每个公民的关照，进而维持整个社会的稳定。

教学管理者作为课程实施成效的间接受益者，代表学校对劳动实践课程进行整体掌控，对课程的各个运行环节进行指导、监督和协调，包括对课程生成系统的管理、课程实施系统的管理以及课程评价系统的管理。其角色定位体现在以下四点：一是发挥资源提供功能，为劳动实践课程的运行提供所需的软硬件条件；二是协调和管理劳动实践课程建设过程中的课程设计、组织安排和具体运行；三是接受社会和家长的委托，对劳动实践课程负有监管职责；四是为劳动实践课程评价的正常开展搭建活动平台，组织制订科学、合理、全面的专业实践课程评价指标体系，建立对话机制，营造平等、和谐的评价氛围，组织课程评价团队实施评价。基于此角色定位，教学管理者应对师资队伍建设、实践教学条件配备、教学资源建设以及教学质量监控等方面进行全方位考量，以保证劳动实践课程评价质量。

任务二 认识家庭

家庭是每个人学习的终身学校，是立德树人的重要阵地，也是劳动教育的重要场所。所以，家庭也应参与到劳动教育评价中，家校互动、家校协同，构建更为全面的劳动教育评价机制。

家庭在劳动教育中发挥着基础性的作用，家庭要注重学生在衣食住行等日常生活中的劳动实践；注重在日常生活中言传身教，使学生形成正确的劳动态度，养成良好的劳动习惯；注重在培养良好家风中引导学生树立尊重劳动、崇尚劳动的劳动价值观。家庭在做好学生劳动教育的同时，还应与学校协同做好学生劳动评价工作。做好学生劳动评价，家长应该做到以下三点：

一、正确认识劳动教育的价值

家长首先要正确认识劳动教育的重要价值。劳动教育是中国特色社会主义教育制度的重要内容，新时代劳动教育承载着建设新时代中国特色社会主义的重要使命。建设富强民主文明和谐的社会主义现代化国家，从根本上说要靠一代又一代劳动者的创造：劳动教育直接决定着社会主义建设者和接班人的精神面貌、劳动价值取向和劳动技能水平。家长要充分认识到劳动教育在学生综合素质培养中的重要作用。支持和配合学校开展劳动教育活动。

二、劳动教育措施实施到位

近些年来，随着社会进步和物质生活条件的不断改善，在一些青少年中出现了不珍惜劳动成果、不想劳动、不会劳动的现象，劳动的独特育人价值在一定程度上被忽视，劳动教育正被淡化、弱化。在家庭中，也存在着家长因为一味地追求成绩、追求分数而代替孩子包办应有家务劳动的现象。因而剥夺了孩子参与日常劳动实践的机会，使其错过了劳动能力形成的最佳时机。所以，家庭要从人的成长规律的角度制订出哪个年龄段适合哪些劳动内容，哪些劳动可以承载劳动教育的功能，从而形成一个科学系统完整的体系。

三、客观理性地进行劳动评价

家长进行劳动教育评价，需要客观记录学生居家期间所表现出的劳动态度、劳动观念和劳动实践情况，并对其进行评价，填写学生居家劳动评价记录表。评价应客观公正，本着提升学生劳动观、提高学生劳动能力的目的进行打分，不应加入个人感情，不应主观臆断，评定结果应真实反映学生在家的劳动情况，这有助于学校全方位、全过程地对学生进行劳动教育评价。

任务三　认识社会机构

学生应利用周末、寒暑假等时间，开展校外劳动实践、研学活动、党团活动、志愿服务活动等社会实践活动。这些活动是学生提升劳动意识、提高劳动能力的关键环节和重要步骤，因此，社会实践活动也要纳入学生劳动教育环节，为学生提供社会实践活动载体和平台的各类社会机构也应参与学生的劳动评价，对学生社会实践活动进行全面、综合的考核，并把劳动意识、劳动观念、劳动能力提升与转变作为重要指标进行考量与评估。例如，承接学生“三下乡”社会实践活动的社区或乡镇，就应该在活动结束时对学生的劳动意识、劳动能力等方面表现给予客观合理的评价，协助学校负责劳动教育考核的部门更加全面地考核学生在参加校外活动时的表现情况，从而使学校更加合理、客观地对学生进行评价。

项目三　理解劳动评价内容及标准

为使劳动教育更好地贯彻落实，防范学生劳动积极性不高、内在动力不足的问题，还需要健全劳动素养评价制度。将劳动素养纳入学生综合素质评价体系，制订一整套劳动素养评价标准，充分发挥评价的激励和导向作用；组织开展劳动技能和劳动成果展示、劳动竞赛等活动，全面客观记录课内外劳动过程和结果，加强实际劳动技能和价值体认情况的考核；建立公示、审核制度，确保记录真实可靠。把劳动素养评价结果作为衡量学生全面发展情况的重要内容，作为评优评先的重要参考和毕业依据，作为高一级学校录取的重要参考或依据，使新时代劳动教育体系变得更加完善。

任务一　认识劳动评价的四个方面

劳动素养是指经过生活或教育活动形成的与劳动有关的人的素养，包括劳动价值观、知识、能力等具体指向。苏联教育实践家和教育理论家瓦·阿·苏霍姆林斯基（图14-2）认为，劳动素养还包括“劳动活动在一个人精神生活中的作用和地位，以及劳动创造中的充实的智力内容、丰富的道德意义和明确的公民目的性”。

图 14-2　苏联最有名的教育家苏霍姆林斯基

从学生的特点、评价指标的可操作性以及社会认知程度等综合角度来看，劳动素养的内涵与指向主要体现为以下四个方面：

（1）劳动意识的评价维度。人类的劳动活动是有意识的，在活动之前就存在着一定的思考和安排。培养正确的劳动意识就是让学生具有正确的劳动动机和劳动态度。劳动动机体现为劳动者在劳动过程中所追求的目的，劳动态度体现为劳动者劳动过程中的心理感受。学校通过劳动教育，使学生明确劳动动机、端正劳动态度，进而增强劳动意识。

（2）劳动观念的评价维度。劳动可以锻炼人的吃苦精神，劳动会让人有坚定的意志。劳动观念是人们对劳动的看法和态度。新时代的劳动观念要以热爱劳动为荣、以不劳而获为耻，尊重努力劳动、贡献社会的不同阶层的劳动者，愿意以自己的体力和脑力劳动建设祖国、贡献社会、服务人民，树立正确的劳动观念，是提高学生劳动素养的基本要求。

（3）劳动能力的评价维度。劳动能力是人们进行劳动工作的能力，包括体力劳动和脑力劳动两个方面。劳动能力让学生懂劳动、会劳动，是人们通过劳动创造价值的必要手段。

（4）劳动成果的评价维度。劳动是人与社会、人与自然的互动过程，强调结果评价是在探讨人作为劳动主体对生活和工作的影响。劳动能使学生学会生活、学会生存、学会交往、学会发展，劳动使人身心健康，通过劳动实践活动培养学生热爱劳动的思想、吃苦耐劳的精神和对工作的责任心。

任务二　明晰劳动评价内容

对劳动的评价应包含以下四个方面的内容：

（1）对劳动常识的知晓度。劳动教育首先要让学生对劳动常识有一定的认知，这是正向劳动观和良好劳动习惯形成的基础，也是劳动教育的基本目标。知晓度反映的是学生获得劳动常识信息的刺激程度。知晓和理解是行动的前提，因此测试学生对劳动常识的知晓度是评价教育成效的一个必要指标。我们需要了解学生是否能够自觉认识到劳动的重要意义与价值，如对于劳动的本质、历史地位、体力劳动和脑力劳动的关系、劳动与幸福的关系等方面的认识。

（2）对劳动的情感认同度。学生劳动教育的成效如果仅仅停留在认知层面是不够的，促进他们形成良好的劳动习惯，让其勤于劳动、自觉劳动、勇于进行劳动创造，为其终身发展和人生幸福奠基，是劳动教育的终极目标。而由认知到行为，离不开情感认同这个中介。劳动教育不只是要让学生知道、理解什么是劳动，还是一个以劳动事实、知识为载体，传播劳动观念、情感、态度、价值的过程，高校劳动教育的主要目标是要引起学生对教育者所主张和传授的劳动思想予以赞同、信服并内化为自身的信念和态度。为此，评价劳动教育的成效还要衡量学生对劳动的情感认同度。

（3）对劳动价值的内化度。这是指学生将劳动教育的要求转化为内在信念、态度、品质的程度。它是以对正向的劳动观念知晓和认同为前提的，是学生对教育者所传递的劳动观念、情感、态度、价值的进一步认同和接受。有成效的劳动教育活动应该能够促进学生劳动思想观念的内化。当然，要认识到这种反映不可能靠一两次的教育活动就能实现，但内化度必须要作为劳动教育成效评价的一个指标提出来。这是劳动教育取得成效的一个关键性环节，也是学生劳动品质和行为形成的起点。内化度可以通过劳动认知、情感、态度表现出来，还表现为能够克服劳动困难、努力磨炼劳动意志，以及对劳动的信念和信仰。对内化度的测试一方面可以依据学生的自我评价和自我陈述，另外一方面还要靠对学生劳动态度和劳动行为选择倾向的观察。

（4）劳动行为的外在表现。劳动行为是外显的，也是教育成效的外化阶段，劳动教育评价更多地依赖对劳动行为的观察与分析。教师和家长可以通过观察学生在学校活动、家庭生活、社会公益活动中的态度和行为表现进行评价。一个养成良好劳动习惯的学生，不仅能在学校和家里积极劳动、勤勉学习，还会热心参与社会公益劳动。这样的行为表现一般能反映教育的成效，说明该学生具有劳动行为的稳定性和一贯性。

任务三 探究劳动教育评价标准

评价标准集中体现了评价活动所依据的价值准则。依据学生劳动教育的目标，劳动教育成效最基本的标准应该是看其是否能自觉自愿、尽心尽力地做心力相符的劳动之事。这个行为不是偶然的、被迫的，而是应当自觉并尽力为之。不同年龄阶段的学生劳动的频率、行为水平和成果会有显著差异，即便是同一年龄阶段学生也可能存在个体差异。因此不能简单地依据参加劳动次数多少、劳动行为水平高低、劳动成果大小来评价劳动教育的成效，还要看个体是否愿意投入恰当的劳动活动中。不能对学生提出超过他们年龄水平的劳动要求，否则就违背了教育目标，不利于学生的健康成长。所谓的自觉自愿、尽心尽力，可视为学生劳动热情的激发、劳动自觉程度的提升和劳动行为稳定一贯的体现。具体可从以下三方面进行评价：

（1）是否使学生形成系统、自觉的劳动观念。

有成效的劳动教育不但可以使学生养成良好的劳动习惯，更重要的是形成正确的劳动观念，使学生在对劳动的认知上能够达到理性的高度，从而更理解教师和家长要求自己从小培养劳动习惯的价值之所在。简而言之，有了这样理性的认知，学生对待劳动的态度和观念就会系统、自觉而自洽，这也是评价劳动教育成效的重要标准之一。

（2）是否使学生获得积极、愉悦的劳动情感体验。

劳动教育的成效不仅要关注外在行为表现、参加劳动的频率、劳动成果等看得见的方面，还要关注学生内在情感体验。这关乎他们对待劳动和劳动人民的态度以及自身的劳动热情、劳动主动性和自觉性能否提升。学生良好劳动习惯的形成，需要经历从他律到自律的过程，有了自律才有日后的习惯成自然，这其中积极、愉悦的劳动情感体验是行为可持续发展的关键因素。

（3）是否突出适应学生终身发展和社会发展需要的必备品格和关键能力的培养。

这是发展性的标准，主要是对学生的纵向比较。劳动教育的终极目标是为学生的终身发展和人生幸福奠定基础，而不仅仅是为了满足其生存的需要。因此，劳动教育还要培养他们未来成长发展的品行和能力，比如与人协作的意识、自力更生的精神、顽强的意志、创新能力等，这将为他们综合能力的提升和未来发展打下良好的基础。

项目四　理解劳动评价的原则

要将劳动教育纳入督导考核体系，加强督导督查。杜绝劳动课只反映在课表上，平时劳动课被语文、数学课或自由活动代替的现象发生，杜绝口头上重视、行动上忽视的现象发生，克服场地紧张、工具不齐的难题。通过学校自身建设、拓展社会资源共建等方式，建立劳动基地、劳技教育中心、素质教育基地、实践教育基地等，使劳动教育逐渐走上常态化发展的轨道。

确定劳动评价原则，应注意以下三个方面：

一、重视综合评价

劳动教育应进行综合评价，包括评价学生劳动教育的学习情况、评价劳动知识的掌握情况、评价劳动技能的形成情况，还应包括对学生劳动思想、劳动观念、劳动价值观等方面的考查。进行劳动教育评价要站在发展的角度，对学生劳动内容的各个方面进行整体性的评价，特别要加强对学生劳动态度、劳动价值观方面的记录与评估，从而促使学生在劳动教育中形成正确的劳动价值观，做到尊重劳动、崇尚劳动、辛勤劳动、诚实劳动、创造性劳动。

二、结合定性与定量评价

在进行劳动评价时，如果简单地用量化的方式来呈现，并不能准确地表现出学生在劳动教育中的收获与成长，但是这不影响将量化评价作为对定性评价的必要补充，因为定性评价具有一定的笼统性和模糊性，容易得出千篇一律的结论。坚持将定性评价作为基础，定量评价作为补充，二者相结合，能够使劳动评价具有更高的参考价值。因此，在评价劳动成效的过程中，既要重视定量评价，通过建立“学生劳动档案”等方式，加强学生劳动过程、劳动技能提升的量化记录，也要通过定性评价对学生劳动教育情况进行综合考量。

三、结合静态与动态评价

静态评价是在一定时间、空间、情境里对学生的劳动观进行评价；动态评价是在一定时间、空间、情境序列上对学生劳动观的变化过程进行评价。静态评价是暂时的稳定状态，动态评价要以静态评价为基础和依据。对劳动教育成效的把握既要有即时的静态评价，也不能缺少动态评价。要把当下学生劳动观、劳动行为的现状放在学生思想发展变化的过程中去考查，了解前后变化以及未来发展的趋势，这样更能对劳动教育成效作出客观、准确的评价。

在评价学生劳动成效的过程中，若要使评价结果客观、准确，首先就是要用辩证、合理的方式去看待劳动教育的成效。其次，在评价中要坚持多主体评价相结合、定性评价与定量评价相结合、静态评价与动态评价相结合，这是保证评价结果客观、公正、准确、真实的必要路径。

项目五　探究劳动评价的方法

劳动是人类的本质活动，劳动教育是培育和践行社会主义核心价值观的有效途径，是实施素质教育的重要内容。高校应当把劳动教育评价纳入学校整体教育评价体系，以此达到以劳树德、以劳增智、以劳健体、以劳益美的教育目的。因此，正确的劳动评价方法就显得十分重要。

任务一　在劳动教育全过程开展评价

劳动教育有助于锻炼学生健康体魄，保持良好作风，培养学生创新精神，塑造学生热爱劳动、爱岗敬业的劳动观和职业观。它能够让学生在劳动过程中获得愉悦的心情，树立正确的人生观、世界观和价值观。因此，劳动教育是一个学校参与实施和个体体验相结合的过程。它不仅需要教师的“传道”“授业”，以及以身作则、行为示范，还需要学生积极参与整个过程。而劳动评价同样是一个通过不同主体对劳动教育进行评价的完整过程，这样才能够使评价信息来源更为丰富、评价结果更加全面与真实。在这个过程中，特别要重视对学生进行发展性评价，以动态、发展的眼光去看待和评价学生，注重对学生劳动过程的跟踪，注重对学生劳动意识、劳动情感认识程度进行定量与定性评价。在劳动教育的全过程中，既要关注学生在劳动过程中技能、习惯的获得，又要注意学生在劳动教育中态度和情感的发展变化。在此基础上提出具体的、有针对性的改进建议，促进学生在原有思想基础上不断提高，帮助学生不断认识自我，从而实现劳动教育课程的目标和要求。

任务二 注重评价的时代性与多元性

随着科学技术的发展，我们正经历由工业化时代向信息化、智能化时代的过渡，社会劳动形态也逐渐从简单化向复杂化、多样化转变。特别是在“微媒体”时代，新型信息传播工具正全面地影响着我们的社会生产、生活，数字技术、网络技术、移动技术的应用使信息服务的传播形态和媒体形态呈现出互动性、广泛性、快速性、跨越时空与多元性的特点。这些使社会生产与劳动实践都有了新的特点。因此，在进行劳动教育评价时，学校要根据新时代的特色不断改进评价方法。

劳动教育既要注重积极的劳动实践与劳动体验，也要注意在不同的劳动实践中加强对劳动教育的科学评价。在当前，高校要进一步更新劳动教育观念，改变单一的评价方式，抛弃以体力劳动程度强弱为标准的简单性劳动评价。应该充分认识到劳动技术教育是现代科学教育的一个重要特征。劳动教育不仅促进学生在丰富的劳动体验中形成正确观念与积极情感，而且还是培养学生动手能力、创新精神、创新潜力、合作与竞争能力、独立工作能力等现代社会应具备的能力的重要途径。因此劳动评价中除了要注意学生的劳动实践与劳动体验（例如工厂、田间劳动、校园内外的清洁卫生、家务劳动）外，还要注重学生在现代社会应具备的能力、技能的培育。如果学生不参加社会实践与实际劳动过程，就感受不到劳动的艰辛，无法获得劳动的喜悦和奉献的快乐。但是如果劳动教育仅仅是采取简单劳动、单一劳动的方式，就不能使学生在劳动教育中训练现代社会必要的基本技能，也无法让学生实现全面发展。因此，劳动评价既要注重学生的劳动实践与劳动体验，也要注意劳动过程的时代性、多元性，应将学生的动手能力、创新精神、创新潜力、合作与竞争能力、独立工作能力等作为劳动评价的重要指标。

任务三 制订好劳动评价方案

劳动评价是一个复杂的过程，要想针对不同层次、不同目的、不同能力、不同类型的学生进行有效的劳动评价，必须在事前拟好评价方案。劳动评价方案包括“评什么”、“如何评”和“评价情境”、“评价目的”等方面。在制订方案时，要遵守学习性评价、发展性评价的原则，评价指标应该从培养目标出发，提供具体、明确、适宜的分段计划和阶段目标，要特别关注学生的个体差异及能力发展，注重劳动过程中学生的外在行为及内在心理、情绪的变化，使评估方式更加科学、有序，也使评价对象能够树立自强、自信、自立的意识，在劳动实践中有所收获和成长。

任务四　注重多元主体评价

在高校中，劳动教育课往往由教师、学生等不同主体构成，因此在劳动评价中要注重评价主体的多元性，即除了教师的评价外，也要将学生的自我评价与相互评价作为劳动评价的重要依据。这是由劳动教育的本质所决定的。从本质上看，劳动教育是社会实践和个体体验的相互结合，以此达到以劳树德、以劳增智、以劳健体、以劳益美的教育目的。因此，它是一个群体互动的社会实践过程。因而在劳动评价中，除了需要教师的参与、指导外，也需要采取学生自评和同学互评相结合的评价方法，即由若干名同学组成劳动小组，在劳动教育的整个过程中，每个人以别人对自己劳动行为的评价为依据，相对客观地评价出自己的劳动学习情况，同时对其他同学的劳动学习提出自己的看法。这种自评和互评相结合的办法，既有利于在劳动教育中及时开展劳动成效评价，也有利于学生在平等的氛围中互相学习、互相督促，便于教师全面掌握学生的劳动教育情况，及时提出改进意见。

在劳动评价中，还可以采取网络分析的评价方法：学校通过网络在一定范围内收集学生的劳动信息，使学生的劳动可视化，这可以进一步帮助被评价的学生进行自我反思与改进，也可以帮助教师和同学们准确、全面地对被评价人进行公正评价，使评价结果更加真实。不同的主体使评价结果更具有可信度，由此发挥劳动评价的导向与激励作用。

任务五　注重劳动成效与学生潜能评价

劳动评价要与劳动成效和学生潜能相结合，尤其要把学生的职业能力、社会认可度和用人单位的要求作为重要的参考值。职业教育的最大特征是企业认可和社会认可。企业与社会对毕业生的满意度常常是衡量高校教育质量的客观依据。因此，高校在劳动教育中不仅要通过劳动实践促进学生形成热爱劳动、尊重劳动的观念和情感，也要通过劳动实践进一步达到专业要求，更好地了解学生在发展中的需求，以利于发挥学生的潜能与特长，提升学校的教学质量。劳动教育有时呈现为一种个体的行为及体验，有时则是由同学们共同组织完成一个具有劳动实践性质的科研协作项目。因此，高校的劳动教育评价要注重劳动成效和劳动内容、能力培养相结合。在评价过程中，如果需要完成的是劳动任务或劳动项目，除了要观察学生的劳动态度及劳动情感，还需要看任务的完成度和完成质量，包括制订劳动方案、实施劳动过程与目标达成等方面，这样才能达到劳动评价的目的。

项目六　评价结果的运用

构建劳动素养评价体系要充分借鉴和吸收综合素质评价的有益成果，真正做到评价设计科学合理、评价过程公开公正、评价结果导向正确和社会信服。劳动素养评价体系应当与当前高校普遍实行的学生综合素质评价体系相一致、相融合，把劳动素养纳入综合素质评价的“五育”目标之一，从加强劳动教育的视角，优化学生综合素质评价的各项指标设计，实现劳动教育在综合素质体系中的独立占比，提升劳动教育各项内容的重要性。

劳动素养评价结果的运用应当注重以下四个方面：

一、探索评价的独立表彰机制

劳动教育作为五育并举的重要指标之一，与德智体美相比，尚未建立起有效的表彰或惩戒机制。学生的思想状态、学习成绩、体格检测、文体评比等都有相对独立的考评办法和表彰机制，但对于“劳育”而言，探索劳动素养评价体系的目标之一，就是要在形成劳动素养评价的定量或定性结果基础上，对劳动素养优秀的学生予以表彰，对相对落后的学生进行敦促，通过正面奖励和反向引导的方式，强化劳动教育的具体实施。因此，要从劳动素养评价体系的结果认定上，建立“劳育”表彰的物质性或荣誉性奖励机制，设立“劳动光荣奖”“劳动之星”“劳动先进奖”“劳动创造奖”等项目，并辅以适当的物质奖励，还要举办劳动技能大赛、劳动表彰大会等活动，扩大劳动素养的教育教学成果，巩固劳动教育的长期效应。

二、建立劳动评价与综合素质测评融合机制

劳动教育是“德智体美劳”全面培养教育体系的重要组成部分，将劳动素养纳入学生综合素质评价体系中，能够充分支持劳动教育的激励和导向功能。制订涵盖劳动观念、劳动意识、劳动能力的评价制度和评价标准，通过学生综合测评结果将劳动教育与学生评奖评优挂钩，能够促进学生增强劳动意识，更加注重自身劳动素质的培养。目前，在学生综合素质评价体系中，劳动教育方面的体现不多甚至缺失，这种情况亟待改变。劳动素养评价融入综合素质评价体系，要充分考虑劳动素

养评价的四项维度，既要设计好劳动意识、劳动观念等非客观维度的测量方法，也要对劳动能力、劳动结果等适宜定量考察的指标进行合理赋值，从而达到充分肯定学生劳动素养的成长与进步的测评目的。

三、建立劳动评价结果的长期记录机制

劳动素养评价体系要能够体现出学生的综合劳动素质，促进学生崇尚劳动、尊重劳动，让学生争做辛勤劳动、诚实劳动、创造性劳动的积极践行者。劳动素养评价为挖掘学生的专业能力潜质提供了基本素质保障，学生们在专业知识的学习中发扬吃苦耐劳的精神，形成比学赶超、奋勇争先的浓厚学习氛围，更加有助于挖掘专业能力潜质，为未来成为本专业、本行业的卓越劳动者打下基础。建立劳动素养评价结果的长期记录，能够客观反映学生的成长过程，体现出学生劳动能力、劳动态度的发展变化，这对其未来求职升学、择业就业、创新创业等方面都是有益的参考。学生个体的劳动素养评价结果是检验学生个人成长的重要记录，以建立劳动素养评价评分卡、记录表等方式综合反映学生的基本素质，为开展就业推荐、择业指导等提供背景材料和基础信息。另外，对学生劳动素养评价做群体性的长期记录分析，是检验和考察劳动教育成果、效率的重要方面。因此，要尝试通过网络化、系统化、平台化的方式采集学生劳动素养评价信息，构建科学合理的劳动素养评价体系，形成劳动素养评价结果的长期记录机制，推动劳动教育在高校的具体落实落地。

四、以劳动教育评价促进劳动教育高质量开展

劳动教育是“五育”的重要组成部分，但实践中劳动教育是教育体系中的短板。劳动教育评价影响着新时代的劳动教育改革和劳动教育质量提升。2020年10月，中共中央、国务院印发的《深化新时代教育评价改革总体方案》（以下简称《总体方案》）提出加强劳动教育评价，深入贯彻落实《总体方案》，有利于全面系统地落实新时代劳动教育政策，切实保证劳动教育提质增效。

（一）以诊断性评价规范劳动教育课程体系、教学体系和管理体系建设

劳动教育课程体系、教学体系和管理体系既是这一教育体系的重要组成部分，也是开展劳动教育的基础和前提。诊断性评价是指在实施劳动教育之前，对学校开展劳动教育的课程体系、教学体系和管理体系等条件进行评估，以判断学校是否具备开展劳动教育的各项工作条件。《关于深化教育教学改革全面提高义务教育质量的意见》提出，加强劳动教育，充分发挥劳动综合育人功能。长期以来，我国劳动教育在学校教育体系中处于“说起来重要，做起来次要”的尴尬境遇，存在地位被

弱化、实施被简化等问题，无法充分发挥劳动教育的育人功能。因此，诊断性评价有利于规范劳动教育课程体系、教学体系、管理体系，以保障劳动教育的基础和前提。

课程是落实劳动教育目标任务的核心载体。课程体系评价是对劳动教育课程的地位、劳动教育的教材建设，综合实践活动课程、通用技术课程等劳动教育国家课程的开设情况，以及学科教学与劳动教育的融合情况等进行评价。《关于全面加强新时代大中小学劳动教育的意见》明确规定，中小学劳动教育是必修课程，每周不少于1课时；要求将劳动教育贯穿学校教育教学全过程，构建综合性、实践性、开放性、针对性的劳动教育课程教材体系。以此为参照开展课程体系评价，有利于夯实劳动教育的课程地位，构建规范化的课程体系，为劳动教育的实施奠定基础。

教学体系是劳动教育有效实施的重要保证。教学体系评价是依据劳动教育的目标和要求，对劳动教育的教学内容、教学手段、教学过程和结果进行评判。长沙市构建了“中小学校劳动教育状况评价指标体系”，其中，教学体系方面包括教学内容、教学形式、教学资源和教学评价等指标。基于此，通过对劳动教育的教学体系开展评价，有利于保障劳动教育的规范实施。

管理体系是实施劳动教育的制度保障。实践中，有的学校把劳动当作惩戒学生的手段，有“劳”无“育”，忽视对劳动观念和劳动习惯的教育。为改变这一现状，教育部门要加强劳动教育的督导评价，将学校劳动教育的实施情况纳入中小学责任督学挂牌督导内容。为完善管理体系，构建督导评价制度，各地进行了有益的探索，湖北省把劳动教育纳入教育督导体系，纳入中小学责任督学挂牌督导内容，定期组织对全省各级政府和有关部门保障劳动教育情况以及学校组织实施劳动教育情况进行督导，以保障劳动教育的实施。

（二）以过程性评价激发劳动开展的持久动力

马克思认为，劳动是人类的本质存在，对人类具有不可估量的意义。他提出，“劳动是整个人类生活的第一个基本条件，而且达到这样的程度，以致我们在某种意义上不得不说：劳动创造了人本身”，而且，“社会生产劳动是人类必不可少的活动，并且至少是人类可能通向自我发展和完善的主要途径”。同时，劳动是人类物质财富的来源，人通过劳动改变自然，创造属于人自己的物质生活条件。马克思认为：“每个人必须从事一定的劳动，这是理所当然的。人类必须生活，这就要去工作，提供生活的资源。”虽然，劳动对人类本身和社会发展具有重要的价值，但是，长期受到“唯考试”“唯分数”“唯文凭”的社会风气影响，近年来一些青少年不想劳动、不爱劳动、不会劳动甚至鄙视劳动的现象时有发生。为了改变这一现状，提升学生劳动的主动性和积极性，让学生人人“想劳动、愿劳动、爱劳动”，要加强过程性评价。过程性评价不仅有利于发挥激励功能，还有利于引导学生对劳动过程开展积极的反思，从而更好地把握劳动技能，增进劳动情感。

实践中，静态、量化的评价是劳动教育的主要评价方式。比如，“劳动之星”是当前中小学校通常采用的劳动教育评价方式，通常以劳动的次数和时间等显性标准为依据，进行客观化、标准化评价。劳动是需要个体持续不断努力的实践过程。因此，静态的、量化的、客观化的评价往往不能反映劳动过程的全貌，而且也无法起到完整有效的激励作用。因此，《总体方案》提出，加强过程性评价，将参与劳动教育课程学习和实践情况纳入学生综合素质档案。过程性评价拓宽了劳动教育评价的领域，它并非只注重过程而不注重结果，它是对劳动过程中的劳动动机、劳动实施和劳动产品三位一体的评价。换言之，过程性评价不仅关注劳动产品，还关注劳动认知、劳动技能、劳动意志、劳动态度、劳动习惯和劳动价值观等过程性的表现性要素。开展劳动过程性评价要充分利用互联网、大数据、云计算等现代信息技术手段，如新出现的劳动评价系统就是充分利用信息技术手段开展劳动教育过程性评价的有益探索。这一系统采用平板电脑、手机、个人电脑、机器人等工具把学生在家庭、学校、社区（基地）等场所的劳动开展情况进行全面、客观、真实记录，同时通过问卷访谈、测评等方式对学生劳动观念、劳动能力、劳动习惯、劳动精神等劳动素养进行科学评价，并动态生成劳动质量监测报告。对学生的劳动过程开展监测与纪实评价，有利于发挥评价的激励和导向功能。

（三）以终结性评价监测学生劳动素养发展状况

劳动素养包含两层含义：一是能力，也称功能性素养，即开展劳动的能力，具体包括劳动知识和劳动技能等；二是修养，也称目的性素养，即力量，表现为在劳动过程中所散发出的影响力或感染力，如劳动情感和劳动价值观等。劳动素养是衡量劳动教育成效的重要指标，也是一个人劳动品质的重要体现。因此，《关于全面加强新时代大中小学劳动教育的意见》提出，健全劳动素养评价制度，将劳动素养纳入学生综合素质评价体系，把劳动素养评价结果作为衡量学生全面发展情况的重要内容。

终结性评价是根据劳动教育的目标对劳动教育的达成度进行恰当的评价，是对劳动教育的效果进行价值评断。当然，采用终结性评价对劳动素养进行监测并不意味着以标准化测试的形式来衡量学生劳动素养的发展状况，而是坚持定性评价与定量评价相结合，以定性评价为基础，以定量评价为补充，全面客观地反映劳动教育实效；坚持自我评价和他人评价相结合，吸纳学生自身、教师、同伴、家长和服务对象等主体参与评价，以客观系统全面地反映学生劳动素养发展状况。

实践与思考　讨论："劳动的综合评价"

小组活动请组织小组讨论：

（1）你怎样认识"劳动教育评价体系是一个主体多元的开放体系"？

（2）请结合实际谈谈怎样做好劳动教育的综合评价。

请记录并整理讨论结果，推选代表，在班级活动中报告你们的学习讨论成果。

实训评价（教师）：____

____

参 考 文 献

[1] 戴海东，周苏. 劳动：思维、能力与实践 [M]. 北京：中国铁道出版社有限公司，2021.

[2] 何光明，张华敏. 高职学生劳动教育教程 [M]. 北京：高等教育出版社，2020.

[3] 金正连. 劳动教育与素质养成 [M]. 北京：中国人民大学出版社，2020.

[4] 曾天山，顾建军. 劳动教育论 [M]. 北京：教育科学出版社，2020.

[5] 赵鑫全，张勇. 新时代大学生劳动教育 [M]. 北京：机械工业出版社，2021.

[6] 刘向兵. 新时代高校劳动教育论纲 [M]. 北京：社会科学文献出版社，2019.

[7] 人力资源社会保障部教材办公室. 工匠精神 [M]. 北京：中国劳动社会保障出版社，2019.

[8] 方艳丹，韦杰梅，卢民积. 劳动教育实践活动设计 [M]. 北京：电子工业出版社，2020.

[9] 季凌斌，周苏. AI伦理与职业素养 [M]. 北京：中国铁道出版社有限公司，2020.

[10] 周苏，杨松贵. 创新思维与TRIZ创新方法：创新工程师版 [M]. 北京：清华大学出版社，2023.

[11] 周苏. 技术创新方法 [M]. 北京：中国铁道出版社，2018.

[12] 周苏. 创新思维与创业能力 [M]. 北京：中国铁道出版社，2017.